零壹智库出品

01CAIJING.COM

零壹财经书系

北京市网贷行业年度发展报告

2017

零壹财经·零壹智库 著

雷群涛 主笔

中国经济出版社

CHINA ECONOMIC PUBLISHING HOUSE

·北 京·

图书在版编目(CIP)数据

北京市网贷行业年度发展报告.2017 / 零壹财经著.
北京:中国经济出版社,2018.1
ISBN 978-7-5136-5002-1

Ⅰ.①北… Ⅱ.①零… Ⅲ.①互联网络—应用—借贷—金融业—研究报告—北京—2017
Ⅳ.①F832.4-39

中国版本图书馆 CIP 数据核字(2017)第 285923 号

责任编辑 张梦初
责任印制 马小宾
封面设计 任燕飞

出版发行 中国经济出版社
印 刷 者 北京力信诚印刷有限公司
经 销 者 各地新华书店
开 本 710mm×1000mm 1/16
印 张 16.75
字 数 260 千字
版 次 2018 年 1 月第 1 版
印 次 2018 年 1 月第 1 次
定 价 68.00 元
广告经营许可证 京西工商广字第 8179 号

中国经济出版社 **网址** www.economyph.com **社址** 北京市西城区百万庄北街 3 号 **邮编** 100037
本版图书如存在印装质量问题,请与本社发行中心联系调换(联系电话:010-68330607)

本书编写人员

课题组组长：柏　亮

课题组成员：雷群涛　李　伟　赵金龙

研究单位：零壹财经·零壹智库

研究指导单位：北京市互联网金融行业协会

“零壹财经书系”总序

“零壹智库”：探索新金融的广度与深度

“零壹财经”是一个专注于互联网金融研究的团队。这是四年前我为“零壹财经书系”所写序言的最后一句话。四年来，“零壹财经书系”出版了20多本“互联网金融+”专业书籍，很多朋友跟我说，它已经成为金融领域有吸引力和影响力的阅读品牌之一。

但是，我们变了。

第一，零壹财经作为一家机构，它的业务已经从互联网金融研究升级为“新金融成长服务”（当然，互联网金融研究依然是我们的一项核心工作）。

第二，与之相应，零壹财经的研究范畴，扩大到“新金融”——在技术革新和市场变迁中不断诞生的新型金融业务及其伴生服务。

第三，我们成立了“零壹智库”，在零壹财经自身研究团队的基础上，建立了学术委员会、特约研究员、青年学者计划等丰富的学术研究平台，共同打造一流的新金融智库。除了零壹财经研究团队的专业著作以外，我们也会出版智库其他学术成员的优秀著作。

我们也没有变。我们坚持“01思维”：

第一，在研究和思考问题时，回归到无的状态（0），清零先入之见，用数据、事实描述事物的基本面目；

第二，关注事物的初始状态（1），尽最大努力厘清它的来龙去脉，注重基础，探望前沿。

大脑和心胸就这样敞着，沉浸于这新金融世界，求其变，知其不变。

我们现在这样向您介绍：我们是专注于新金融研究，但不仅仅是一个团队，而是智库平台，我们依然希望，零壹智库出版的每一本书，都纯朴、大方、谦卑、有力量。

零壹财经创始人兼 CEO

柏　亮

PREFACE 序言

2017年，网贷行业在中国走过了十个年头。你不用惊讶十年的成就与变迁，也不用感叹十年的坎坷与当前的紧张。金融业从来都是起伏跌宕的，不管是传统金融，还是互联网金融，是旧金融，还是新金融。

但是我们应该记住历史，已经发生的历史，和正在发生的历史。因为我们正在创造未来，历史是未来的根基，是未来的源泉，是未来的镜子。

这份报告记录了北京市网贷行业的发展：既有纵向历程，也有横切面。北京市的网贷行业值得书写，这里有领先的企业和企业家，理性的政府和管理者，创新的业务和监管实践；北京的网贷企业交易规模占全国的30%左右；这里也发生过风险事件，甚至恶性风险事件，处理风险、建设制度、规范发展的过程，也成为北京市网贷行业发展史上浓墨重彩的部分。

北京市网贷行业的发展历程，不仅仅是北京市业界的财富，也是全国乃至全球网贷行业发展都不可忽略、值得挖掘的“资源”。

因为有这些历史，因为我们不断地从这短短的十年中反思、吸取经验教训，我们能够更加平静地面对过去，更加理性地面对未来。

所以我们写下了这份报告。

这份报告获得了很多人的支持：北京金融局的领导，北京市互联网金融行业协会的各家会员单位高管和工作人员，协会的各位领导和同事。你们是历史的创造者，也是这份报告的直接贡献者，更是未来的开拓者。感谢你们！

零壹财经团队自2012年以来记录网贷行业的数据（包括历史数据）、重大事件，研究国内外的发展模式、技术创新，通过新媒体平台进行传播，通过智库平台提供服务。我们有幸成为北京市网贷行业协会（北京市互联网金融行业协会的前身）的发起会员，并担任宣传教育专委会（投资者保护与教育专委会的前身）主任单位，躬逢剧变时代，见证、记录、研究这个行业的历程和前途。

每一年似乎都是不寻常的一年，今年尤其如此，因为这是我们的当下，无论历史发生了什么，无论未来可能发生什么，做好当下，才能对历史负责，对未来负责。

这是我们反观历史、记录当下的意义，希望对您有用。

零壹财经创始人兼CEO

柏　亮

CONTENTS 目　录

第一章

北京市网贷行业概况

第一节　2016年全国网贷行业发展概述

一、2016年P2P网贷行业整体回顾

2016年，因e租宝、快鹿等事件，P2P网贷行业在年初一度万马齐喑，互联网金融风险专项整治在4月初启动以后，网贷平台开始审视自身，朝着合规方向靠拢。《网络借贷信息中介机构业务活动管理暂行办法》出台后，网贷行业合法身份确立。合规硬性要求已确立，可循之路自此铺开。

2016年，P2P网贷行业既有显性潮流，也有暗流涌动。显性潮流方面，2016年交易额大幅增加、问题平台不断，集团化事例不断。暗流上，隐性停运和转型平台退出行业，网贷同业收购/并购初现端倪。这些一起构成了网贷行业风起云涌的一年。

1.网贷行业累计成交规模突破3.36万亿元

2007—2016年底，P2P网贷行业在中国发展历经9年多时间。2013年之前，P2P网贷几乎不被大众关注。2013年，因互联网金融概念的普及和金融基础建设，如第三方支付全面切入网贷平台，网贷行业开始为大众所瞩目，P2P网贷交易规模也在这一年突破千亿大关，达到1100亿元。

截至2016年底，P2P网贷累计成交规模已经达到3.36万亿元。2007—2012年，P2P网贷行业累计交易额为222.7亿元；2013年全年网贷规模首次突破千亿元，共1100亿元，为前6年总和的4.94倍，同比增长450%。2014年，交易额达到2997亿元；2015年为9750亿元；2016年达到1.9544万亿元。

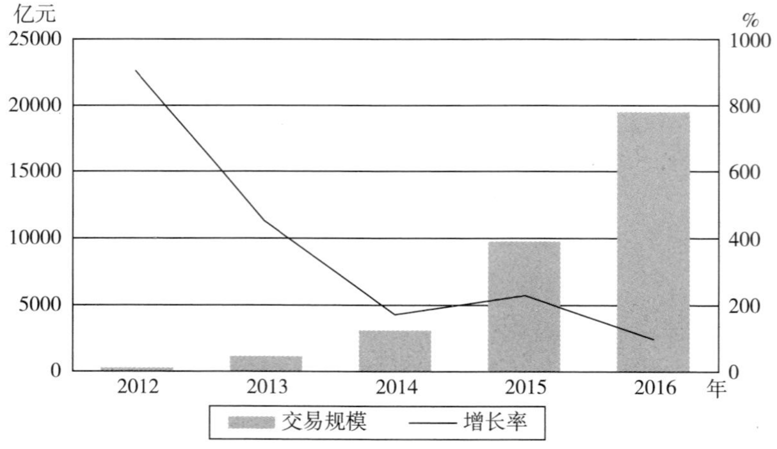

图 1－1　历年 P2P 借贷行业交易规模走势

2013—2016 年 4 年间，网贷年成交额增速惊人，达到 237% 的年均同比增幅。2014 年之前，由于交易额基数小，同比增幅较大，2012 年、2013 年的交易额同比增幅高达 900% 和 450%。

2. 网贷监管趋严：监管主体确立、政策出台、专项行动三位一体

网贷监管趋严直接表现为监管主体体系初步建立、监管政策出台和互联网金融风险专项整治的进行。

监管主体方面，2016 年 8 月 24 日出台的《网络借贷信息中介机构业务活动管理暂行办法》（以下简称《办法》）对网贷主管机构银监会和地方金融监管机构职能进行了分工，实行“双负责”原则，即由银监会及其派出机构对网贷业务实施行为监管，制定网贷业务活动监管制度；地方金融监管机构负责网贷机构的监管。

监管政策方面，除网贷暂行管理《办法》外，据不完全统计，2016 年，各地方金融主管部门和行业自律组织至少出台了十数份网贷相关政策。

作为互联网金融风险专项整治的一部分，《P2P 网络借贷风险专项整治工作实施方案》的出台和整治行动的进行，将 2016 年网贷监管行动推向了高潮。

整体来看，2016 年是互联网金融监管发力的一年，监管主体、政策、自律体系已建成，为 2017 年及未来几年互联网金融和其细分业态的合规发展定

下了基调。

3. 问题平台占比大幅上升,达到65.9%

如果以某一时间点作为网贷行业的拐点,2016年2月,2290家问题平台(不含转型平台)与累计上线平台(4536家)的比值首次超过50%界限,达到50.5%,或可作为网贷行业由高速增长步入平稳发展或洗牌阶段的拐点。这一拐点之后,正常运营平台占比加速下降,行业整体成交额仍持续高速增长。

截至2016年12月31日,问题平台(不含转型平台)共有3201家,占平台总量的比例高达65.9%。2016年有1106家平台出现问题,同比减少15.4%,月均问题平台数量为92家(见图1-2)。

2016年出现的问题平台中,网站无故关闭的平台共有433家,占39.2%;歇业停业的平台共395家,占35.7%,这一比例与2015年(39.5%)基本持平;失联跑路及提现困难的平台分别有181家和79家,分别占16.4%和7.1%(见图1-3)。

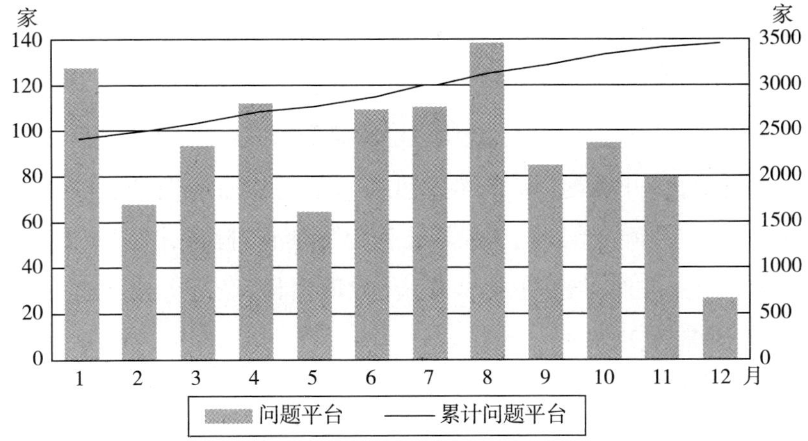

图1-2　2016年P2P问题平台走势

问题平台频现的原因,可总结为几点:一是平台定位不准,偏离了信息中介的定位,常常引发资金链断裂,进而导致老板跑路;二是经营不善,导致坏账率高升、成本高昂等;三是监管体系未完善,准入门槛、风险和违规行为方面监管未能很好地触及。

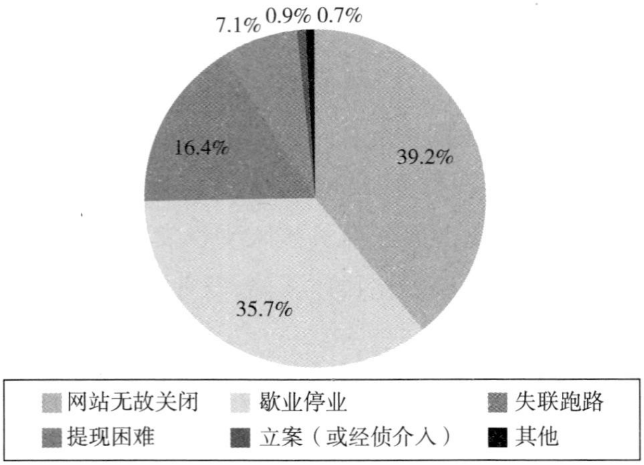

图 1－3　2016 年 P2P 问题平台类型分布

4. 网贷平台集团化

2016 年以来，特别是 8 月 24 日之后，宣布“集团化”成为网贷行业的一大现象，包括积木盒子、爱钱进、团贷网、开鑫贷等。

网贷平台集团化的行为，很大原因可追溯到网贷暂行管理办法的禁止混业经营原则，在《网贷暂行管理办法》第 10 条中表述为：禁止“自行发售理财等金融产品募集资金，代销银行理财、券商资管、基金、保险或信托产品等金融产品”；禁止“开展类资产证券化业务或实现以打包资产、证券化资产、信托资产、基金份额等形式的债权转让行为”；禁止“除法律法规和网络借贷有关监管规定允许外，与其他机构投资、代理销售、经纪等业务进行任何形式的混合、捆绑、代理”。

在这一负面清单下，网贷平台混业经营，如代理基金销售、代销银行理财产品等成为违规模式。并且，“穿透式”监管原则已确立，即透过互联网金融产品的表面形态看业务实质，将资金来源、中间环节与最终投向穿透连接起来，监管部门按照“实质重于形式”的原则甄别业务性质，根据业务功能和法律属性明确监管规则。在这一原则下，已不存在网贷平台不承认自己为网贷平台即可免于被监管的情况。这意味着原有的混业经营模式需要分拆。

表 1－1 2016 年 8 月 24 日后部分宣布集团化的网贷平台

网贷平台	宣布时间	集团名称	集团化后业务划分
积木盒子	2016－09	积木集团	积木盒子(P2P 网贷);积木时代(小额信贷);厘米库(汽车金融);方寸屋子(房产抵押贷)
爱钱进	2016－10	凡普金科	爱钱进(P2P 网贷);钱站(信贷);凡普信贷(小微贷);任买(消费分期);会牛(互联网证券)
团贷网	2016－10	团贷网集团	团贷网(P2P 网贷);团贷网资管;正合普惠(消费分期)
开鑫贷	2016－10	开鑫金服	开鑫贷(P2P 网贷)、开金网(资产交易、企业理财)
PPmoney	2016－12	万惠集团	PPmoney 理财(P2P 网贷)、一步购车(汽车融资租赁);及贷(信贷);万惠三农(农村金融)

网贷平台基于业务条线的扩张——如果说集团化是出于管理和发展的需要,那么剥离与重组,则一定程度上是对监管的顺应。许多网贷平台在原有混业经营的基础上,集团化整合与重组,显现出资金端与资产端分而治之的特征。

互联网金融平台集团化的另一原因,可归结为业务整合、统筹的需要。许多平台除主流资产,如抵押、担保贷款外,三农金融业务、消费金融业务也在逐步增加,由于业务差异性大,基于场景的客户需求以及 IT 架构差异性较大,出于统筹与核算、风控结构的需要,“集团化”之举顺理成章。

从已进行集团化的平台来看,资产端和资金端的剥离是常规之举,并形成相互支撑之势。

在网贷机构混业经营已成既定事实的背景下,《办法》出台后,网贷平台迎来阵痛期,混业经营已经不被允许。在互联网金融业界,尽管不少“集团化”还存在空壳造势现象,但当下集团化或是一个既品牌化又合规、多赢的举措。

5. 行业“马太效应”:资本青睐大平台;交易规模两极分化

2016 年下半年以来,网贷行业“马太效应”迹象初现端倪,《办法》出台后，受借款限额、合规要求等因素的影响，“马太效应”加剧。

网贷行业的“马太效应”体现在两个方面：一方面，网贷行业的用户和资金流越发显现出向具有雄厚资本、信用背景、风控实力的大平台靠拢的趋势，而中小平台则表现出一定的衰退与萎缩。我们自 2016 年 7 月以来开始观察这种现象，7 月交易规模前 100 家网贷平台成交额占据了行业 58% 的份额，到 12 月，交易额前 30 家平台（占总平台数仅 1.8%）规模已占行业 59% 的比重。另一方面，中小平台交易额有萎缩趋势。零壹数据显示，约 68% 的平台在 7 月出现交易量下滑，考虑到大量交易额较小的平台，其比例保守估计占 85% 以上，这一比例在 8 月以后持续加大。

值得注意的是，资本对大平台的青睐，进一步助长了强者越强、弱者越弱的趋势；2016 年，网贷行业融资事件明显减少，高轮次融资案例显著增加。2016 年，B 轮及以后轮次融资事件共 35 起，占据本年度融资金额 134 亿元的 70%；大额融资平台增多。据统计，累计有 21 家 P2P 平台获得亿元及以上融资，共计 130 亿元。

整体来说，在监管加码、资本助推的情况下，“马太效应”进一步扩大，这将直接导致用户与资金萎缩的中小平台退出市场。

6. 资产、资金转型；小额资产成竞争红海

2016 年 8 月发布的网贷暂行管理办法，贷款限额是最为直接的硬约束，也是最具杀伤力的条款。由于这一条款的限制，网贷市场空间被大幅压缩，绝大多数平台面临转型压力，转型的可选路径之一是“转型小额业务”，小额信用贷、消费金融、车贷和农村金融等领域为主要方向。零壹研究院认为，全方位转型小额业务意味着产品设计、风控体系等方面的重新构建，相对来说，具有品牌效应和足量投资用户的存量平台优势更大，业内多家成交额靠前的平台已有相关动作。

比较典型的是大单业务的平台在 2016 年纷纷上线车贷、消费金融业务，且资产占比越来越高。从 2016 年开始，车贷、消费贷款越来越成为网贷市场的红海；相对来说，尽管农村金融市场前景大，资产与网贷限额要求较为贴合，但由于进入门槛较高，进场网贷平台相对较少。

从数据来看，2016 年网贷市场的车贷、消费贷款规模占比环比 2015 年

均有所下降，这是由于网贷行业整体规模基数大幅增大的缘故，但整体规模正在急速增长。

2016 年 P2P 车贷交易规模保守估计在 1616 亿元，约为 2015 年 650 亿元规模的 2.5 倍；占 P2P 行业的比重约为 8.3%；2016 年网贷消费资产合约 991 亿元，约为 2015 年 519 亿元的 1.9 倍；占网贷行业比重约 5%。

与资产端转型相似的是，网贷资金端转型也出现了一定的势头。网贷平台由于获客成本高昂，部分平台选择砍掉线上理财端，转而寻求机构资金，该类资金相对便宜、稳定；典型案例包括沐金农、美利金融等，美利金融线上理财平台于 2016 年 7 月 20 日宣布清偿用户资金，聚焦资产业务，进而引入机构资金。

应监管要求，网贷资产端转型是大势所趋，此前以企业贷款、房屋抵押贷款、保理等业务为主的大额资产在监管要求的 12 个月过渡期内面临整改，消费贷、车贷竞争将白热化，农村金融市场将进一步拓展。

7. 行业整合：网贷同业收购/并购初现端倪

网贷行业同业收购/并购的端倪初现于 2015 年。2015 年 9 月，融金所与团贷网及其投资方九鼎投资联姻为典型案例；2016 年这种迹象越发明显，同业收购/并购的案例包括：2016 年 9 月，短融网母公司久亿科技并购车贷公司齐海金融；10 月，乐视投资的多赢金融与骑士贷合并；11 月，团贷网投资沐金农 1250 万元，收购后者 10% 的股权。

从上述几家平台间的整合行为来看，呈现出几大特点：一类是收购，具体形式是入资持股，其目的在于充实资产端等；另一类是并购，该类整合包括目标平台的特定资产，如团队、资金端的用户、品牌等。

多赢金融和骑士贷合并案例中，合并后双方以多赢金融为单独品牌运营，骑士贷平台用户逐步转入多赢金融。

2016 年网贷行业同业收购/并购发生的原因主要有两点：P2P 行业分化进入中期，平台盈利能力逐渐显露，风险资本下注减少；市场占有率较高的平台出于对整体业务布局的考虑，开始通过收购、持股等方式拓宽资产端或资金端渠道。

在网贷行业资产荒和同质化竞争下，细分资产开发变得艰难，这一现状下，同业收购/并购成为出路之一。2016 年网贷限额之后，此前以大单资产模式为主的企业，2017 年面临不同程度的资产转型，或以同业收购/并购方式寻找满足合规要求的资产，相对于 2016 年，2017 年这一趋势将加重。

二、平台数量及其分布

1. 新增平台

截至 2016 年 12 月 31 日，可监测到的 P2P 网贷平台共 4856 家（仅包括有 PC 端业务的平台，且不含港台澳地区，下同），其中正常运营的仅有 1625 家（占到 33.5%）。

图 1－4 列出了 2016 年各月 P2P 平台增量及累计正常运营平台数量，整体来看，各月新增平台数量持续减少，4 月以后均低于 40 家，11—12 月下降至个位数。新上线平台数量的减少直接受多地工商局限制投资类企业注册的影响，而更深层次的原因则是行业风险密集爆发下相关部门监管政策收紧。

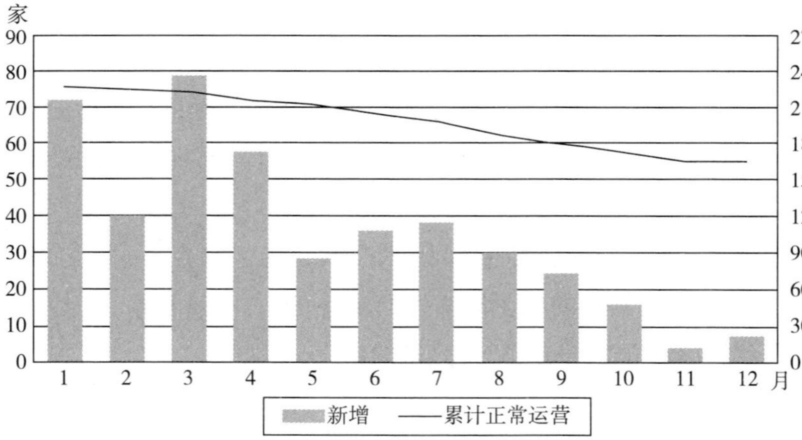

图 1－4　2016 年 P2P 借贷平台数量走势

2016 年新增平台共分布在全国 28 个省市，上海、广东、浙江和北京数量最多，分别有 66 家、63 家、62 家和 47 家，合计占到 55.1%。除图 1－5 所示地区外，江西、湖南、河南、广西等 16 个省市也有新增平台，数量均少于 10 家。

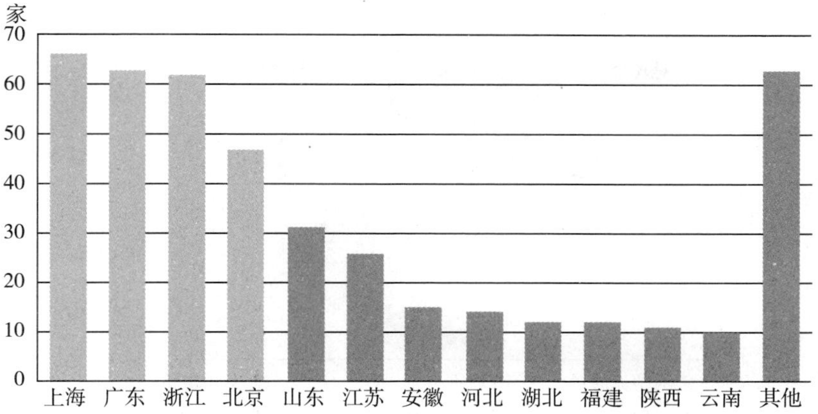

图1－5　2016年新增P2P借贷平台地域分布

2. 问题平台

截至2016年12月31日，问题平台（不含转型平台，下同）共有3201家，占平台总量的比例高达65.9%。图1－6显示了2016年问题平台数量走势，2016年有1106家平台出现问题，同比减少15.4%，月均问题平台数量为92家。

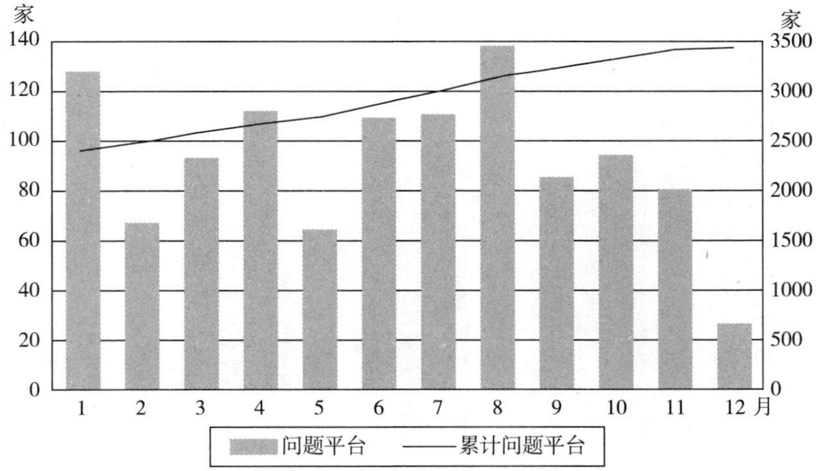

图1－6　2016年P2P问题平台走势

2016年问题平台中，网站无故关闭的平台共有433家，占39.2%；歇业停业的平台共395家，占35.7%，这一比例与上年（39.5%）基本持平；失联跑路及提现困难的平台分别有181家和79家，分别占16.4%和7.1%；其余（见图1－7）。

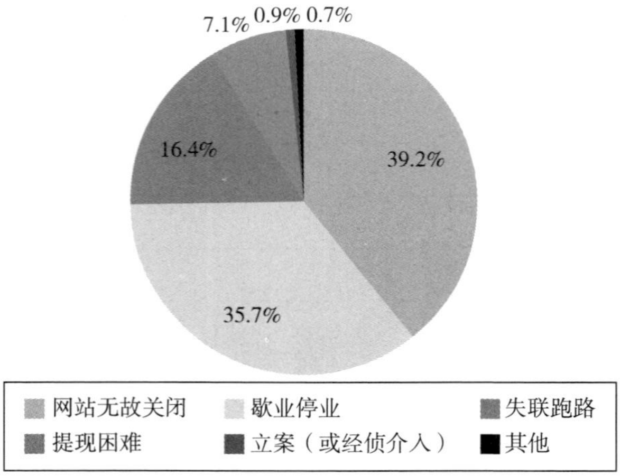

图 1－7　2016 年 P2P 问题平台类型分布

2016 年问题平台共分布在全国 30 个省市，其中 5 个省市超过 100 家，分别是广东、上海、北京、浙江和山东，具体如图 1－8 所示。此外，云南、广西、江西、贵州、辽宁等 15 个省市全年问题平台少于 20 家，主要是这些地区平台数量处于低水平（见图 1－8）。

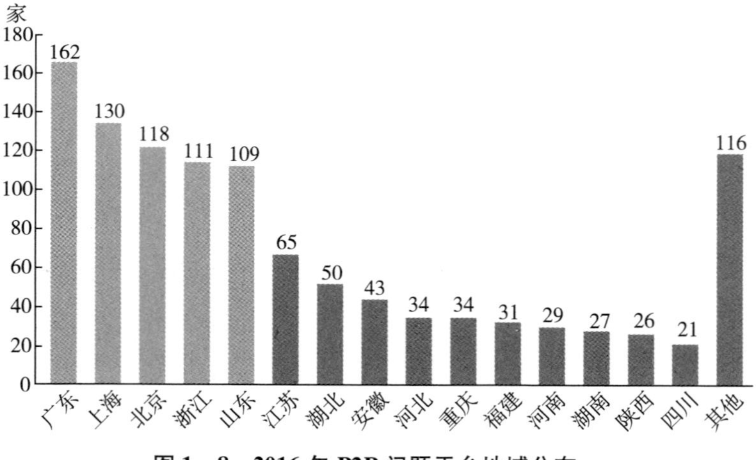

图 1－8　2016 年 P2P 问题平台地域分布

3. 转型平台

除停止营运外，还有部分 P2P 经营主体将运营方向投入别的领域，如互联网众筹、电子商务等，本报告将之归为“转型”平台，不纳入问题平台范畴。据零壹研究院数据中心统计，2016 年转型平台共计 23 家，每月多在1～2家。

三、行业交易数据分析

1. 行业整体规模

截至2016年末，全国P2P网贷行业累计交易额保守估计约为3.36万亿元，其中2016年交易额接近2万亿元，为19544亿元，同比增幅为100.4%；2016年12月交易额约2070亿元，环比增长2.6%。从图1-9和图1-10中可以看出，P2P行业成交额年交易额仍在快速增长。

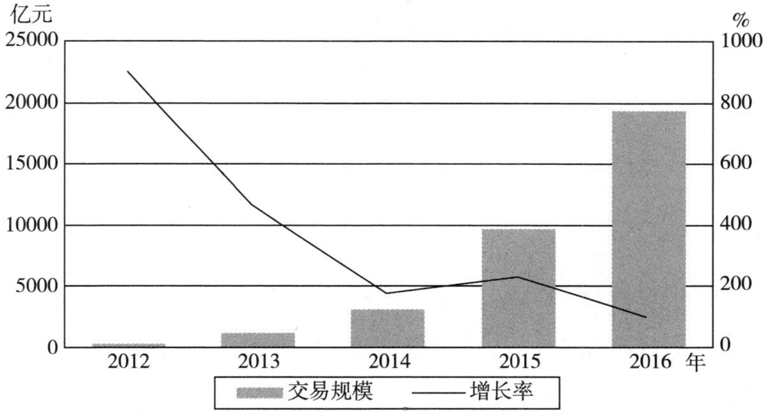

图1-9　历年P2P借贷行业交易规模走势

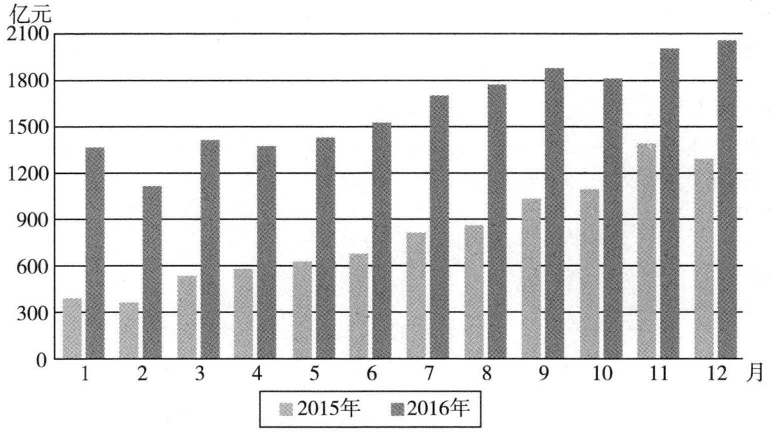

图1-10　2015—2016年P2P借贷行业交易规模走势

2016年网贷交易额集中分布在北京、广东、上海和浙江四地，规模分别达到 5162 亿元、4975 亿元、4100 亿元和 2216 亿元，合计占到全国总量的 84%。值得注意的是，上海和浙江两地规模占比提升较快，第 4 季度达到 38% 以上，这主要是受大平台规模提振的影响，如陆金所和微贷网等平台（见图 1－11）。

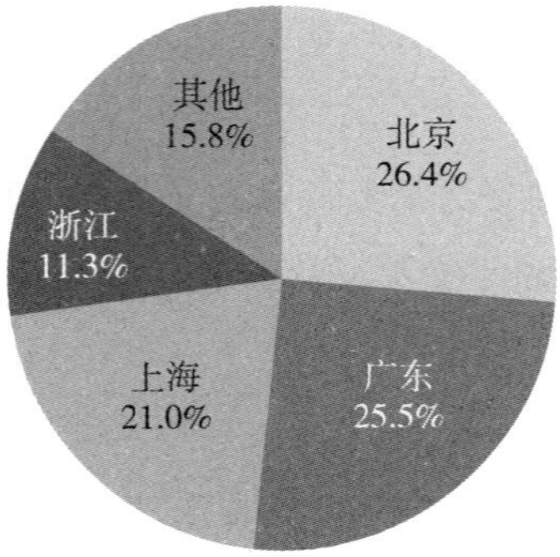

图 1－11　2016 年各省市 P2P 平台交易规模分布

2. 贷款余额①

截至 2016 年 12 月 31 日，P2P 行业贷款余额（指本金，下同）已达到 8303 亿元，较上月增加 4.6%，同比增长 95.2%；未还利息共 798 亿元，约为未还本金的 8.4%。从地域来看，北京 2550 亿元，约占 30.7%，上海和广东分别有 1990 亿元和 1642 亿元，所占比例为 24.0% 和 19.8%（见图 1－12）。

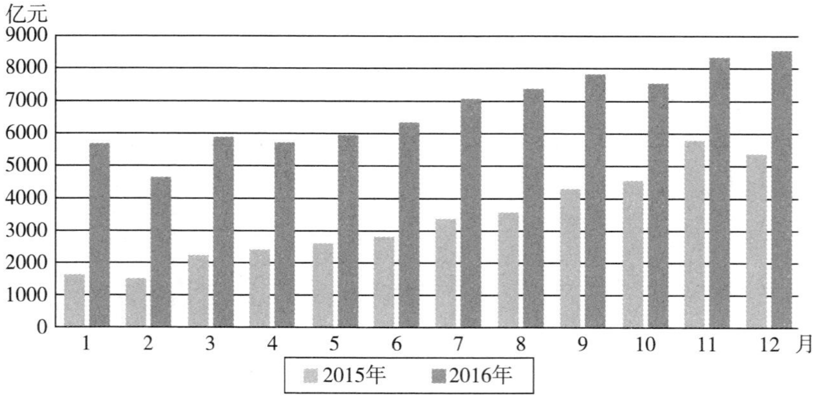

图 1－12　2015—2016 年 P2P 行业贷款余额走势

① 贷款余额：指截至某一时刻，借款人尚未归还投资人的贷款总额，也是平台未归还投资人的最小金额；本日贷待还余额 = 前日待还余额 + 本日贷方发生额 − 本日借方发生额；年末贷款余额指当年最后一天的待还余额。

3. 借款期限

2015—2016 年 P2P 网贷各月平均借款期限基本在 200 ~ 300 天波动，上半年期限相对较短，下半年期限较长。2016 年平均借款期限为 231 天，这一数据在 2015 年和 2014 年分别是 256 天和 261 天（见图 1 – 13）。

2016 年 12 月，P2P 借贷行业平均借款期限为 221 天，北京、上海和广东平均借款期限分别为 576 天、171 天和 195 天，除北京较上月延长 44 天外，上海和广东分别大幅缩短 89 天和 185 天。

统计的 400 家样本平台中，约有 47% 的平台借款期限较上月有所缩短，包括红岭创投、团贷网、PPmoney、聚宝汇、宜人贷和点融网等项目数量较多的平台。

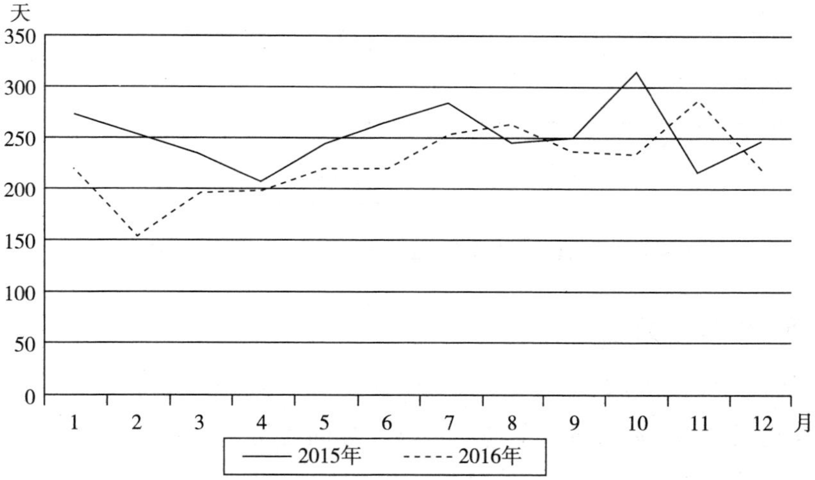

图 1 – 13　2015—2016 年平均借款期限走势

4. 平均利率

2014—2016 年，P2P 借贷平均投资利率分别为 14.96%、10.83% 和 9.93%，这一指标呈现逐年下降的趋势。图 1 – 14 列出了 2015—2016 年各月利率的变动走势，2016 年各月投资利率同比减少 1 ~ 2 个百分点；以自然年为统计周期，投资利率呈现逐月下降的趋势，且第 1 季度受季节性因素的影响，利率显著高于其他季度。

2016 年 12 月,P2P 最新投资利率为 9.86%,环比上升 0.16 个百分点。贷款余额前 3 的省市中,北京、上海和广东平均投资利率分别为 10.73%、10.90% 和 10.02%,前两者分别较上月提高 1.41 个百分点和 1.75 个百分点,广东下降了 0.39 个百分点。截至 2016 年末,除天津、重庆、江西等少数地区外,全国七成以上省市 P2P 平均投资利率已低于 12%。

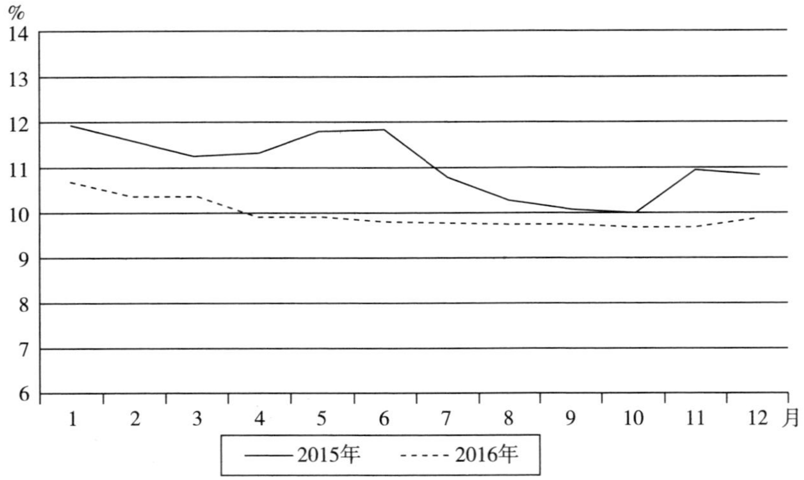

图 1-14　2015—2016 年 P2P 借贷行业平均投资利率走势

5. 借款人数

2016 年,我国 P2P 行业活跃借款人(不区分个人和机构)大致为 572 万人,同比增加 104%。2016 年各月借款人数同比均为正增长,增长率平均在 90% 左右,且各月环比增速明显快于 2015 年(见图 1-15)。2016 年人均融资金额为 34.16 万元,与 2015 年(34.80 万元)基本持平。

2016 年 12 月借款人数为 204.7 万人左右,环比增加 3.7%,同比增加 113.1%;人均借款金额为 10.11 万元,环比减少 0.11 万元。

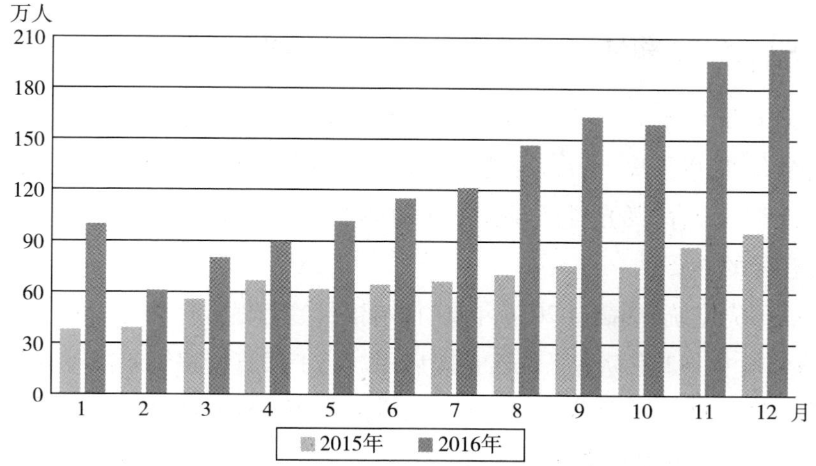

图 1－15　2015—2016 年 P2P 借贷行业活跃借款人走势

6. 投资人数

2016 年 P2P 行业活跃投资人数估计为 998 万人，较 2015 年（720 万人）增加38.6%；人均投资额为 19.6 万元，同比增加 45%。近两年投资人数量走势如图 1－16 所示，相较于 2015 年，2016 年各月投资人数量环比增长不明显，主要是因为随着行业的逐渐成熟，网贷平台获客的边际效应显现。

2016 年 12 月活跃投资人数为 445 万人左右，环比增加 2.5%，同比增加 19.0%；人均投资金额为 4.65 万元，与 11 月（4.15 万元）基本持平。

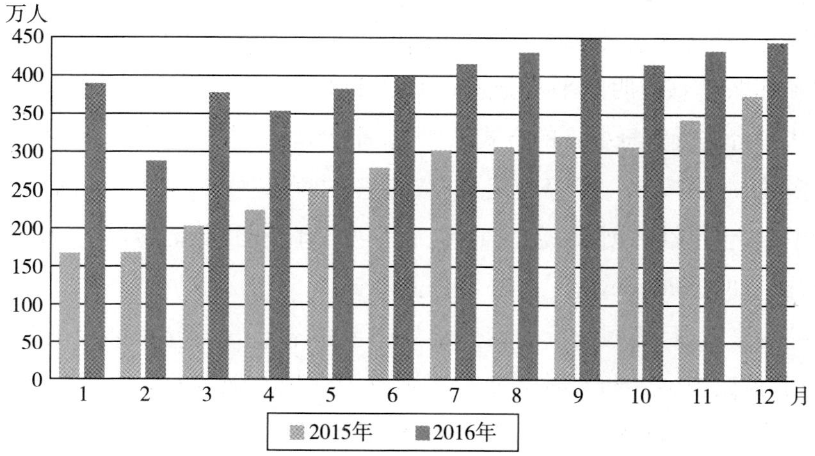

图 1－16　2015—2016 年 P2P 借贷行业活跃投资人走势

四、资金存管

2016 年 8 月 24 日出台的《办法》规定，网络借贷信息中介机构应进行银行资金存管，以隔离平台自身资金与出借人和借款人资金，这一规定加速推动了行业资金存管的进行。此外，11 月曝光的网贷备案指引也再次明确了银行存管的必要性。

据不完全统计，截至 2016 年末，已与银行签订银行存管合同的平台共有 227 家，其中 142 家存管系统已正式启用。已上线直接存管或银行直连系统的平台共有 117 家，对接华兴银行、江西银行、恒丰银行和徽商银行的平台最多，分别有 26 家、20 家、16 家和 10 家。

五、信息披露

《办法》规定，网贷平台应在其官方网站建立业务活动经营管理信息披露专栏，定期以公告形式向公众披露年度报告、法律法规等信息。2016 年 10 月末，中国互联网金融协会也正式发布了相关信息披露标准，定义并规范了 96 项披露指标。

零壹研究院数据中心基于 400 家样本平台的统计显示，截至 2016 年末，约有 70% 的平台对交易额进行披露，且多以累计交易额的方式；25% 的平台公示了待还本金或本息；披露风险准备金（部分平台已将原风险准备金改称“质保服务专款”“质量保证金”“运营积金”等）的平台约 15%；逾期和坏账信息透明的平台分别有 10% 和 6%。

从平台进行信息披露的方式来看，在平台首页开辟数据版块/栏目的占绝大多数，严格按照《办法》规定开设“信息披露”专栏的较少，多为知名度较高的平台，包括红岭创投、金融工场、钜宝盆、宜贷网、向上金服、信用宝、你我贷、团贷网、PPmoney 等，总数不超过 50 家。

综合来看，目前网贷行业信息披露主要依靠监管引导和部分平台的自发作用，披露内容少和实时度低的情况较为突出。随着互联网专项整治活动进入收尾阶段以及信披规范的逐渐普及，2017 年或将有所改善。

六、投融资分析

据不完全统计，截至2016年底，国内P2P网贷行业融资事件共计280起，207家P2P平台获得融资，总额在453亿元左右。图1-17列出了各年度网贷行业的融资情况，2015年以前P2P行业获得融资的事件较少，且多为天使轮和A轮投资；2015年风险资本加码，当年融资案例和融资金额分别达到129起和199亿元；2016年融资案例共92起，同比减少37起，而融资金额则达到193亿元，与上年基本持平。

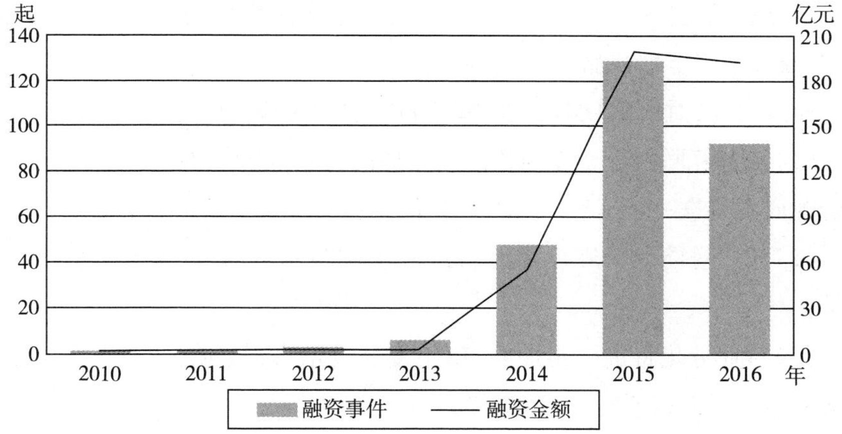

图1-17　中国P2P借款融资情况（2010—2016年）

区别于往年，2016年P2P行业投融资情况呈现出两个新特征：一是高轮次和大额融资显著增多，部分知名平台甚至启动了海外上市计划，数据显示，B轮及以上融资共35起，相应融资额（134亿元）约占70%，其中21家平台获得亿元以上融资，共计130亿元；二是同业间的资本活动增多，如团贷网、微贷网、高搜易等知名平台均有投资P2P或类P2P平台。我们认为，2016年P2P借贷行业投融资的“新气象”发生的原因主要是，P2P行业分化进入中期，平台盈利能力逐渐显露，风险资本下注减少；市场占有率较高的平台出于对整体业务布局的考虑，开始通过收购、持股等方式拓宽资产端或资金端渠道。

七、总结及趋势

2016 年，P2P 网贷行业的外部环境出现急剧变化，监管办法频繁出台，主要包括互联网金融风险专项整治活动的开启、《办法》的下发和中国互联网金融协会的成立。政策环境的收紧造成正常运营平台数量加速下降，存量平台合规压力加重，面临的挑战主要包括借款余额超限、银行存管对接难度大、信息披露质量低等问题。

另外，行业内部分化加快，“马太效应”明显，前 100 家平台交易规模约在 1.5 万亿元，占 77%；部分知名平台已开始集团化布局，或引入新的合规资产，或开发资金端产品，或引进新技术。

通过研究，对 P2P 网贷行业，我们得到以下阶段性结论：

(1)随着互联网金融专项整治继续加码以及监管细则的不断落地，平台的合规成本将进一步提升，主动退出者会更多；

(2)P2P 网贷市场规模增速将进一步放缓，在一定时期内可能出现负增长；

(3)行业分化将进一步加剧，集中度持续增大，大量中小平台可能因资产或资金问题而被迫转型或停业；

(4)P2P 网贷与消费金融、汽车金融、供应链金融等细分领域将加速结合，竞争会更加激烈；

(5)P2P 网贷与农村金融的结合将迎来新机遇，同时也面临较大的挑战；

(6)P2P 网贷平台通过助贷、联合放贷、资产证券化等形式对接机构资金的情况将会增多；

(7)大型集团、产业资本快步入场，一批成立较早、盈利或预期盈利良好的平台将迎来海外上市；

(8)P2P 网贷行业进入后监管时代，合规整改、技术驱动和精细化运营是平台制胜的关键。

第二节　北京市网贷行业发展简述及 2016 年概述

一、逻辑结构介绍

本节第一部分介绍数据采集、处理和统计的基本逻辑，第二部分是对 2016 年整个行业的概述，其中部分统计结果在我们已有的数据基础上做了估算；第三部分针对 30 家样本平台做了详尽的分析，宏观与微观相结合，以期能够更加客观地反映行业现状。

1. 数据采集及处理

本节数据中心获取数据主要来自零壹研究院，主要途径有：(1) 运用自主开发的爬虫程序，通过网页分析算法过滤页面无关元素，自动采集储存相关变量；(2) 与各平台建立数据接口，直接从平台获得数据，并经双方协同校验，确保数据准确无误。

通过接口获取的数据基本上都很规范，不用做过多的处理，这里主要介绍爬虫数据的处理逻辑。从网页中获得的初始字段信息往往比较杂乱，除了正则字段匹配不准确、缺失、错误等情况，还可能存在不可见字符、空格等无法有效识别的信息，为了便于程序理解及日后统计需求，就需要对数据进行第一步清洗。对于错误、缺失的信息需要重新采集，重新校正完整之后再进入数据库，重复逻辑验证环节。具体流程（见图1－18）。

图 1－18　数据采集技术路线之获取数据流程

2. 声明

保证本书所采用的基础数据均来自合规渠道，如非特别说明，信息均由零壹研究院数据中心完成采集、整理和统计工作。数据统计方法及操作标准源于零壹研究院数据中心内部规范，分析逻辑基于笔者的行业理解，本书清晰准确地反映了笔者的观点，力求独立、客观和公正，结论不受任何第三方的授意或影响，特此声明。

本书中数据及案例仅供《北京市网贷行业年度发展报告 2017》使用，所有数据信息仅在相关法律许可的情况下发布，为行业宏观研究之用，概不构成任何广告及推荐。投资者不应将本书中的信息作为投资决策的唯一参考因素，亦不应认为本报告可以取代自己的判断。在决定投资前，如有需要，投资者务必向专业人士咨询并谨慎决策，坚持独立思考，为自己的投资行为负责。

在任何情况下，本书中的信息或所表述的意见均不构成对任何人的任何投资建议。零壹智库及零壹智库员工或者关联机构不承诺投资者一定获利，不与投资者分享投资收益，也不对任何人因使用本书中的任何内容所导致的任何损失负任何责任。读者务必注意，据此做出的任何投资决策与零壹智库、零壹智库员工或者关联机构无关。P2P 借贷行业尚不规范，随着时间发展，可能部分目前正常的平台会发生问题，请读者自行判断风险。

本书的数据信息来源于互联网公开渠道，零壹智库对该数据信息本身的准确性、完整性或可靠性不作任何保证。本书所载的资料、意见及推测仅反映本书完稿之时的判断，过往表现不应作为日后的表现依据。在不同时期，零壹智库可发出与本书所载资料、意见及推测不一致的刊物或者报告。零壹智库不保证其中所含信息保持在最新状态。同时，零壹智库对本书所含信息可在不发出通知的情形下做出修改，读者应当自行关注相应的更新或修改公告。

二、北京市网贷行业发展简述及2016年概述

1. 成交数据

从广义上来说，总部位于北京的宜信是国内最早从事P2P借贷的公司，但其在相当长的一段时间内并不涉及线上业务。2010年10月，人人贷上线运营，北京才出现第1家真正意义上的线上P2P借贷平台。

截至2016年12月31日，北京地区共上线过网贷平台529家，累计交易规模达到9120亿元；2016年度，北京地区网贷行业交易规模达到5162亿元，居全国各地区首位，占同期全国成交额19544亿元的26.4%。

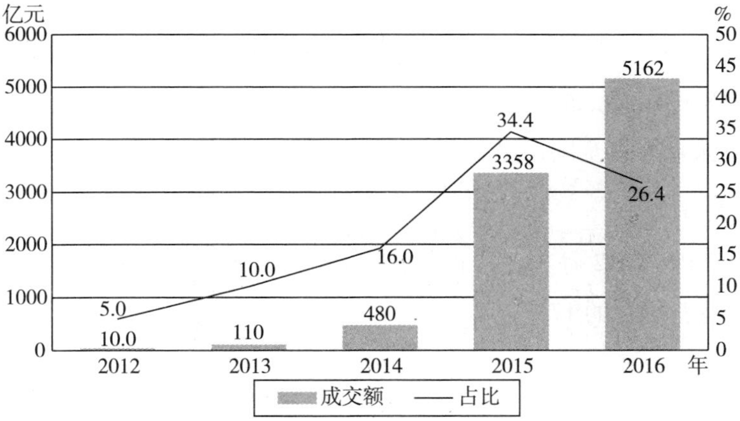

图1－19　北京P2P网贷历年交易额及其在全国的比重①

2012年，北京市P2P借贷行业的成交额开始突破10亿元，2013年猛增到110亿元左右，环比增幅高达1000%。2014年成交额在480亿元左右，2015年达到3358亿元。2014年、2015年、2016年环比增幅分别达到336%、600%、53.7%（见图1－19）。

---

① 北京第一家网贷平台人人贷于2010年上线，2010年、2011年北京网贷行业整体交易额分别只有30万元和4000万元，未纳入图中。

2013—2016 年 4 年间,北京地区网贷行业交易额占全国比重分别达到 10%、16%、34.4%、26.4%。

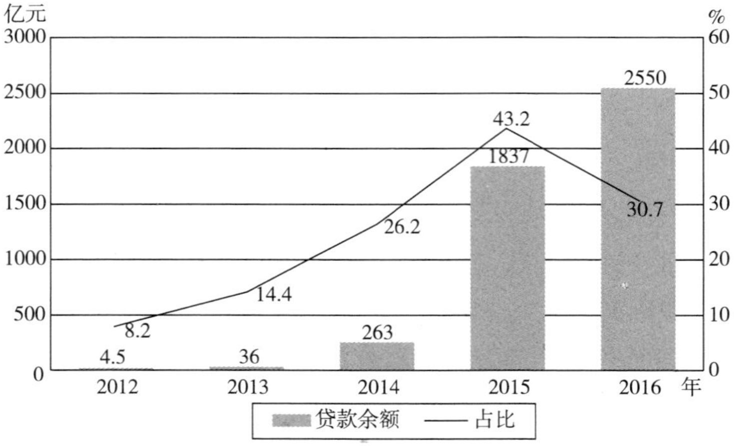

图 1-20　北京 P2P 网贷历年(末)贷款余额及其占全国的比重

到 2016 年末,北京地区网贷贷款余额达到 2550 亿元,同一时点全国贷款余额为 8303 亿元,北京地区约占 30.7%。图 1-20 显示了北京地区历年(末)贷款余额及占全国比重走势。

2. 平台数量

截至 2016 年 12 月 31 日,北京地区正常运营网贷平台为 277 家,占同期全国正常运营平台的 17%。

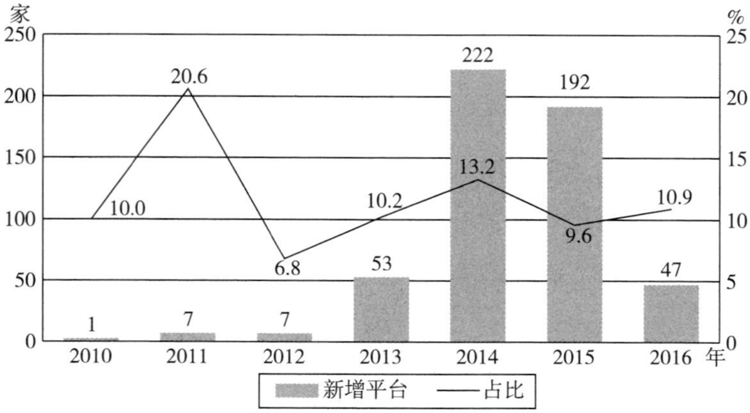

图 1-21　北京 P2P 网贷历年新增平台数量及其在全国的比重

从历年新增平台数来看，北京地区 2013 年出现明显增长，达到 53 家，2014 年是新增平台数量的高峰，达到 222 家。此后，新增平台逐年下降。2016 年新增平台数回落到 2013 年以来最低点，为 47 家（见图 1－21）。

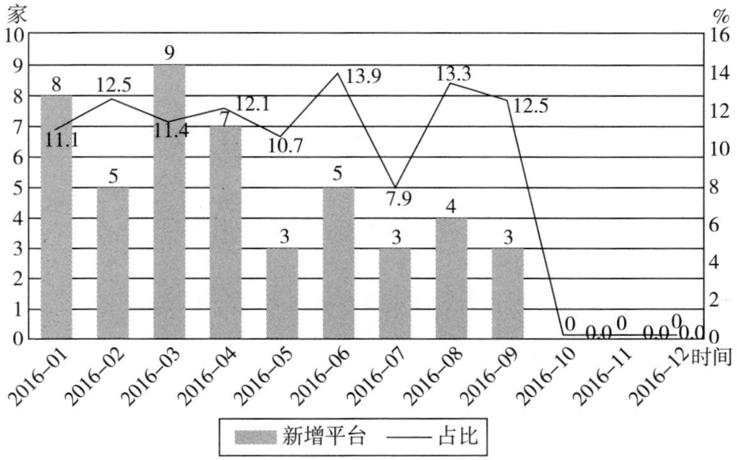

图 1－22　北京 2016 年月度新增平台数量及其在全国的比重

分月来看，2016 年后半年较前半年新增平台数出现明显下降，2016 年 8 月后尤其明显，10—12 月 3 个月中北京地区甚至没有新上线平台（见图 1－22），这与《办法》的出台关系密切。

3. 问题平台数据分析

截至 2016 年底，网贷问题平台总数达到 3201 家（不包含转型）。其中 2016 年出现了 1106 家问题平台；2016 年转型平台共计 23 家（见图 1－23）。

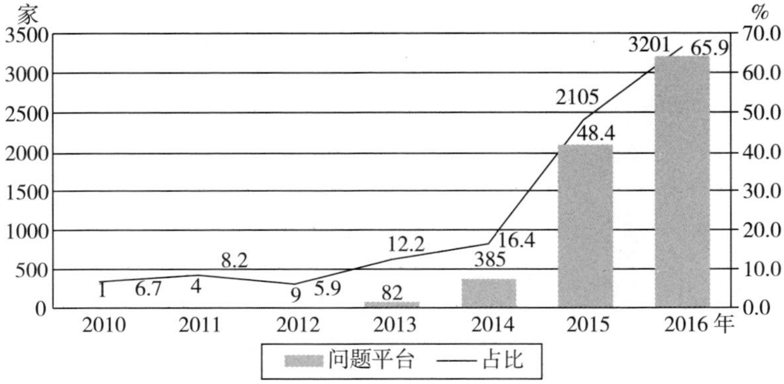

图 1－23　全国历年问题平台数量及所占同期累计上线平台的比重

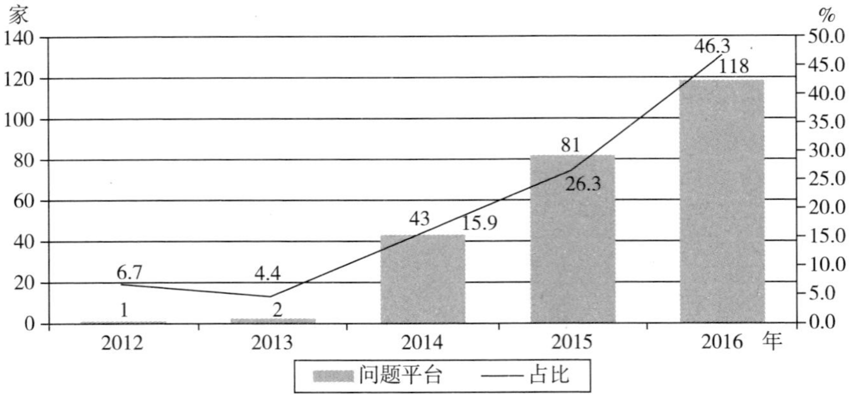

图 1－24　北京历年问题平台数量及所占同期累计上线平台的比重

到 2016 年底，北京地区累计问题平台（不含转型平台）245 家，占当地累计上线平台数量（529 家）的 46%，远低于全国水平的 65.9%。2016 年，北京地区出现的问题平台数占全国全年问题平台数的 10.7%，较 2015 年 30.7% 的比例大幅下降（见图 1－24）。

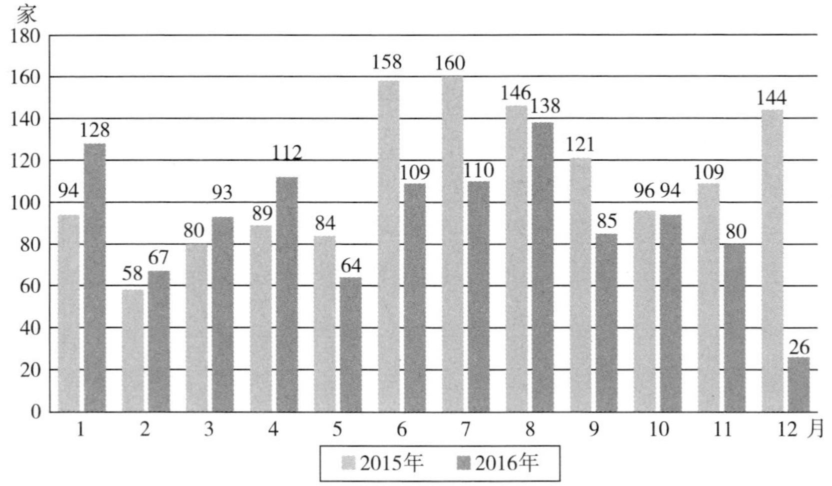

图 1－25　2015 年和 2016 年各月全国 P2P 网贷问题平台数量

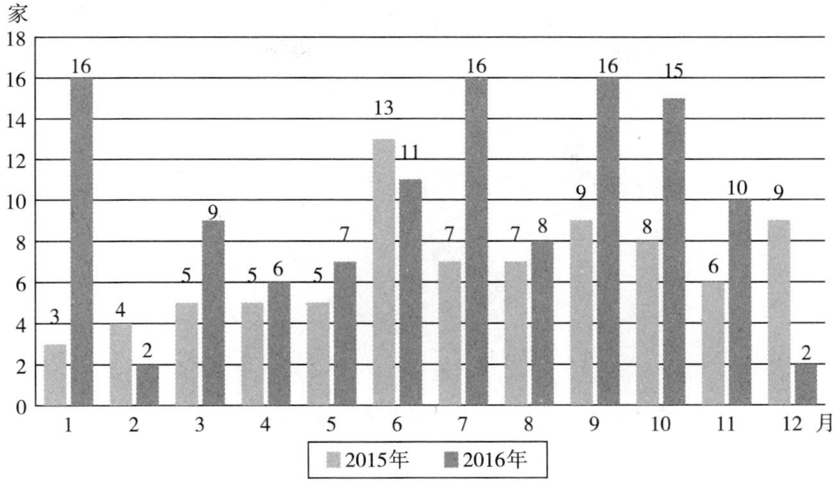

图 1-26　2015 年和 2016 年各月北京问题平台数量

2015 年北京地区共出现了 81 家问题平台，2016 年为 118 家，同比增幅为 45.7%。按月份与 2015 年相比，2016 年问题平台在 7 个月中出现了不同程度的增长。只有 2 月、6 月、12 月出现同比下降（见图 1-26）。

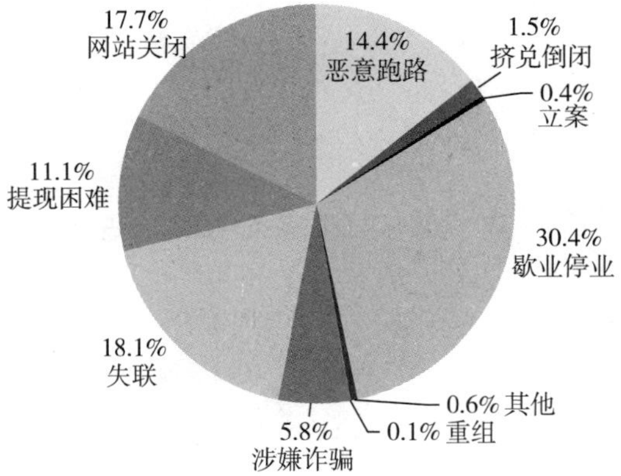

图 1-27　截至 2016 年底全国各类问题平台占比

截至 2016 年底，北京地区累计出现问题平台的问题类型如图 1-28 所示。具体数据为：恶意跑路 29 家、挤兑倒闭 4 家、立案 2 家、歇业停业 92 家、涉嫌诈骗 16 家、失联 22 家、提现困难 30 家、网站关闭 46 家。

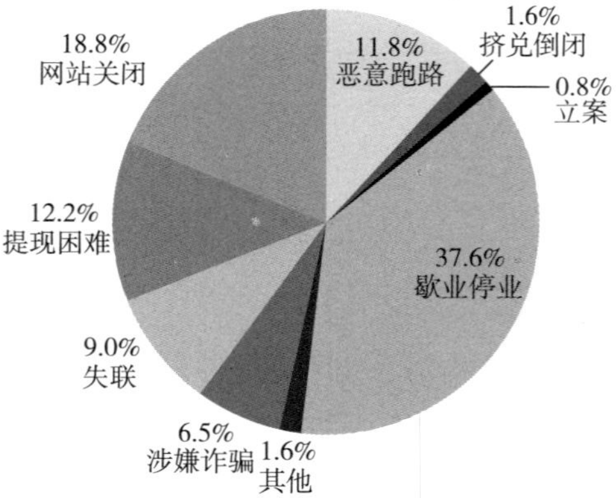

图 1-28　截至 2016 年底北京各类问题平台占比

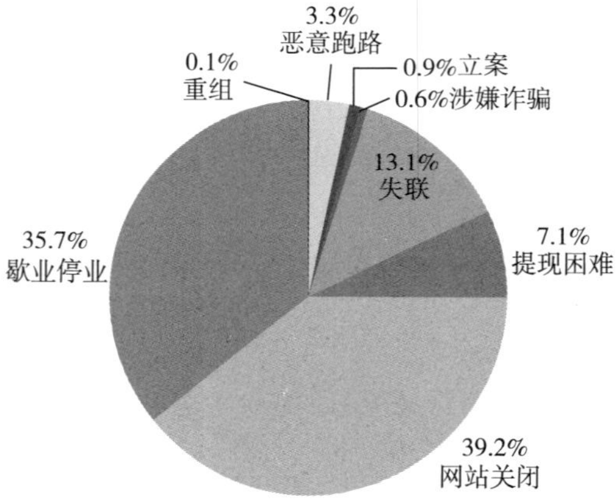

图 1-29　2016 年全国各类问题平台占比

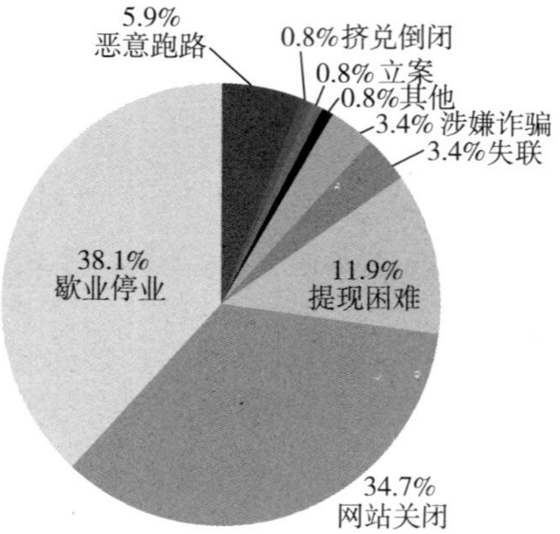

图 1-30　2016 年北京各类问题平台占比

2016 年北京地区问题平台各问题类型占比如图 1－30 所示。具体数据为:恶意跑路 7 家、挤兑倒闭 1 家、立案 1 家、涉嫌诈骗 4 家、失联 4 家、提现困难 14 家、网站关闭 41 家、歇业停业 45 家。

通过数据分析可以发现,网站关闭这一问题类型的平台在 2016 年各问题类型中占比较大。截至 2016 年底,网站关闭这一问题类型在各问题类型中占比为 18.8%;2016 年,这一问题类型占比达到 34.7%。

网贷问题平台频现,究其原因:一是风控体系不成熟。网贷风控能力的缺失,既有征信体系不完善的原因,也有企业技术能力缺失的原因,导致风控机制不全,最终风险爆发。二是业务创新偏离轨道,大部分问题网贷机构偏离信息中介定位以及服务小微和依托互联网经营的本质,异化为信用中介,存在自融、违规放贷、设立资金池、期限拆分、大量线下营销等行为。三是监管滞后。网贷行业 2007 年起萌芽,2013 年、2014 年问题平台已经开始爆发,2016 年 4 月开始网贷专项风险整治、8 月出台监管办法,监管相对滞后。

4. 借款人与投资人情况

北京地区 2016 年活跃借款人约 160 万人,约占全国人数的 28%。2016 年北京地区各月借款人数同比均为正增长,增长率平均在 90%,且各月环比增速明显快于 2015 年。结合 P2P 交易规模,可计算出 2016 年人均融资金额为 34.16 万元,较 2015 年(34.80 万元)下降 1.8%(见图 1－31)。

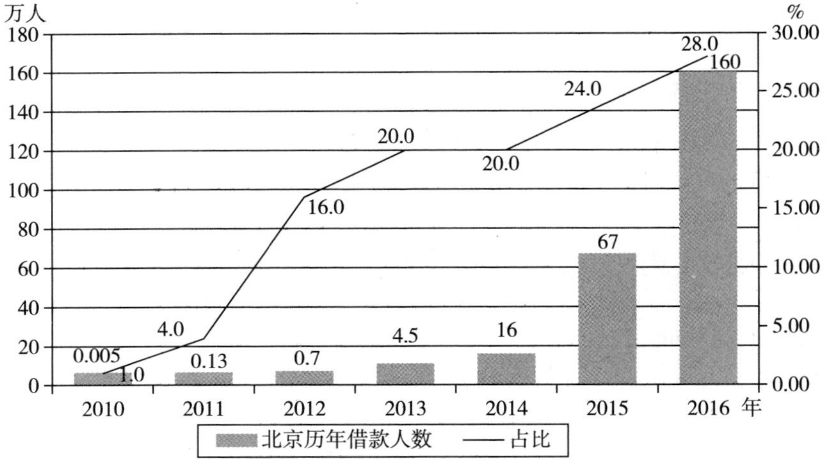

图 1－31　北京地区历年活跃借款人数及占全国比重

2016 年北京活跃投资人在 501 万人左右，约占全国投资人数（998 万人）的 50%；全国人均投资额为 19.6 万元，同比增长 45%。近 2 年各月活跃投资人数量如图 1－32 所示，2015 年活跃投资人数量各月呈现明显的增长趋势，2016 年这一趋势不明显，主要是因为随着行业的逐渐成熟，P2P 平台获客的边际效应显现。

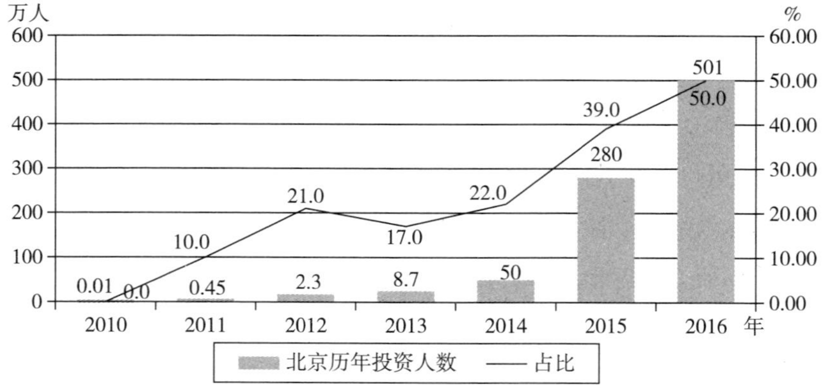

图 1－32　北京地区历年投资人数及占全国比重

5. 小结

整体来看，北京地区网贷行业发展在全国处于领先位置，2016 年交易规模以 5162 亿元居全国首位，其他指标如贷款余额、投资人数等，北京地区均居首位。另外，北京地区聚集了诸多实力背景较强的大平台，2016 年交易额前 30 的平台中，北京地区占据 13 席。行业风险方面，因监管和行业自律成效较好，问题平台出现较少，2016 年，北京地区出现的问题平台数占全国全年问题平台数的 10.7%，且问题平台与累计上线平台数的比重（46%）低于全国（65.9%）近 20 个百分点。

三、北京市 30 家样本平台数据分析

根据上线时间、交易规模、数据可获取性、知名度等因素，我们选取了北京地区 30 家网贷平台作为样本进行详细数据分析。这 30 家平台的主要工商信息如表 1－2 所示。

表 1 - 2　截至 2017 年 3 月初，北京地区 30 家样本平台主要工商信息

平台名称	注册资金（万元）	上线时间	公司名称	法定代表人
91 旺财	5000	2014 - 03	九一金融信息服务（北京）有限公司	许泽玮
爱钱帮	1217	2014 - 04	北京爱钱帮财富科技有限公司	王吉涛
爱钱进	10000	2014 - 05	爱钱进（北京）信息科技有限公司	董　祺
爱投资	5000	2013 - 03	安投融（北京）网络科技有限公司	赵春霞
安润金融	5000	2014 - 06	安润金融信息服务（北京）有限公司	陈继珍
抱财网	5000	2014 - 06	北京中联创投电子商务有限公司	王尔明
大同行	5000	2014 - 04	大同航（北京）网络科技有限公司	李　鑫
道口贷	1000	2014 - 12	北京道口贷科技有限公司	罗　川
冠 e 通	10000	2015 - 07	冠群驰骋投资管理（北京）有限公司	刘广东
和信贷	10001	2013 - 08	和信电子商务有限公司	安晓博
花果金融	5000	2014 - 01	北京花果信息技术有限公司	塔　拉
积木盒子	20000	2013 - 08	北京乐融多源信息技术有限公司	董　骏
金联储	10000	2014 - 08	金联储（北京）金融信息服务有限公司	蒲斯伟
金融工场	5000	2012 - 09	北京凤凰信用管理股份有限公司	魏　薇
理财范	1485	2014 - 03	北京网融天下金融信息服务有限公司	申　磊
链链金融	1592	2014 - 11	北京链家房地产经纪有限公司	左　晖
普惠理财	5000	2014 - 10	硅谷厚朴（北京）金融信息服务有限公司	李书文
人人贷	10000	2010 - 10	人人贷商务顾问（北京）有限公司	杨一夫
搜易贷	30000	2014 - 09	搜易贷（北京）金融信息服务有限公司	周　霖
糖果金融	5000	2014 - 12	糖果（北京）金融信息服务股份有限公司	李四强
网利宝	5000	2014 - 08	北京网利科技有限公司	杨　华
小油菜理财	5000	2014 - 01	北京聚融天下信息技术有限公司	刘　江
信用宝	5000	2013 - 06	信用宝金融信息服务（北京）有限公司	王文思
宜人贷	3000	2012 - 03	恒诚科技发展（北京）有限公司	唐　宁
易通贷	10000	2013 - 02	北京易通贷金融信息服务有限公司	王　岩
翼龙贷	10000	2011 - 10	北京同城翼龙网络科技有限公司	王思聪
银湖网	20000	2014 - 07	银湖网络科技有限公司	曾　雪
银客理财	10000	2013 - 12	银客金融信息服务（北京）有限公司	郭新涛

续表

平台名称	注册资金（万元）	上线时间	公司名称	法定代表人
有利网	5000	2013－02	北京弘合柏基金融信息服务有限责任公司	吴逸然
紫马财行	10000	2015－02	北京紫马财行投资管理有限公司	唐学庆

1. 成交概况

北京地区 30 家样本平台 2016 年总成交额约为 1974.6 亿元①，占北京地区 2016 年整体成交额的 38.2%，占全国比重 10.1%。总借款笔数 707 万笔左右，约占北京地区的 59%。见图 1－33，2016 年北京地区成交额在 12 月达到峰值，为 192.8 亿元。

表 1－3　北京地区网贷交易额及占比情况

	2016 年网贷交易额（亿元）	历年交易额（亿元）	2016 年/历年
北京	5162	9121	57%
全国	19544	33614	58%
北京/全国	26%	27%	

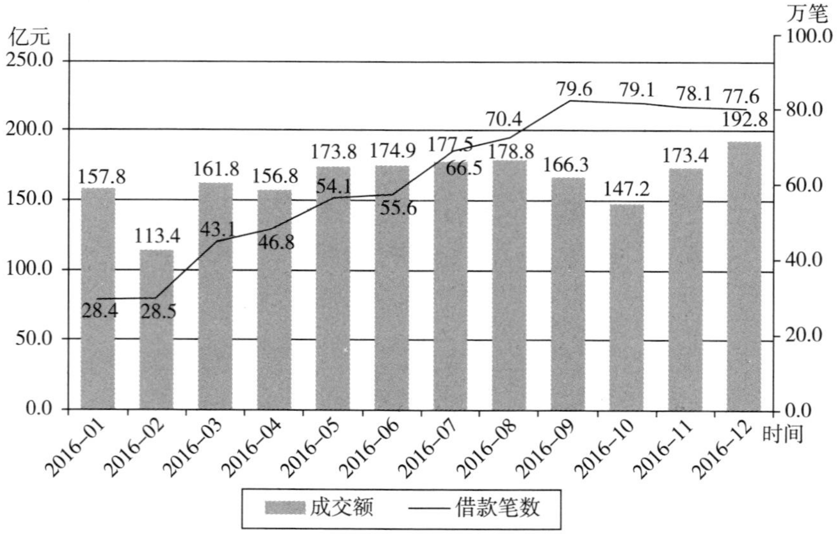

图 1－33　30 家样本平台个月总成交额和借款笔数

① 数据仅包括一级市场的散标系列，不含债权转让、活期理财等产品；仅统计了成功的借款项目，下同。

30家样本平台中，8家平台年度成交额在100亿元以上，包括冠e通、积木盒子、链链金融、人人贷、搜易贷、宜人贷、翼龙贷、有利网。爱钱进2016年成交额为99.81亿元，接近100亿元。翼龙贷在30家样本平台中成交额最高，为269.89亿元。

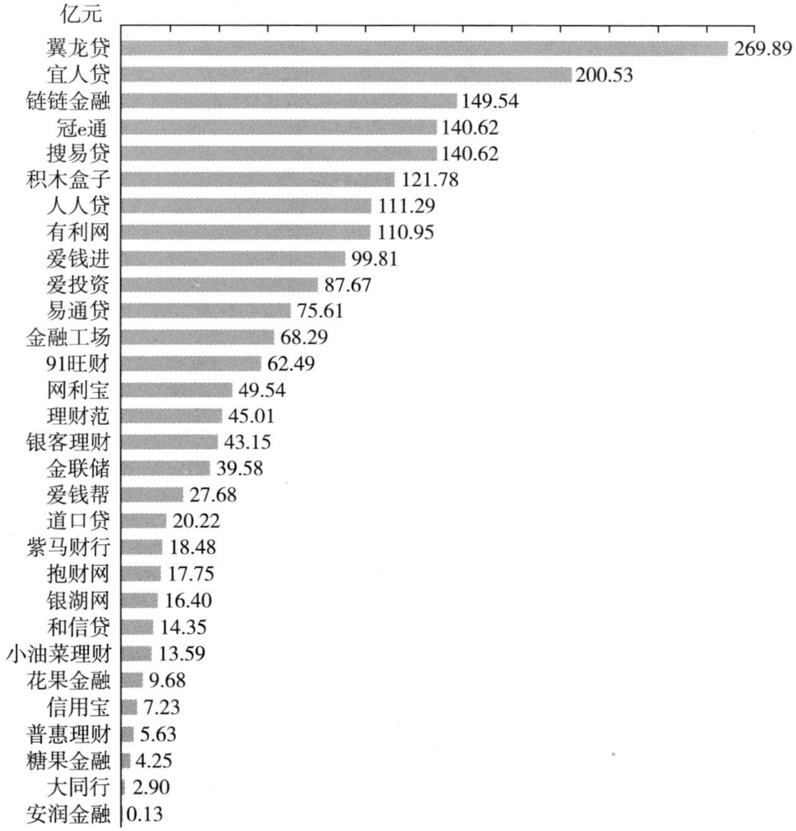

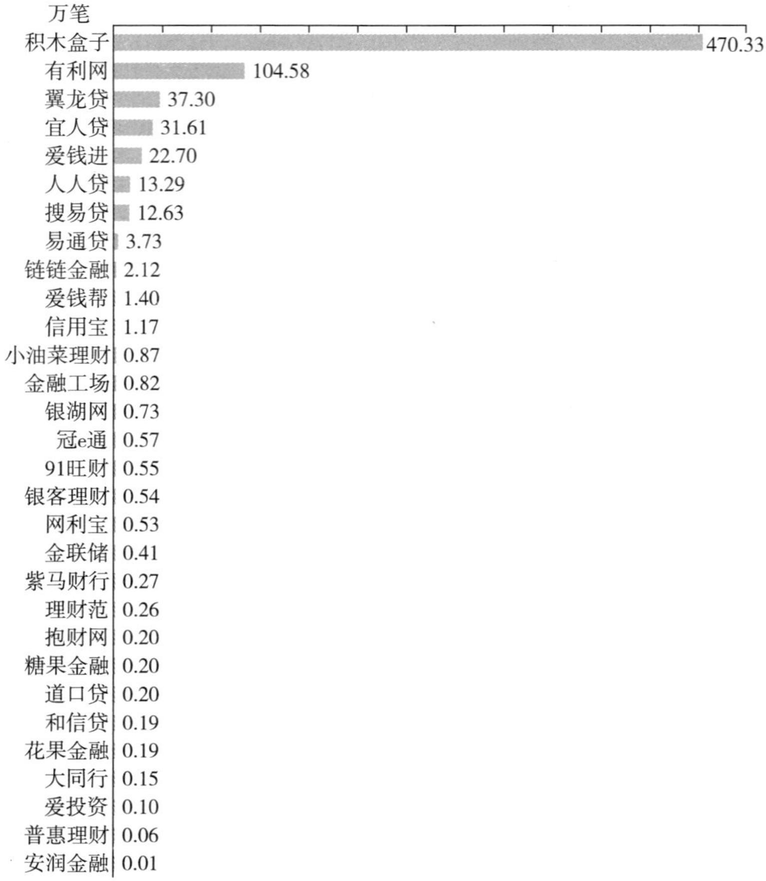

图 1－34　30 家样本平台 2016 年成交总额和借款总笔数

30 家样本平台中，链链金融、银湖网、银客理财在 8 月 24 日之后成交额出现不同程度的下滑，受“限额令”影响明显。链链金融 2016 年 1 月成交额为 24.1 亿元，到 12 月已经骤降到 1.3 亿元，降幅达 94.6%。

2. 笔均成交额

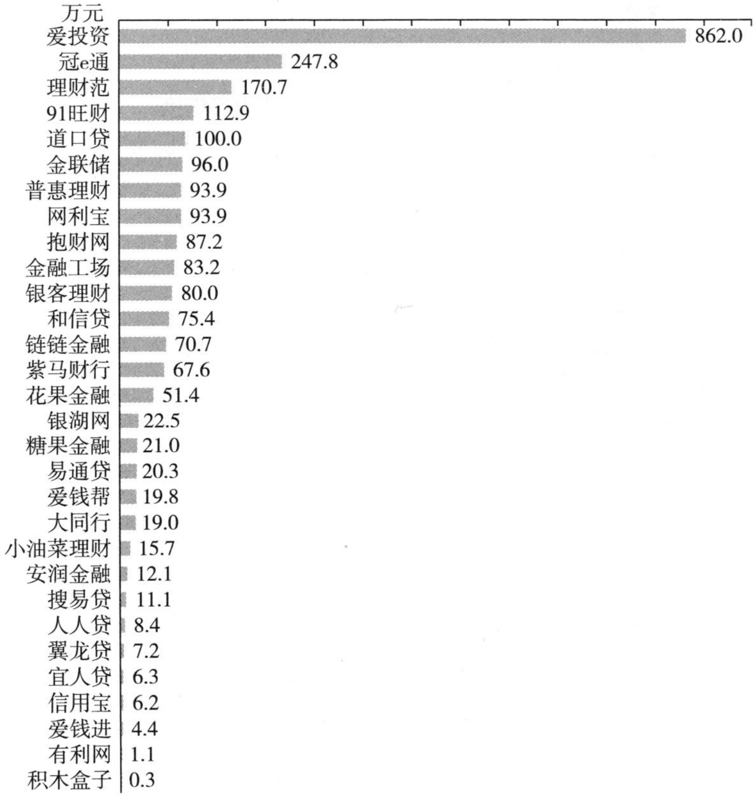

图 1-35　2016 年 30 家样本平台笔均借款金额

见图 1-35，2016 年笔均成交额[①]在 100 万元以上的有 5 家，爱投资 2016 年笔均借款额达到 862 万元，为 30 家样本平台中最高，这些平台主要以大额企业借款为主，具有借款笔数少、单笔金额高的特点。笔均借款金融最低为积木盒子，仅约 3000 元，笔均借款额较低的还有有利网（1.1 万元），原因是这些平台主营业务为小额信贷。积木盒子在 2016 年交易额为 121.7 亿元，借款笔数高达 470.3 万笔。

2016 年，30 家样本平台笔均借款额在 20 万元以下的包括爱钱帮（19.8

① 笔均成交额是指某家 P2P 借贷平台某个特定时间段内单个借款标的平均金额。

万元)、爱钱进(4.4 万元)、安润金融(12.1 万元)、大同行(19 万元)、人人贷(8.4 万元)、搜易贷(11.1 万元)、小油菜理财(15.7 万元)、信用宝(6.2 万元)、宜人贷(6.3 万元)、翼龙贷(7.2 万元)。

表 1-4　8 月 24 日前后 1 个月笔均成交额数据

时间	借款金额(万元)	借款笔数	笔均借款金额(万元)
7 月 24 日—8 月 23 日	1548706	108800	14.23
8 月 25 日—9 月 24 日	1468110	113730	12.91

表 1-5　8 月 24 日前后 3 个月笔均成交额数据①

时间	借款金额(万元)	借款笔数	笔均借款金额(万元)
5 月 24 日—8 月 23 日	4683324	32418014	14.45
8 月 25 日—11 月 24 日	4322325	36280211	11.91

2016 年 8 月 24 日网贷暂行管理办法发布后,不少平台交易额下降明显,如银湖网 8 月成交额为 1.87 亿元,9 月下降到 0.23 亿元。表 1-4 显示,8 月 24 日后 1 个月,30 家样本平台笔均借款额环比下降 9.2%,表 1-5 则显示,8 月 24 日后 3 个月笔均借款额环比下降了 20.3%。

3. 平均借款期限

2016 年,30 家样本平台的平均借款期限(见图 1-36)。人人贷期限最长,达 1035 天;宜人贷和银湖网紧随其后,分别为 946 天和 937 天。平均借款期限较长的还有爱钱进、信用宝,均超过 20 个月。与此形成鲜明对比的是,91 旺财、爱钱帮、积木盒子、金联储、链链金融、糖果金融、小油菜理财和有利网 8 家平台的平均借款期限则在 3 个月以内,有利网只有 14 天。

① 不包含有利网和积木盒子。

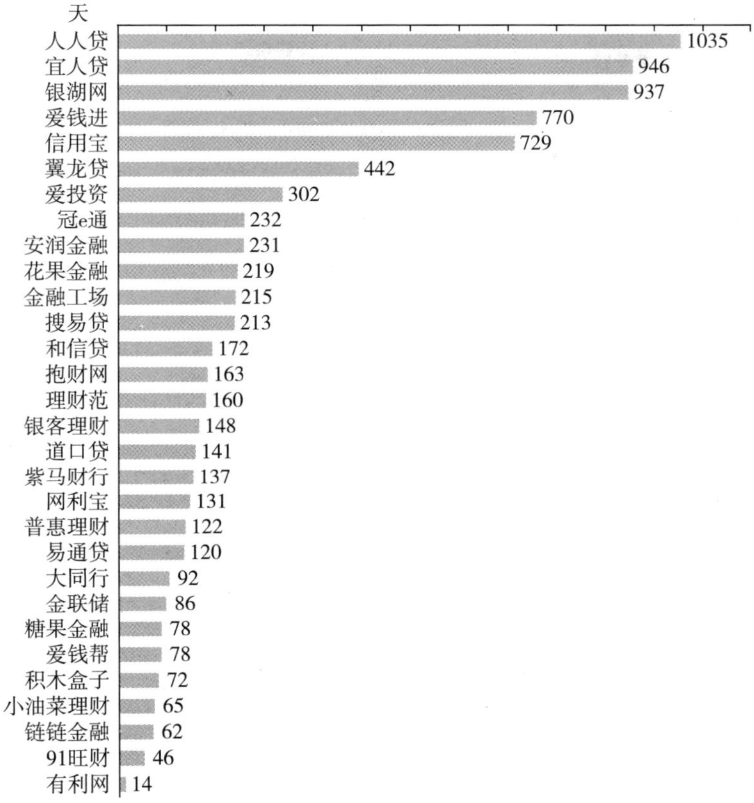

图 1－36　2016 年 30 家样本平台平均借款期限

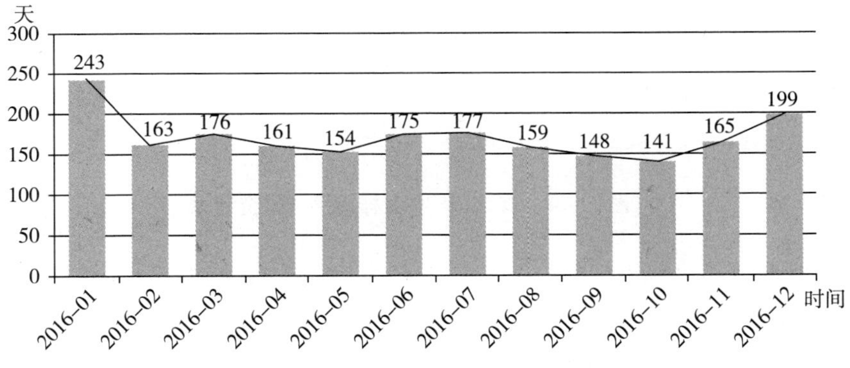

图 1－37　30 家平台 2016 年各月平均借款期限（走势）

4. 投资利率

30 家样本平台 2016 年的平均投资利率如图 1－38 所示，整体平均值为 10.26%。其中，易通贷最高，为 13.9%；91 旺财、积木盒子、链链金融、搜易贷 4 家平台均在 8% 以下；其余超过一半的平台，平均投资利率在 9% ~12%（见图 1－39）。

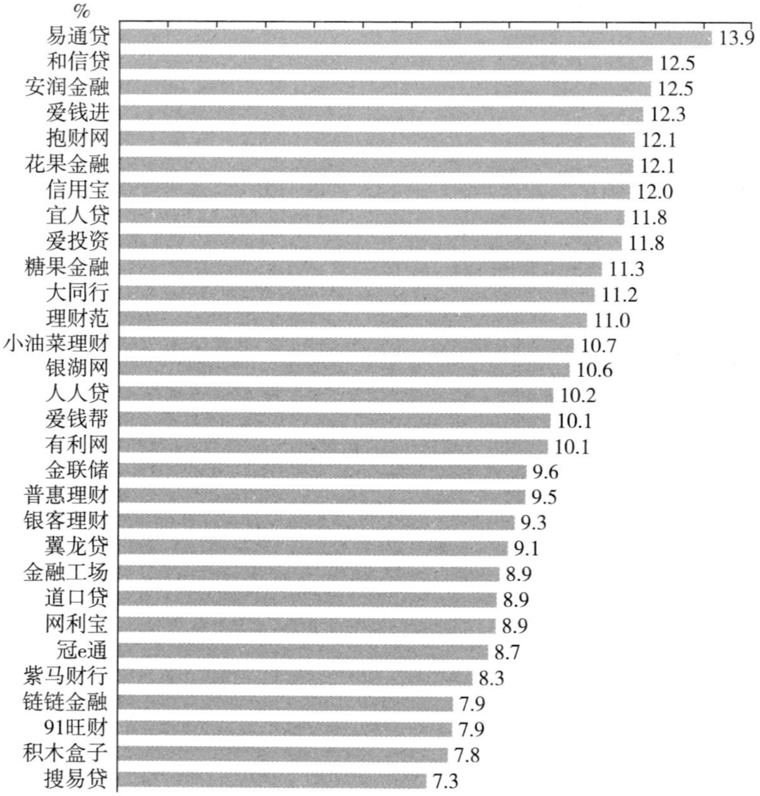

图 1－38　2016 年 30 家样本平台投资利率

从时间维度来看，以 30 个样本平台为代表的行业投资利率整体出现下滑：1 月为 10.4%，12 月为 9.8%，下降 0.6 个百分点。4 月、5 月一度降至 9.5%，到 11 月开始回升到 9.8%。

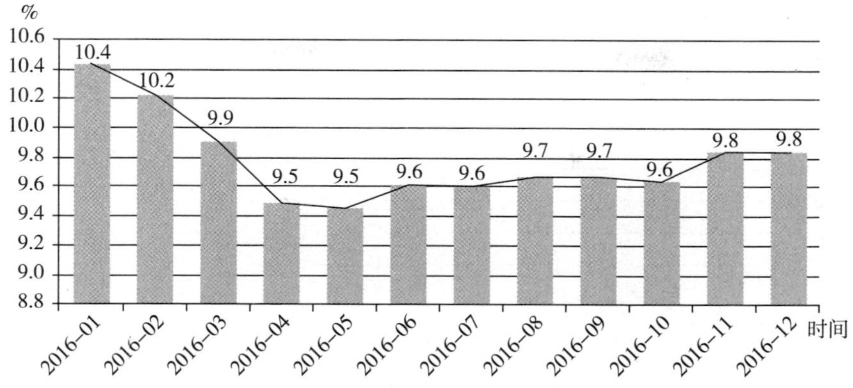

图 1－39　30 家平台 2016 年各月平均投资利率走势

5. 借款人数

2016 年北京地区整体活跃借款人数约为 160 万人,30 家样本平台占北京地区整体比例约为 70%。30 家样本平台中,活跃借款人超过 100 万人的仅有积木盒子和有利网,超过 20 万人的有 5 家,除积木盒子和有利网外,还有爱钱进(20.41 万人)、人人贷(23.29 万人)、宜人贷(31.43 万人)(见图1－40)。

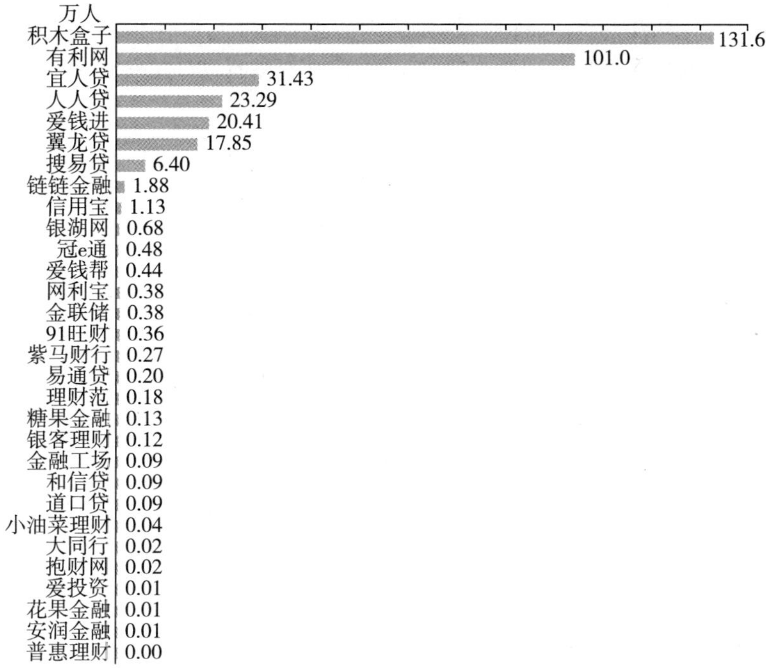

图 1－40　各平台 2016 年活跃借款人数

从单月活跃人数的变化来看，1 月仅有 15.9 万人，12 月达到 35.3 万人，增幅达 122%（见图 1－41）。

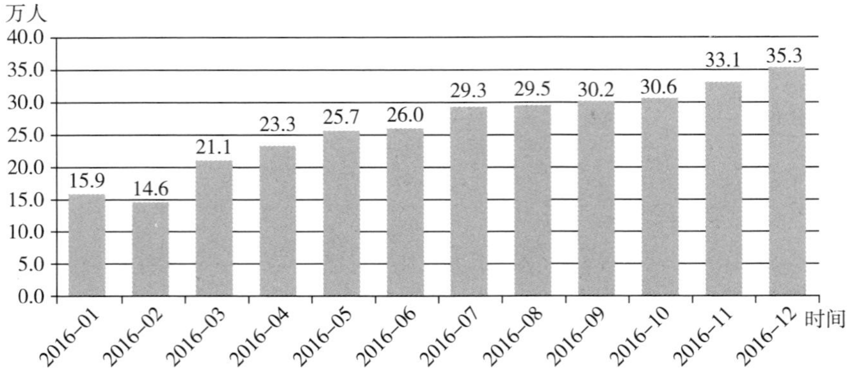

图 1－41　2016 年各月借款人数

6. 人均借款金额①及笔数②

30 家样本平台中，爱投资人均借款金额达到 7245 万元，人均借款额超过 1000 万元的还有普惠理财，达到 1197 万元。人均借款金融较低的平台包括爱钱进（4.9 万元）、积木盒子（1.1 万元）、人人贷（4.8 万元）、有利网（1.1 万元），是小额信贷的典型代表。表 1－6 显示了 8 月 24 日网贷暂行管理办法发布前后 1 个月人均借款金额的变化。

① 人均借款金额指所有借款人的平均借款金额。
② 人均借款笔数指所有借款人的平均借款笔数。

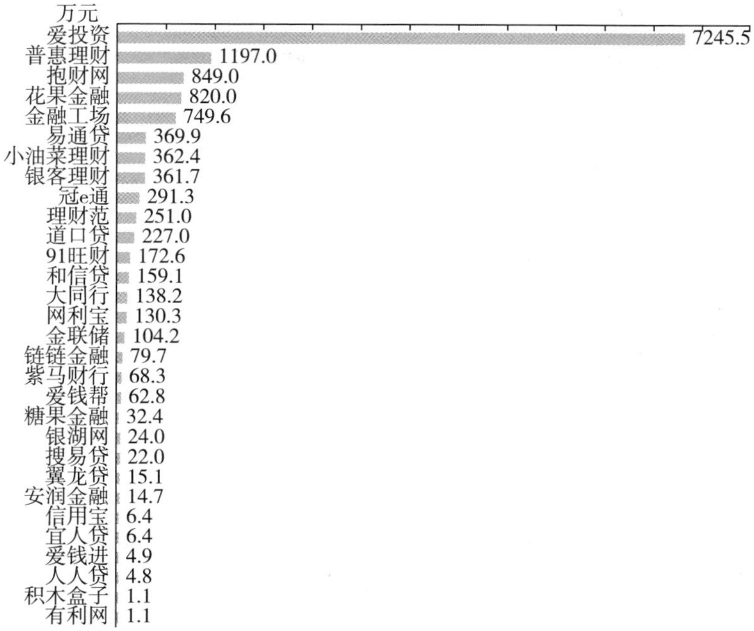

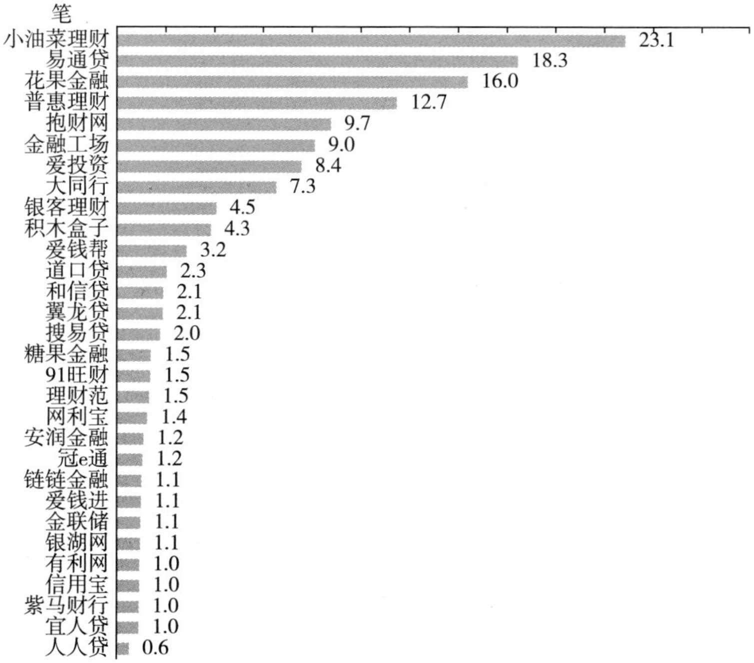

图 1-42　2016 年 30 家平台各平台人均借款金额（上图）及借款笔数（下图）

表 1-6 8 月 24 日前后一个月人均借款额数据①

时间	借款金额（万元）	借款人数	人均借款金额（万元）
7 月 24 日—8 月 23 日	1514164	96388	15.71
8 月 25 日—9 月 24 日	1427760	98070	14.56

7. 投资人数②

（1）活跃投资人数

2016 年北京活跃投资人数为 501 万人，30 家样本平台活跃投资人数约占北京地区整体的 65%；活跃投资人数最多的 3 家平台是宜人贷、有利网、爱钱进，分别为 54.02 万人、42 万人、38.98 万人。随着行业“马太效应”的凸显，投资人向大平台集聚的现象越来越明显。

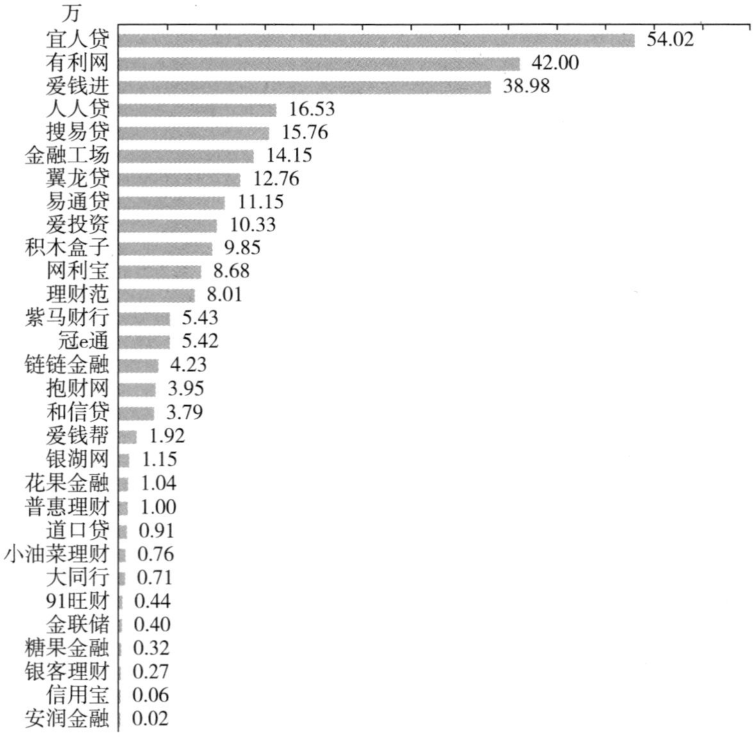

图 1-43 各平台 2016 年活跃投资人数

① 不包含有利网和积木盒子。

② 指的是累计投资人数：在统计时间段内，至少有过一次借出行为的投资人计为累计投资人。

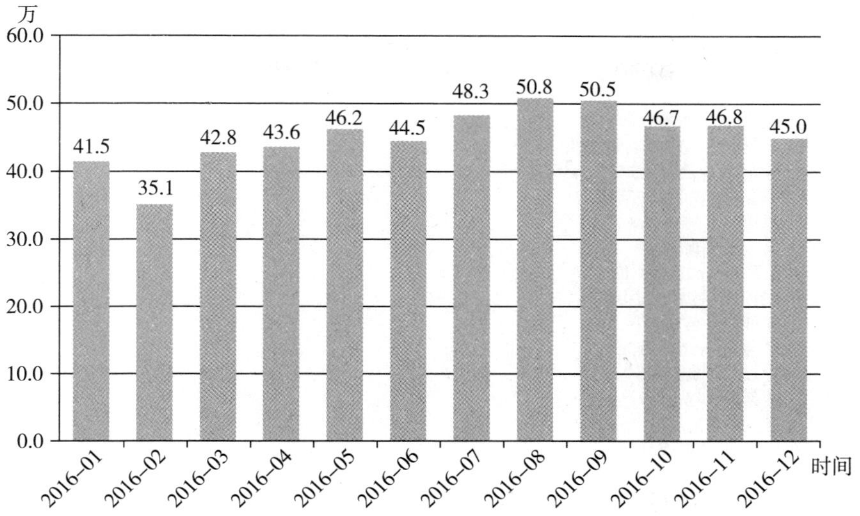

图 1 –44　2016 年各月活跃投资人数

从单月活跃投资人数据来看,见图 1 –44,30 家样本平台各月投资人数整体呈现上升的态势。1 月为 41.5 万人左右,12 月为 45 万人,8 月达到峰值,为 50.8 万人。

(2)人均投资金额

30 家样本平台中,有 4 家平台人均投资额较高,分别是银客理财(155.3 万元)、91 旺财(141.9 万元)、信用宝(128.6 万元)、金联储(99.2 万元)。道口贷、翼龙贷、紫马财行等 5 家平台也在 20 万元以上,其余平台均在 20 万元以下,其中人人贷最少,仅有 1.6 万元(见图 1 –45)。

(3) 满标时间①

满标时间并非实际的融资效率,只是反映了投资人将标的投满的时间,能在一定程度上展现投资人的活跃程度,但并不能全面反映借款人的融资效率。实际融资效率除了受满标时间的影响,还会受到申请、审核、支付等工作环节的影响。

2016 年,北京地区 30 家样本平台中平均满标时间最短的是积木盒子,约为 1 小时 54 分钟;最长的是信用宝,在 16 天左右。

---

① 投资人投满标的时间 = 最后一笔投标时间 – 第一笔投标时间。

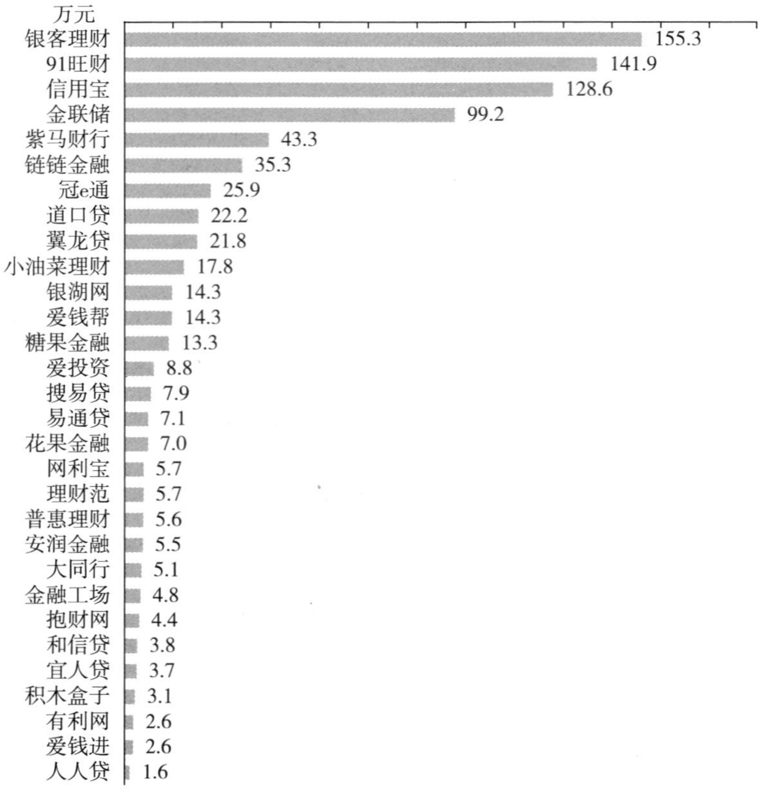

图 1－45　30 家平台各平台人均投资金额

8. 借款集中度①

借款集中程度表明一个平台借款金额在不同借款人身上的分布情况，借款集中程度高，则表明该平台大部分借款都集中在 10% 的人手中，这部分人能否按时还款，是平台能否平稳运营的关键。

被统计的 30 家平台中，有 10 家平台的借款集中程度在 50% 以上，6 家在 60% 以上，4 家在 70% 以上，2 家在 80% 以上。借款集中程度最高的是金融工场，占比为87.2%（见图 1－47）。

① 累计借款金额靠前的 10% 借款人，其借款总额与平台总成交额的比例。

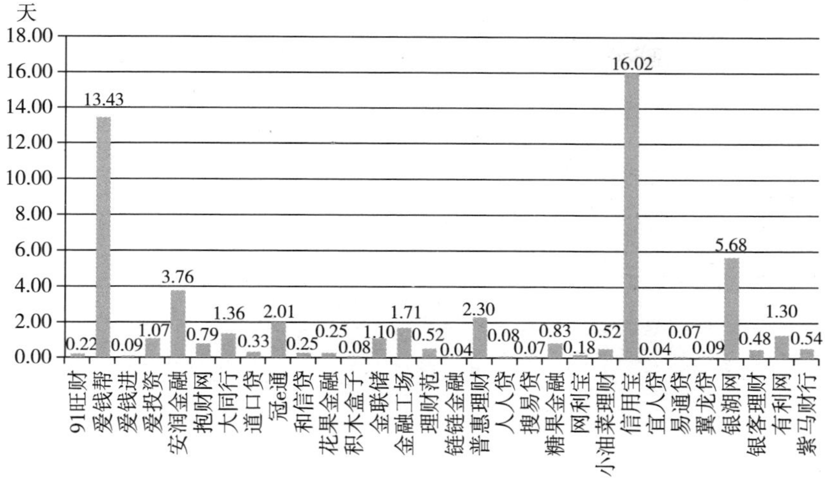

图 1 –46　2016 年各平台平均满标时间

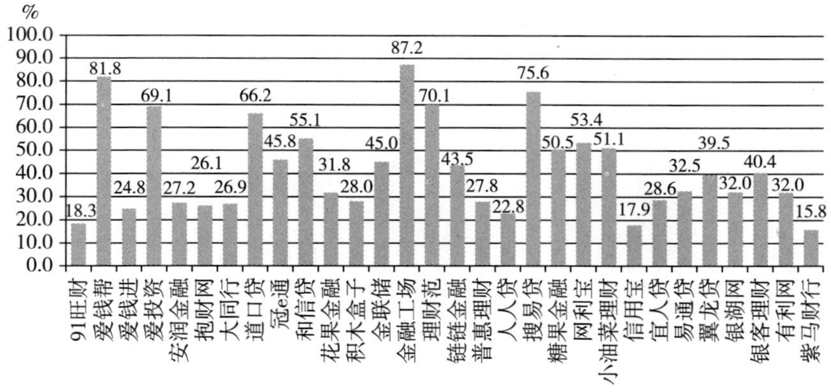

图 1 –47　2016 年借款总额前 10%的借款总额占比

30 家平台中，平均单笔投资金额在 1 万元以上的有 19 家平台。其中链链金融最高，约为 4.38 万元，另有信用宝、紫马财行等 4 家平台在 2 万元以上，人人贷最少只有 800 元，其余均在千元级别（见图 1 –48）。

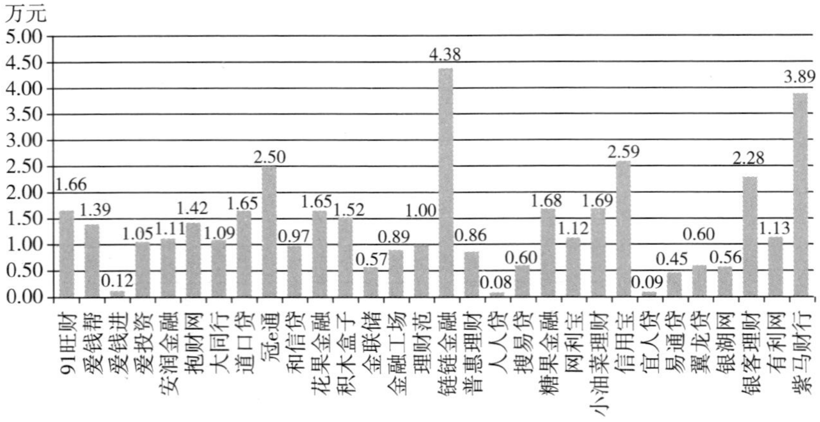

图 1－48　2016 年 30 家平台单笔投资金额

第二章

网贷行业监管与自律

第一节 概述

2016 年 8 月 24 日,《网络借贷信息中介机构业务活动管理暂行办法》(以下简称《办法》)正式发布,标志着我国 P2P 网贷行业进入新时代。

《办法》经银监会会同工业和信息化部、公安部、国家互联网信息办公室等部门研究起草,向社会公开征求了意见,并定向征求了 31 个省(区、市)政府金融监管部门、国家有关部委及第三方评估机构的意见,对各方意见进行充分吸收考虑,修改完善。《办法》报经国务院同意,最终以四部委规章形式发布实施。

《办法》的制定、发布,其依据是党中央、国务院工作部署和人民银行等 10 部委《关于促进互联网金融健康发展的指导意见》(以下简称《指导意见》)明确的总体要求和基本原则。是为了促进网络借贷(以下简称网贷)行业健康发展,引导其更好地满足小微企业、"三农"、创新企业和个人投融资需求;维护互联网金融稳定、保护消费者权益、提升互联网金融效率三大监管目标。

依据《指导意见》,网贷行业监管部门为银监会。《办法》出台后,确立了更为细分的监管职责分工。

按照《指导意见》中"鼓励创新、防范风险、趋利避害、健康发展"的总体要求和"依法监管、适度监管、分类监管、协同监管、创新监管"的监管原则,《办法》落实各方管理责任:国务院银行业监督管理机构及其派出机构负责制定网络借贷信息中介机构业务活动监督管理制度,并实施行为监管;各省级人民政府负责本辖区网络借贷信息中介机构的机构监管;工业和信息化部负责对网络借贷信息中介机构业务活动涉及的电信业务进行监管;公安部牵头负责对网络借贷信息中介机构的互联网服务进行安全监管,依法查处违反网络安全监管的违法违规活动,打击网络借贷涉及的金融犯罪及相关犯罪;国家互联网信息办公室负责对金融信息服务、互联网信息内容等业务进行监管。

在网贷行业自律方面,《指导意见》要求加强互联网金融行业自律。充分发挥行业自律机制,在规范从业机构市场行为和保护行业合法权益等方面的积极作用。

2016 年 3 月 25 日,人民银行会同有关部门组建成立了中国互联网金融协会。

依据要求,行业协会要按业务类型,制定经营管理规则和行业标准,推动机构之间的业务交流和信息共享。协会要明确自律惩戒机制,提高行业规则和标准的约束力。强化守法、诚信、自律意识,树立从业机构服务经济社会发展的正面形象,营造诚信规范发展的良好氛围。

2015 年前后几年,依据监管要求,全国先后成立了至少 10 家以上互联网金融自律组织或细分行业自律组织。这些包括成立于 2014 年 12 月的北京市网贷行业协会(2017 年更名为“北京市互联网金融行业协会”);2015 年 8 月成立的上海市互联网金融行业协会;2014 年 5 月成立的广东省互联网金融协会等。

第二节　网贷监管细则及其分析

一、网贷监管办法主要内容

《办法》共有八章四十七条，主要内容如下：

一是界定了网贷内涵，明确了适用范围及网贷活动基本原则，重申了从业机构作为信息中介的法律地位。网贷机构以互联网为主要渠道，为出借人和借款人提供信息搜集、信息公布、资信评估、信息交互、借贷撮合等服务，具有高效便捷、贴近客户需求、成本低等特点，在完善金融体系，弥补小微企业融资缺口、满足民间资本投资需求、促进普惠金融发展等方面发挥了积极的作用。《办法》规定，从事网贷业务，应当遵循依法、诚信、自愿、公平的原则，对出借人及相关当事人合法权益以及合法的网贷业务和创新活动予以支持和保护。

二是确立了网贷监管体制，明确了网贷监管各相关主体的责任，促进各方依法履职，加强沟通、协作，形成监管合力，增强监管效力。按照《指导意见》提出的“依法监管、适度监管、分类监管、协同监管、创新监管”的原则及中央和地方金融监管职责分工的有关规定，按照“双负责”的原则，《办法》明确，银监会及其派出机构负责对网贷业务活动实施行为监管，制定网贷业务活动监管制度；地方金融监管部门负责本辖区网贷的机构监管，具体监管职能包括备案管理、规范引导、风险防范和处置工作等。《办法》还明确了工业和信息化部、公安部、国家互联网信息办公室等相关业务主管部门的监管职责以及相关主体法律责任。

三是明确了网贷业务规则，坚持底线思维，加强事中、事后行为监管。根据《指导意见》提出的“鼓励创新、防范风险、趋利避害、健康发展”总体要求，为网贷机构提供充足的发展和创新空间，进一步释放市场活力，引导其回归信息中介、小额分散、服务实体以及普惠金融的本质。《办法》以负面清单形式划定了业务边界，明确提出不得吸收公众存款、不得归集资金设立资金池、不得自身为出借人提供任何形式的担保等，并根据征求意见，增设不得从事的债权转让行为、不得提供融资信息中介服务的高风险领域等内容，旨在对打着网贷旗号从事非法集资等违法违规行为，坚决实施市场退出，按照相关法律和工作机制予以打击和取缔，净化市场环境，保护投资人的合法权益。

四是对业务管理和风险控制提出了具体要求。《办法》落实《指导意见》有关要求，规定实行客户资金由银行业金融机构第三方存管制度，防范平台道德风险，保障客户资金安全，严守风险底线。同时，为防止信贷集中度风险，根据相关部门意见，实现《办法》与刑事法律中非法集资有关规定衔接，引导网贷机构遵循“小额分散”原则，避免刑事执法混乱，规范行业乱象，《办法》明确规定了同一借款人在同一网贷机构及不同网贷机构的借款余额上限。

五是注重加强消费者权益保护，明确对出借人进行风险揭示及纠纷解决途径等要求，明确出借人应当具备的条件。《办法》设置了借款人和出借人的义务、合格出借人条件，明确对出借人风险承受能力进行评估和实行分级管理，通过风险揭示等措施，保障出借人的知情权和决策权，保障客户信息采集、处理及使用的合法性和安全性。《办法》还明确了纠纷、投诉和举报等解决渠道和途径，确保及时有效地解决纠纷、投诉和举报等，保护消费者合法权益。

六是强化信息披露监管，发挥市场自律作用，创造透明、公开、公平的网贷经营环境。《办法》规定网贷机构应履行的信息披露责任，充分披露借款人和融资项目信息，定期披露网贷平台有关经营管理信息，对信息披露情况等进行审计和公布，保证披露的信息真实、准确、完整、及时。《办法》坚持市场自律为主，行政监管为辅的思路，明确了行业自律组织、资金存管机构、审计等第三方机构职责和义务，充分发挥网贷市场主体自治、行业自律和社会监督的作用。

二、监管细则要点分析

1. 监管主体

《办法》对网贷主管机构银监会和地方金融监管机构职能进行了分工，实行“双负责”原则，即由银监会及其派出机构对网贷业务实施行为监管，制定网贷业务活动监管制度；地方金融监管机构负责网贷机构的监管。

在具体分工上，银监会作为中央金融监管部门，负责对网络借贷信息中介机构业务活动，制定统一的规范发展政策措施和监督管理制度，指导地方金融监管部门做好网络借贷规范引导和风险处置工作，指导全国性网络借贷行业自律组织。

工信部负责对网络借贷信息中介机构业务活动涉及的电信业务进行监管。

公安部牵头负责对网络借贷信息中介机构业务活动进行互联网安全监管，打击网络借贷涉及的金融犯罪活动。

国家网信办负责对金融信息服务、互联网信息内容等业务进行监管。

地方金融监管部门负责本辖区网络借贷信息中介机构的规范引导、备案管理和风险防范、处置工作，指导本辖区网络借贷行业自律组织。

此外，省级网络借贷行业自律组织，教育会员遵守法律法规和网络借贷有关监管规定；受理有关投诉和举报，开展自律检查等。

《办法》的出台，对网贷行业监管的整套体系形成，从监管主体到业务红线、合规需求等均已确立。

2. 准入门槛

《办法》整体实行非牌照管理制度，实行事中事后管理监管，而非事前监管，即实行备案制，也就意味着“宽进严管”。《办法》按照负面清单的模式设置了负面清单管理，同时按照简政放权的要求，对“网贷”机构实行备案管理，而不是传统意义上的持牌许可。通过事中事后的监管，实现“网贷”机构的宽进严管。

2016 年 11 月 28 日，中国银监会办公厅、工业和信息化部、工商总局办公厅印发《网络借贷信息中介机构备案登记管理指引》。备案登记指引要求，新设立的网贷平台登记注册、领取营业执照后，应当在 10 个工作日内向注册地金融监管部门申请备案登记。已设立的网贷平台，依据 P2P 网贷专项整治工作的安排，在各地完成分类处置后再行申请备案登记。

新设立的网贷借贷平台备案登记程序为：注册并领取营业执照—向注册地金融监管机构申请备案登记—地方金融监管部门出具备案登记证明文件。

按照要求，新设立网贷平台办理备案登记需要九大部分材料。包括：(1)网贷平台基本信息，如名称、住所地、组织形式等；(2)股东或出资人名册及出资额、股权结构；(3)经营发展战略和规划；(4)合规经营承诺书；(5)企业法人营业执照正、副本复印件；(6)法定代表人以及董事、监事、高级管理人员基本信息资料；(7)分支机构名册及其所在地；(8)网贷平台官方网站及 APP 名称；(9)地方金融监管部门要求提交的其他文件、资料。

对于已设立的网贷平台，除上述九大材料外，还需提交机构经营总体情况、产品信息及违法违规整改情况说明。按照要求，已设立的网贷平台，办理备案登记的具体时限不得超过 50 个工作日。

接到备案申请后，银监会要求地方金融监管部门对网贷平台以数据对比、网上核验、实地认证、现场勘查、高管约谈等方式进行审核。

备案登记指引指出，备案登记完成后，网贷平台应当持备案登记证明文件，与银行业金融机构签订资金存管协议。

3. 业务合规

(1)资金存管

《办法》要求网贷平台对客户资金实行第三方存管(第二十八条、第三十六条)。为防范网贷机构设立资金池和欺诈、侵占、挪用客户资金，增强市场信心，《办法》对客户资金和网贷机构自身资金实行分账管理，规定由银行业金融机构对客户资金实行第三方存管，对客户资金进行管理和监督。资金存管机构与网贷机构应明确约定各方责任边界，以便于做好风险识别和风险控制，实现尽职免责。

2016年8月，银监会下发《网络借贷资金存管业务指引（征求意见稿）》，要求网贷机构"为委托人开立资金存管汇总账户和平台自有资金账户，为网贷机构的客户（包括出借人、借款人及其他网贷业务参与方等）在资金存管汇总账户下分别单独开立客户交易结算资金账户，确保客户网络借贷资金和网贷机构自有资金分账管理……"

（2）信息披露

由于把P2P网贷平台定位为信息中介，信息披露成为监管抓手，需要披露的信息既包括借款人、借款项目信息，也包括平台自身信息。

《办法》第三十条规定网贷机构应当在其官方网站上向出借人充分披露以下信息：

①披露内容

a.借款人基本信息，包括但不限于年收入、主要财产、主要债务、信用报告；

b.融资项目基本信息，包括但不限于项目名称、类型、主要内容、地理位置、审批文件、还款来源、借款用途、借款金额、借款期限、还款方式及利率、信用评级或者信用评分、担保情况；

c.风险评估及可能产生的风险结果；

d.已撮合未到期融资项目有关信息，包括但不限于融资资金运用情况、借款人经营状况及财务状况、借款人还款能力变化情况等。

e.第三十九规定：网络借贷信息中介机构应当聘请有资质的会计师事务所进行年度审计，并在上一会计年度结束之日起4个月内向地方金融监管部门报送年度审计报告；第三十七条、第三十八条还规定了重大风险信息报送事项和一般信息报送事项。

②披露形式

a.在官方网站上建立业务活动经营管理信息披露专栏，定期以公告形式向公众披露年度报告、法律法规、网络借贷有关监管规定。

b.将定期信息披露公告文稿和相关备查文件报送工商登记注册地地方金融监管部门，并置备于机构住所供社会公众查阅。

③披露信息审计

聘请会计师事务所定期对本机构出借人与借款人资金存管、信息披露情况、信息科技基础设施安全、经营合规性等重点环节实施审计，并且应当聘请有资质的信息安全测评认证机构定期对信息安全实施测评认证，向出借人与借款人等披露审计和测评认证结果。

（3）行为红线

《办法》把网络借贷明确定义为个体和个体之间通过互联网平台实现的直接借贷，把网贷服务机构界定为信息中介，以互联网为主要渠道，为借款人与出借人（贷款人）实现直接借贷提供信息收集、信息公布、资信评估、信息交互、借贷撮合等服务。

信息中介主要相对于信用中介而言，后者以自身信用替代借款人信用，统一归集出借人的资金，依自身能力无差别地使用出借人的资金进行放贷，借款人的信用风险由信用中介机构承担，即使借款人违约（在相关法律、法规规定的额度范围内），信用中介机构也依然需要按照合同约定全额本息归还出借人的资金。信息中介则无须承担借款人的信用风险，其主要职责在于撮合借贷需求，以及围绕撮合业务提供相应的信息搜集、评估和发布服务。

《办法》中的禁止行为由原征求意见稿的十二项增为十三项。其中第十条（八）为新增禁止行为。

因此，《办法》明确规定，作为信息中介的网贷平台网络借贷信息中介机构承担客观、真实、全面、及时进行信息披露的责任，不承担借贷违约风险（第三条）。但同时不得提供增信服务、不得设立资金池、不得非法集资（第三条）；禁止利用本机构互联网平台为自身或具有关联关系的借款人融资（第十条）；禁止直接或间接接受、归集出借人的资金（第十条）；禁止向出借人提供担保或者承诺保本保息（第十条）；禁止将融资项目的期限进行拆分（第十条）；禁止故意虚构、夸大融资项目的真实性、收益前景，隐瞒融资项目的瑕疵及风险，以歧义性语言或其他欺骗性手段等进行虚假片面宣传或促销等，捏造、散布虚假信息或不完整信息损害他人商业信誉，误导出借人或借款人（第十条）；等等。

(4)其他要点

①限额

《办法》明确规定了同一借款人在同一网贷机构及不同网贷机构的借款余额上限。单一的个体、自然人在一个平台上的借款上限是20万元,单一组织、法人在单一平台上的借款上限是100万元,单一自然人在多个平台的借款上限是100万元,单个法人在多个平台的借款上限是500万元。

②合格投资者

《办法》明确提出实行网贷机构应对出借人进行风险评估,根据风险评估结果对出借人实行分级管理,即实行合格投资人制度,通过风险揭示等措施保障出借人的知情权和决策权;并设置可动态调整的出借限额和出借标的限制。

按照要求,网贷机构应当对出借人的年龄、财务状况、投资经验、风险偏好、风险承受能力等进行尽职评估,不得向未进行风险评估的出借人提供交易服务。

③技术安全

《办法》要求网贷机构开展信息系统定级备案和等级测试,具有完善的防火墙、入侵检测、数据加密以及灾难恢复等网络安全设施和管理制度,建立信息科技管理、科技风险管理和科技审计有关制度,配置充足的资源,采取完善的管理控制措施和技术手段保障信息系统安全稳健运行,保护出借人与借款人的信息安全。

网贷机构应当记录并留存借贷双方上网日志信息、信息交互内容等数据,留存期限为自借贷合同到期起5年;每2年至少开展一次全面的安全评估,接受国家或行业主管部门的信息安全检查和审计。

网贷机构成立2年内,应当建立或使用与其业务规模相匹配的应用级灾备系统设施。

三、《办法》与《征求意见稿》逐条对比及解读

《办法》与《征求意见稿》相比,无重大原则性变化,仍然坚持P2P借贷机

构的信息中介定位，不设硬性门槛、实行备案制，采用负面清单制度，以信息披露和金融消费者权益保护为抓手，突出行为监管。

但在某些具体条款上，《办法》相较于《征求意见稿》有所变化，可划分为如下几类：

· 强化了备案规定（如要求分支机构备案、要求 P2P 借贷机构申领 ICP 许可）和属地管理原则；

· 加强了对客户识别、防范金融犯罪的要求；

· 增加了 P2P 借贷机构的禁止行为，如禁止自行发售理财产品、禁止开展类资产证券化业务等；

· 增加了借款额度限制；

· 允许经过授权后代为投资人决策；

· 删除了披露信息项的细化要求，明确将另行制定网络借贷信息披露具体细则；

· 把行业自律职责明确赋予中国互联网金融协会；

· 设定整改期为 12 个月。

这些变化进一步落实了直接借贷和信息中介的界定，提高了对 P2P 借贷机构风险管理能力的要求，整体上更具可操作性，但也带来了一些新问题（如不同 P2P 借贷平台的借款人负债数据共享问题）。以下是对《办法》与《征求意见稿》的对比及解读。

《网络借贷信息中介机构业务活动管理暂行办法》

第一章　总　则

第一条　为规范网络借贷信息中介机构业务活动，保护出借人、借款人、网络借贷信息中介机构及相关当事人合法权益，促进网络借贷行业健康发展，更好满足中小微企业和个人投融资需求，根据《关于促进互联网金融健康发展的指导意见》提出的总体要求和监管原则，依据《中华人民共和国民法通则》《中华人民共和国公司法》《中华人民共和国合同法》等法律法规，制定本办法。

第二条　在中国境内从事网络借贷信息中介业务活动，适用本办法，法律法规另有规定的除外。

本办法所称网络借贷是指个体和个体之间通过互联网平台实现的直接借贷。个体包含自然人、法人及其他组织。网络借贷信息中介机构是指依法设立，专门从事网络借贷信息中介业务活动的金融信息中介公司。该类机构以互联网为主要渠道，为借款人与出借人（即贷款人）实现直接借贷提供信息搜集、信息公布、资信评估、信息交互、借贷撮合等服务。

本办法所称地方金融监管部门是指各省级人民政府承担地方金融监管职责的部门。

第三条　网络借贷信息中介机构按照依法、诚信、自愿、公平的原则为借款人和出借人提供信息服务，维护出借人与借款人合法权益，不得提供增信服务，不得直接或间接归集资金，不得非法集资，不得损害国家利益和社会公共利益。

借款人与出借人遵循借贷自愿、诚实守信、责任自负、风险自担的原则承担借贷风险。网络借贷信息中介机构承担客观、真实、全面、及时进行信息披露的责任，不承担借贷违约风险。

对比及解读：前三条与《征求意见稿》相比基本无变化，强调直接借贷和信息中介。

第四条　按照《关于促进互联网金融健康发展的指导意见》中“鼓励创新、防范风险、趋利避害、健康发展”的总体要求和“依法监管、适度监管、分类监管、协同监管、创新监管”的监管原则，落实各方管理责任。国务院银行业监督管理机构及其派出机构负责制定网络借贷信息中介机构业务活动监督管理制度，并实施行为监管。各省级人民政府负责本辖区网络借贷信息中介机构的机构监管。工业和信息化部负责对网络借贷信息中介机构业务活动涉及的电信业务进行监管。公安部牵头负责对网络借贷信息中介机构的互联网服务进行安全监管，依法查处违反网络安全监管的违法违规活动，打击网络借贷涉及的金融犯罪及相关犯罪。国家互联网信息办公室负责对金融信息服务、互联网信息内容等业务进行监管。

对比及解读:本条与《征求意见稿》相比,直接点出了"行为监管",行为监管的重点是保护消费者的安全权、知悉权、选择权、公平交易权、索赔权、受教育权等各项合法权益,主旨是从金融消费者权益保护出发,对网贷信息中介机构的运作施加约束。

《办法》的效力级别是"部门规章",在《民法》《刑法》之下,具体由银监会、工业和信息化部、公安部、国家互联网信息办公室联合发布。制定《办法》的法律依据是《中华人民共和国民法通则》《中华人民共和国公司法》《中华人民共和国合同法》等法律法规。《办法》是根据《关于促进互联网金融健康发展的指导意见》(以下简称《指导意见》)提出的总体要求和监管原则规定的。因此《办法》是遵循《指导意见》的监管原则,《指导意见》是该《办法》的指导思想,贯穿整个《办法》的始终。

《办法》实行"双负责"原则,银监对网贷业务活动实施日常行为监管,地方金融主管部门负责网贷机构监管,大家齐抓共管是件好事。《办法》在整个制度安排理念上是坚持规范与发展并举,强调事前事后行为监管;肯定了互联网金融存在的意义,没有设定准入门槛,为网贷行业的创新发展预留了一定空间。

第二章　备案管理

第五条　拟开展网络借贷信息中介服务的网络借贷信息中介机构及其分支机构,应当在领取营业执照后,于10个工作日以内携带有关材料向工商登记注册地地方金融监管部门备案登记。

地方金融监管部门负责为网络借贷信息中介机构办理备案登记。地方金融监管部门应当在网络借贷信息中介机构提交的备案登记材料齐备时予以受理,并在各省(区、市)规定的时限内完成备案登记手续。备案登记不构成对网络借贷信息中介机构经营能力、合规程度、资信状况的认可和评价。

地方金融监管部门有权根据本办法和相关监管规则对备案登记后的网络借贷信息中介机构进行评估分类,并及时将备案登记信息及分类结果在官方网站上公示。

网络借贷信息中介机构完成地方金融监管部门备案登记后,应当按照通信主管部门的相关规定申请相应的电信业务经营许可;未按规定申请电信业务经营许可的,不得开展网络借贷信息中介业务。

网络借贷信息中介机构备案登记、评估分类等具体细则另行制定。

对比及解读:本条有重要变化:(1)多了"分支机构",意味着分支机构也需要纳入备案,并在后文明确地方监管机构为"注册地地方金融监管部门",强化了属地管理;(2)规定了备案期限为领取营业执照后的"10个工作日以内";(3)明确要求网络借贷信息中介申请"电信业务经营许可",这一要求在各地出台的备案登记指引中,要求与流程不尽相同。

第六条 开展网络借贷信息中介业务的机构,应当在经营范围中实质明确网络借贷信息中介,法律、行政法规另有规定的除外。

对比及解读:《征求意见稿》要求P2P借贷机构名称中应当包含"网络借贷信息中介"字样,这次没有这个要求,转而要求"在经营范围中实质明确网络借贷信息中介",现存机构不用改名。

第七条 网络借贷信息中介机构备案登记事项发生变更的,应当在5个工作日以内向工商登记注册地地方金融监管部门报告并进行备案信息变更。

第八条 经备案的网络借贷信息中介机构拟终止网络借贷信息中介服务的,应当在终止业务前提前至少10个工作日,书面告知工商登记注册地地方金融监管部门,并办理备案注销。

经备案登记的网络借贷信息中介机构依法解散或者依法宣告破产的,除依法进行清算外,由工商登记注册地地方金融监管部门注销其备案。

对比及解读:以上两条无变化。

备案制的确立形成了网贷行业的准入门槛。由地方金融监管部门负责为网络借贷信息中介机构办理备案登记。但备案登记不构成对网贷机构经营能力、合规程度、资信状况的认可和评价。2017年2月,多地金融监管部门发布备案登记指引,地方金融监管部门在备案和风险专项整治中扮演着极为重要的角色。由于地区差异,各地金融监管部门对网贷平台态度不一,执行力度也有差异。

第三章　业务规则与风险管理

第九条　网络借贷信息中介机构应当履行下列义务：

（一）依据法律法规及合同约定为出借人与借款人提供直接借贷信息的采集整理、甄别筛选、网上发布，以及资信评估、借贷撮合、融资咨询、在线争议解决等相关服务；

（二）对出借人与借款人的资格条件、信息的真实性、融资项目的真实性、合法性进行必要审核；

（三）采取措施防范欺诈行为，发现欺诈行为或其他损害出借人利益的情形，及时公告并终止相关网络借贷活动；

（四）持续开展网络借贷知识普及和风险教育活动，加强信息披露工作，引导出借人以小额分散的方式参与网络借贷，确保出借人充分知悉借贷风险；

（五）按照法律法规和网络借贷有关监管规定要求报送相关信息，其中网络借贷有关债权债务信息要及时向有关数据统计部门报送并登记；

（六）妥善保管出借人与借款人的资料和交易信息，不得删除、篡改，不得非法买卖、泄露出借人与借款人的基本信息和交易信息；

（七）依法履行客户身份识别、可疑交易报告、客户身份资料和交易记录保存等反洗钱和反恐怖融资义务；

（八）配合相关部门做好防范查处金融违法犯罪相关工作；

（九）按照相关要求做好互联网信息内容管理、网络与信息安全相关工作；

（十）国务院银行业监督管理机构、工商登记注册地省级人民政府规定的其他义务。

对比及解读：注意其中第（五）款，这次没有提"网络借贷行业中央数据库"，改成了"有关数据统计部门"，有关数据统计部门包括谁，还不太清楚；第（七）款对加强客户识别、防范金融犯罪提出了更多要求。

归结起来，网贷机构"应当履行"的义务包括几大块：信息中介服务的相关服务；借款人审核；反欺诈、反洗钱；投资人教育与信息披露。这几大义务体现了监管机构从保护消费者权益的角度对平台进行监管的监管思路。

网络借贷被要求接入中央数据库这一要求，比“产品登记”要求更为严格，这意味着平台不仅需要将项目信息接入中央数据库，还需要将借贷双方的真实信息接入该数据库。

第十条　网络借贷信息中介机构不得从事或者接受委托从事下列活动：

（一）为自身或变相为自身融资；

（二）直接或间接接受、归集出借人的资金；

（三）直接或变相向出借人提供担保或者承诺保本保息；

（四）自行或委托、授权第三方在互联网、固定电话、移动电话等电子渠道以外的物理场所进行宣传或推介融资项目；

（五）发放贷款，但法律法规另有规定的除外；

（六）将融资项目的期限进行拆分；

（七）自行发售理财等金融产品募集资金，代销银行理财、券商资管、基金、保险或信托产品等金融产品；

（八）开展类资产证券化业务或实现以打包资产、证券化资产、信托资产、基金份额等形式的债权转让行为；

（九）除法律法规和网络借贷有关监管规定允许外，与其他机构投资、代理销售、经纪等业务进行任何形式的混合、捆绑、代理；

（十）虚构、夸大融资项目的真实性、收益前景，隐瞒融资项目的瑕疵及风险，以歧义性语言或其他欺骗性手段等进行虚假片面宣传或促销等，捏造、散布虚假信息或不完整信息损害他人商业信誉，误导出借人或借款人；

（十一）向借款用途为投资股票、场外配资、期货合约、结构化产品及其他衍生品等高风险的融资提供信息中介服务；

（十二）从事股权众筹等业务；

（十三）法律法规、网络借贷有关监管规定禁止的其他活动。

对比及解读：

第（一）款的表述有变化，强调了“为自身或变相为自身”，业界所称自融，可能涉及以下情形：(1)平台运营主体企业在平台上融资；(2)以其他企业或个人名义在平台上融资，但资金实际使用人仍是平台自身；(3)持有（控股）5%以上股份（表决权）的股东、实际控制人、董事、监事、高级管理人员及近亲亲属，以及与平台受同一实际控制人控制的关联方在平台上融资。

第（二）款即通常所说的“资金池”，可能涉及的情形有：(1)没有具体项目而先归集出借人资金；(2)客户资金与自有资金混合在一起，未对客户资金设立专门银行账户存管；(3)通过第三方银行账户接受、归集出借人资金；(4)挪用客户资金。

第（四）款明确禁止了线下宣传、推介，但是不再禁止在线上向“非实名制注册用户”的宣传和推介；第（七）款特意添加了“自行发售理财等金融产品募集资金”，明确了 P2P 借贷平台没有自行发售理财产品的资格，只能做借贷撮合；新增第（八）款禁止类资产证券化业务和金融资产的分割转让，杀伤力巨大；第（十一）款进一步限制了借款用途，扩展到股票之外的金融产品和金融衍生品，杀伤力巨大；第（十二）款删掉了实物众筹，其实在《征求意见稿》里，实物众筹是“躺枪”了，它并不算严格意义上的金融产品。

“禁止类资产证券化业务或类似债权转让”体现了行为监管、穿透式监管的思路，也是分业监管思路的落实，不同的金融产品，信托、基金，代理销售都需要自己的牌照，对于不同的投资产品，在平台轻易地实现转让、投资本身都是不合规的表现。负面清单制对网贷机构相关业务划定了红线，不符合监管要求的，需要尽快调整或转型或退出市场。

第十一条　参与网络借贷的出借人与借款人应当为网络借贷信息中介机构核实的实名注册用户。

对比及解读：本条无变化。

第十二条　借款人应当履行下列义务：

（一）提供真实、准确、完整的用户信息及融资信息；

（二）提供在所有网络借贷信息中介机构未偿还借款信息；

（三）保证融资项目真实、合法，并按照约定用途使用借贷资金，不得用于出借等其他目的；

（四）按照约定向出借人如实报告影响或可能影响出借人权益的重大信息；

（五）确保自身具有与借款金额相匹配的还款能力并按照合同约定还款；

（六）借贷合同及有关协议约定的其他义务。

对比及解读：新增第（二）款，"提供在所有网络借贷信息中介机构未偿还借款信息"，此款价值较大，但怎么核实是个问题，同时只提供在所有网络借贷信息中介机构的未偿还借款信息似乎仍不够，如果要求提供小贷公司、保理公司等非金融机构的负债信息更佳；新增第（五）款，更具宣示性，预计约束力有限。

第十三条　借款人不得从事下列行为：

（一）通过故意变换身份、虚构融资项目、夸大融资项目收益前景等形式的欺诈借款；

（二）同时通过多个网络借贷信息中介机构，或者通过变换项目名称、对项目内容进行非实质性变更等方式，就同一融资项目进行重复融资；

（三）在网络借贷信息中介机构以外的公开场所发布同一融资项目的信息；

（四）已发现网络借贷信息中介机构提供的服务中含有本办法第十条所列内容，仍进行交易；

（五）法律法规和网络借贷有关监管规定禁止从事的其他活动。

对比及解读:第(一)款明确了"欺诈借款"的形式。

第十三条列明了借款人方的五条负面清单,其中"同时通过多个网络借贷信息中介机构,或者通过变换项目名称、对项目内容进行非实质性变更等方式,就同一融资项目进行重复融资"值得注意,监管以此条禁止了通过改变项目名称以规避借款额度上限的行为。《办法》第十七条规定,同一自然人在不同网络借贷信息中介机构平台借款总余额不超过人民币 100 万元;同一法人或其他组织在不同网络借贷信息中介机构平台借款总余额不超过人民币 500 万元。因此,尽管不少平台以联合放贷形式来满足借款人需求,但也必须控制在 100 万元和 500 万元之内。预计这一条款的执行、监管难度较大。

第十四条　参与网络借贷的出借人,应当具备投资风险意识、风险识别能力、拥有非保本类金融产品投资的经历并熟悉互联网。

对比及解读:增加了对出借人"应当具备投资风险意识、风险识别能力"的要求。

第十五条　参与网络借贷的出借人应当履行下列义务:

(一)向网络借贷信息中介机构提供真实、准确、完整的身份等信息;

(二)出借资金为来源合法的自有资金;

(三)了解融资项目信贷风险,确认具有相应的风险认知和承受能力;

(四)自行承担借贷产生的本息损失;

(五)借贷合同及有关协议约定的其他义务。

对比及解读:与《征求意见稿》相比无变化,但是第(四)款的表述其实不够严谨,出借人承担的是借贷产生的风险,而未必是本息损失,只要借贷合同有效,出借人就有向借款人主张借款本息的权利。

该条款将防范洗钱的风险。

第十六条　网络借贷信息中介机构在互联网、固定电话、移动电话等电子渠道以外的物理场所只能进行信用信息采集、核实、贷后跟踪、抵质押管理等风险管理及网络借贷有关监管规定明确的部分必要经营环节。

对比及解读：表述有变化，意思无变化，核心还是不允许在线下宣传、推介业务和产品。

第十七条　网络借贷金额应当以小额为主。网络借贷信息中介机构应当根据本机构风险管理能力，控制同一借款人在同一网络借贷信息中介机构平台及不同网络借贷信息中介机构平台的借款余额上限，防范信贷集中风险。

同一自然人在同一网络借贷信息中介机构平台的借款余额上限不超过人民币20万元；同一法人或其他组织在同一网络借贷信息中介机构平台的借款余额上限不超过人民币100万元；同一自然人在不同网络借贷信息中介机构平台借款总余额不超过人民币100万元；同一法人或其他组织在不同网络借贷信息中介机构平台借款总余额不超过人民币500万元。

对比及解读：此条变动较大，(1)增加了“及不同网络借贷信息中介机构平台的借款余额上限”，加强借款人的负债审查；(2)增加了借款上限，对于自然人限额普遍无意见，对于法人、组织的限额有一些争议；(3)仍要看如何保障落实。

20万元和100万元的限制，与《刑法》第176条入罪标准的起刑数额相同，也与现行最高院2010年18号文《最高人民法院关于审理非法集资刑事案件具体应用法律若干问题的解释》相衔接。该解释规定个人非法集资金额在20万元以上的，单位非法集资金额在100万元以上的，需要依法追究刑事责任。

“限额令”体现了对小额分散模式的鼓励，更好地保护了出借人权益，降低了网贷机构道德风险。可以发现，这一设定也是考虑到禁止以自融为目的的关联交易、严禁线下理财、禁止类资产证券化交易的债权转让等行为所作出的。

对那些没有固定、优质资产来源、资产项目涉及金额较大、资产风险过于集中的平台将会在一定程度上起到冲击作用。

第十八条　网络借贷信息中介机构应当按照国家网络安全相关规定和国家信息安全等级保护制度的要求，开展信息系统定级备案和等级测试，具有完善的防火墙、入侵检测、数据加密以及灾难恢复等网络安全设施和管理制度，建立信息科技管理、科技风险管理和科技审计有关制度，配置充足的资源，采取完善的管理控制措施和技术手段保障信息系统安全稳健运行，保护出借人与借款人的信息安全。

网络借贷信息中介机构应当记录并留存借贷双方上网日志信息，信息交互内容等数据，留存期限为自借贷合同到期起 5 年；每两年至少开展一次全面的安全评估，接受国家或行业主管部门的信息安全检查和审计。

网络借贷信息中介机构成立两年以内，应当建立或使用与其业务规模相匹配的应用级灾备系统设施。

对比及解读：本条无变化。

第十九条　网络借贷信息中介机构应当为单一融资项目设置募集期，最长不超过 20 个工作日。

对比及解读：本条把募集期限从 10 个工作日延长到 20 个工作日，之前大家普遍质疑设置此条的目的，不过一般来说 20 天倒是够了。

第二十条　借款人支付的本金和利息应当归出借人所有。网络借贷信息中介机构应当与出借人、借款人另行约定费用标准和支付方式。

第二十一条　网络借贷信息中介机构应当加强与金融信用信息基础数据库运行机构、征信机构等的业务合作，依法提供、查询和使用有关金融信用信息。

第二十二条　各方参与网络借贷信息中介机构业务活动，需要对出借人与借款人的基本信息和交易信息等使用电子签名、电子认证时，应当遵守法律法规的规定，保障数据的真实性、完整性及电子签名、电子认证的法律效力。

网络借贷信息中介机构使用第三方数字认证系统，应当对第三方数字认证机构进行定期评估，保证有关认证安全可靠并具有独立性。

第二十三条　网络借贷信息中介机构应当采取适当的方法和技术，记录并妥善保存网络借贷业务活动数据和资料，做好数据备份。保存期限应当符合法律法规及网络借贷有关监管规定的要求。借贷合同到期后应当至少保存5年。

对比及解读：以上四条无变化。

第二十四条　网络借贷信息中介机构暂停、终止业务时应当至少提前10个工作日通过官方网站等有效渠道向出借人与借款人公告，并通过移动电话、固定电话等渠道通知出借人与借款人。网络借贷信息中介机构业务暂停或者终止，不影响已经签订的借贷合同当事人有关权利义务。

网络借贷信息中介机构因解散或宣告破产而终止的，应当在解散或破产前，妥善处理已撮合存续的借贷业务，清算事宜按照有关法律法规的规定办理。

网络借贷信息中介机构清算时，出借人与借款人的资金分别属于出借人与借款人，不属于网络借贷信息中介机构的财产，不列入清算财产。

对比及解读：(1)把通知时间从提前5个工作日提高到10个工作日；(2)除公示外，还应通过“移动电话、固定电话等渠道通知出借人与借款人”。

第四章　出借人与借款人保护

第二十五条　未经出借人授权，网络借贷信息中介机构不得以任何形式代出借人行使决策。

对比及解读：本条有重大变化，意味着如果经过出借人授权，P2P借贷机构可以代出借人行使决策，为定期计划和活期产品留下操作空间（当然还是不能触碰资金池红线）。

第二十六条　网络借贷信息中介机构应当向出借人以醒目方式提示网络借贷风险和禁止性行为，并经出借人确认。

网络借贷信息中介机构应当对出借人的年龄、财务状况、投资经验、风险偏好、风险承受能力等进行尽职评估，不得向未进行风险评估的出借人提供交易服务。

网络借贷信息中介机构应当根据风险评估结果对出借人实行分级管理，设置可动态调整的出借限额和出借标的限制。

对比及解读：删除了“健康状况”的评估要求。

第二十六条要求出借人应当具备非保本类金融产品投资的经历并熟悉互联网，应当提供真实、准确、完整的身份信息，出借资金来源合法，拥有风险认知和承受能力以及自行承担借贷产生的本息损失。这些规定，本质上属于合格投资者条款，其目的是在行业发展初期，更好地防范非理性投资，引导投资者风险自担，进一步保护出借人的合法权益。对于出借人的门槛设定，再也不是“注册即可，一元起投”的时代了。

第二十七条　网络借贷信息中介机构应当加强出借人与借款人信息管理，确保出借人与借款人信息采集、处理及使用的合法性和安全性。

网络借贷信息中介机构及其资金存管机构、其他各类外包服务机构等应当为业务开展过程中收集的出借人与借款人信息保密，未经出借人与借款人同意，不得将出借人与借款人提供的信息用于所提供服务之外的目的。

在中国境内收集的出借人与借款人信息的储存、处理和分析应当在中国境内进行。除法律法规另有规定外，网络借贷信息中介机构不得向境外提供境内出借人和借款人信息。

第二十八条　网络借贷信息中介机构应当实行自身资金与出借人和借款人资金的隔离管理，并选择符合条件的银行业金融机构作为出借人与借款人的资金存管机构。

第二十九条　出借人与网络借贷信息中介机构之间、出借人与借款人之间、借款人与网络借贷信息中介机构之间等纠纷，可以通过以下途径解决：

（一）自行和解；

（二）请求行业自律组织调解；

（三）向仲裁部门申请仲裁；

（四）向人民法院提起诉讼。

对比及解读：以上三条无变化。第二十八条确立了资金存管规定。在《网络借贷资金存管业务指引》中，资金存管机构（存管人）被确定为商业银行。按照《指导意见》的有关规定，网贷机构应当选择符合条件的银行业金融机构作为第三方资金存管机构，对客户资金进行管理和监督，实现客户资金和网贷机构自身资金分账管理。实行客户资金第三方存管制度，将有效防范网贷机构设立资金池和欺诈、侵占、挪用客户资金风险，有利于资金的安全与隔离，对于规范行业健康发展具有重要意义。

第五章 信息披露

第三十条 网络借贷信息中介机构应当在其官方网站上向出借人充分披露借款人基本信息、融资项目基本信息、风险评估及可能产生的风险结果、已撮合未到期融资项目资金运用情况等有关信息。

披露内容应符合法律法规关于国家秘密、商业秘密、个人隐私的有关规定。

对比及解读：《征求意见稿》中披露指标的统一定义问题曾引起争论，这里没有给出披露信息项的细化要求，等待后续有关细则。

第三十一条 网络借贷信息中介机构应当及时在其官方网站显著位置披露本机构所撮合借贷项目等经营管理信息。

网络借贷信息中介机构应当在其官方网站上建立业务活动经营管理信息披露专栏，定期以公告形式向公众披露年度报告、法律法规、网络借贷有关监管规定。

网络借贷信息中介机构应当聘请会计师事务所定期对本机构出借人与借款人资金存管、信息披露情况、信息科技基础设施安全、经营合规性等重点环节实施审计，并且应当聘请有资质的信息安全测评认证机构定期对信息安全实施测评认证，向出借人与借款人等披露审计和测评认证结果。

网络借贷信息中介机构应当引入律师事务所、信息系统安全评价等第三方机构，对网络信息中介机构合规和信息系统稳健情况进行评估。

网络借贷信息中介机构应当将定期信息披露公告文稿和相关备查文件报送工商登记注册地地方金融监管部门，并置备于机构住所供社会公众查阅。

对比及解读：(1)把经营管理信息的披露从“实时”改成了“及时”，有所模糊；(2)加入了“引入律师事务所、信息系统安全评价等第三方机构”的要求，相关服务机构要开心了；(3)模糊化了信息披露内容，也要等待后续有关细则。

第三十二条　网络借贷信息中介机构的董事、监事、高级管理人员应当忠实、勤勉地履行职责，保证披露的信息真实、准确、完整、及时、公平，不得有虚假记载、误导性陈述或者重大遗漏。

借款人应当配合网络借贷信息中介机构及出借人对融资项目有关信息的调查核实，保证提供的信息真实、准确、完整。

网络借贷信息披露具体细则另行制定。

对比及解读：《办法》强化信息披露，注重行业自律，社会监督。规定出借人的权利与义务也是对《指导意见》里的合格投资者制度的有力补充，也明确了 P2P 平台不能非法吸收公众存款。这么做有两个意义，一是从法律上明确了平台要打破刚性兑付，投资人需要提高理财意识和风险甄别能力。二是提高平台的透明度，强化了信息中介的地位。

《办法》中对信息披露进行较为详细的规定缺乏可操作性，且部分指标的设置还有待于行业实践，因此目前《办法》只对信息披露进行原则性规定，需银监会在后续有关细则中，结合行业的一般做法和监管需要，对行业的相应指标，包括坏账率、逾期率和代偿金额等进行明确定义。

第六章　监督管理

第三十三条　国务院银行业监督管理机构及其派出机构负责制定统一的规范发展政策措施和监督管理制度，负责网络借贷信息中介机构的日常行为监管，指导和配合地方人民政府做好网络借贷信息中介机构的机构监管和风险处置工作，建立跨部门跨地区监管协调机制。

各地方金融监管部门具体负责本辖区网络借贷信息中介机构的机构监管，包括对本辖区网络借贷信息中介机构的规范引导、备案管理和风险防范、处置工作。

> 对比及解读：本条由《征求意见稿》的第三十三条和第三十四条合并而来，删除了具体职责描述，强调了原则性规定。

第三十四条　中国互联网金融协会从事网络借贷行业自律管理，并履行下列职责：

（一）制定自律规则、经营细则和行业标准并组织实施，教育会员遵守法律法规和网络借贷有关监管规定；

（二）依法维护会员的合法权益，协调会员关系，组织相关培训，向会员提供行业信息、法律咨询等服务，调解纠纷；

（三）受理有关投诉和举报，开展自律检查；

（四）成立网络借贷专业委员会；

（五）法律法规和网络借贷有关监管规定赋予的其他职责。

> 对比及解读：删除了省级网络借贷行业自律组织的自律组织职责，将其职责赋予中国互联网金融协会，并要求成立网络借贷专业委员会。如同《征求意见稿》一样，其权限还是偏弱。

第三十五条　借款人、出借人、网络借贷信息中介机构、资金存管机构、担保人等应当签订资金存管协议，明确各自权利义务和违约责任。

资金存管机构对出借人与借款人开立和使用资金账户进行管理和监督，并根据合同约定，对出借人与借款人的资金进行存管、划付、核算和监督。

资金存管机构承担实名开户和履行合同约定及借贷交易指令表面一致性的形式审核责任，但不承担融资项目及借贷交易信息真实性的实质审核责任。

资金存管机构应当按照网络借贷有关监管规定报送数据信息并依法接受相关监督管理。

对比及解读：无实质性变化。

第三十六条　网络借贷信息中介机构应当在下列重大事件发生后，立即采取应急措施并向工商登记注册地地方金融监管部门报告：

（一）因经营不善等原因出现重大经营风险；

（二）网络借贷信息中介机构或其董事、监事、高级管理人员发生重大违法违规行为；

（三）因商业欺诈行为被起诉，包括违规担保、夸大宣传、虚构隐瞒事实、发布虚假信息、签订虚假合同、错误处置资金等行为。

地方金融监管部门应当建立网络借贷行业重大事件的发现、报告和处置制度，制定处置预案，及时、有效地协调处置有关重大事件。

地方金融监管部门应当及时将本辖区网络借贷信息中介机构重大风险及处置情况信息报送省级人民政府、国务院银行业监督管理机构和中国人民银行。

对比及解读：无变化。

第三十七条　除本办法第七条规定的事项外，网络借贷信息中介机构发生下列情形的，应当在5个工作日以内向工商登记注册地地方金融监管部门报告：

（一）因违规经营行为被查处或被起诉；

（二）董事、监事、高级管理人员违反境内外相关法律法规行为；

（三）国务院银行业监督管理机构、地方金融监管部门等要求的其他情形。

对比及解读：(1)删除了重复条款；(2)把“内部人员”缩窄到“董事、监事、高级管理人员”。

第三十八条　网络借贷信息中介机构应当聘请会计师事务所进行年度

审计,并在上一会计年度结束之日起4个月内向工商登记注册地地方金融监管部门报送年度审计报告。

对比及解读:无变化。

第七章　法律责任

第三十九条　地方金融监管部门存在未依照本办法规定报告重大风险和处置情况、未依照本办法规定向国务院银行业监督管理机构提供行业统计或行业报告等违反法律法规及本办法规定情形的,应当对有关责任人依法给予行政处分;构成犯罪的,依法追究刑事责任。

对比及解读:表述有变化,意思无变化。

第四十条　网络借贷信息中介机构违反法律法规和网络借贷有关监管规定,有关法律法规有处罚规定的,依照其规定给予处罚;有关法律法规未作处罚规定的,工商登记注册地地方金融监管部门可以采取监管谈话、出具警示函、责令改正、通报批评、将其违法违规和不履行公开承诺等情况记入诚信档案并公布等监管措施,以及给予警告、人民币3万元以下罚款和依法可以采取的其他处罚措施;构成犯罪的,依法追究刑事责任。

网络借贷信息中介机构违反法律规定从事非法集资活动或欺诈的,按照相关法律法规和工作机制处理;构成犯罪的,依法追究刑事责任。

对比及解读:删除了监管部门的信息公示内容。

第四十一条　网络借贷信息中介机构的出借人及借款人违反法律法规和网络借贷有关监管规定,依照有关规定给予处罚;构成犯罪的,依法追究刑事责任。

对比及解读:无变化。

第八章　附　则

第四十二条　银行业金融机构及国务院银行业监督管理机构批准设立的其他金融机构和省级人民政府批准设立的融资担保公司、小额贷款公司等投资设立具有独立法人资格的网络借贷信息中介机构，设立办法另行制定。

对比及解读：无变化。

第四十三条　中国互联网金融协会网络借贷专业委员会按照《关于促进互联网金融健康发展的指导意见》和协会章程开展自律并接受相关监管部门指导。

对比及解读：把“全国性网络借贷行业自律组织”替换为“中国互联网金融协会网络借贷专业委员会”，其指导部门也不限于国务院银行业监督管理机构。

第四十四条　本办法实施前设立的网络借贷信息中介机构不符合本办法规定的，除违法犯罪行为按照本办法第四十条处理外，由地方金融监管部门要求其整改，整改期不超过 12 个月。

对比及解读：整改期设定为 12 个月，比《征求意见稿》少了 6 个月。

第四十五条　省级人民政府可以根据本办法制定实施细则，并报国务院银行业监督管理机构备案。

对比及解读：无变化。

第四十六条　本办法解释权归国务院银行业监督管理机构、工业和信息化部、公安部、国家互联网信息办公室。

对比及解读：说明解释权。

第四十七条　本办法所称不超过、以下、以内，包括本数。

总结：《办法》作为行业经营和监管的基本制度安排，明确了网贷监管体制机制及各相关主体责任、网贷业务规则和风险管理要求、借款人和出借人的义务、信息披露及资金第三方存管等内容，全面系统地规范了网贷机构及其业务行为，为行业的发展明确了方向，进一步引导网贷机构回归信息中介、小额分散的普惠金融本质，促使网贷行业正本清源。同时，网贷机构线下经营现象将得到遏制，网贷机构将逐渐回归互联网金融本质，利用大数据、云计算等全新技术手段，依托互联网平台开展相关业务，整顿网贷行业违规行为、防范和化解网贷风险、提升公众法律和风险意识、引导和促进网贷行业早日走上正轨，形成可持续的发展模式。

第三节　国外监管政策借鉴

一、美国

1. 监管框架

美国政府没有对 P2P 网贷行业出台专门的法律法规，而是采取在现有体制下进行多层次监管，呈现出多头、严格、证券化监管的特点。

2008 年 10 月，P2P 网贷平台发行的收益权凭证被美国证券交易委员会（SEC）认定为证券，SEC 要求所有 P2P 网贷平台需获得美国的证券经纪人牌照并在 SEC 注册。目前，主要由证券与交易委员会（SEC）、联邦贸易委员会（FTC）和消费者金融保护局（CFPB）等机构对 P2P 行业进行职能监管。其中，主要由 SEC 对 P2P 借贷平台进行责任监管。公开发行证券需要取得各州的许可证，联邦机构及各州政府都会对 P2P 借贷行业进行监管。此外，消费者金融保护局（CFPB）也会对 P2P 借贷平台进行行为监管。

2. 监管思路

2005 年，美国第一家 P2P 网贷平台 Prosper 成立；2007 年 Lending Club 成立，目前为美国最大的网贷平台。美国对 P2P 网贷的监管缘起于 Prosper 和 Lending Club，早前被美国证券交易委员会（SEC）认定为“出售未经注册的证券产品”。

刚成立时，Prosper 和 Lending Club 都采用收益权凭证方式。平台对借款人进行筛查和信用等级评定并最终筛选出符合要求的借款人。之后，平台会对放款人进行基本的身份确认和相关的资产及收入证明，并发放给放款人与贷款申请相对应的收益权凭证。此后，放款人将收益权凭证转让给一家实体银行，由银行对借款人放款，在此过程中银行将贷款卖给放款人，而收购其收益权凭证，并以此获取平台通过卖出收益权凭证所取得的本金，银行并不承担违约风险，而是通过转移收益权凭证而转移给了投资人。

收益权凭证类似于债券，接受 SEC 的监管。在发展初期，Prosper、Lending Club 均认为自身出售的收益权凭证不属于传统证券，不应受 SEC 监管。Prosper 和 LendingClub 虽在 SEC 进行了登记，属性为证券经纪商，但是 2 机构并没有对其收益权凭证进行注册登记，其后被美国证券交易委员会认定为非法，即违反证券交易法第五章，出售未经注册的证券产品。2008 年 9 月至 2009 年 7 月 Prosper 的业务被暂停；LendingClub 在 2009 年 4—10 月亦暂停出售收益权凭证。2 机构先后经过整改、注册，直到产品登记生效才重新开始进行网贷业务。

美国网贷平台的设立，需在 SEC 登记，然后再到特定的州政府进行登记，并申请营业许可，特别是发售收益权凭证的业务许可。

在职能上，美国的 P2P 平台涉及以下监管部门：

· 美国证券交易管理委员会（SEC）：着重监督 P2P 平台信息披露，保护投资人。

· 联邦存款保险公司（FDIC）：通过对银行的监管实现对 P2P 平台的监管，主要监督银行遵循金融隐私条例，保护借款人。

· 联邦贸易委员会（FTC）：监督是否涉及不公平交易。

· 美国消费者金融保护局（CFPB）：根据《多德—弗兰克华尔街改革与消费者保护法案》，保护金融消费者权益。

· 各州政府：依据遵循《1933 年证券法案》对 P2P 平台进行登记。

3. 最新动态

2016 年 5 月，Lending Club 爆发违规借贷丑闻。此后，美国监管部门开始酝酿升级监管对策，以加强行业透明度，避免恶性风险的爆发。为提高行业透明度，美国财政部建议建立行业信息登记系统以追踪交易信息，呼吁利用政府公开数据帮助消费者比较信贷信息，同时也帮助验证贷款人信息。

财政部还建议成立各监管机构间工作小组以帮助监管部门共享信息，更好地协调监管工作。

二、英国

1. 监管框架

英国主要采取的是政府监管和行业自律相结合的方式。

2011 年 8 月 15 日，英国成立 P2P 金融协会（Peer - to - peer Financial Association，P2PFA），主要成员包括 Zopa、RateSetter、Funding Circle，对借款人的保护设立最低标准要求，对行业进行自律监管。FCA 和 P2PFA 构成英国网贷交易的主要监管体系。

英国网贷行业的政府监管方是英国金融行为监管局（Financial Conduct Authority，FCA）。

2. 监管思路

2011 年英国 P2PFA 成立后，制定了 8 项会员规范、10 项运营准则及详细的会员章程，要求协会会员必须遵守。

P2PFA 曾先后发布《P2PFA 内部治理章程》《P2PFA 会员资格标准》和《P2PFA 协会原则》3 部规章。从内部管理和外部行为两个方面制定了自律规则。对内管理方面，《P2PFA 会员资格标准》和《P2PFA 内部治理章程》制定了系列规则，包括确立协会宗旨与活动范围、组织架构；制定协会准入机制、违规处理的规范。

对外行为规范方面，《P2PFA 协会原则》制定了“八项原则”，对客户资金分离、信用风险、网络平台管理、信息披露、系统建设与破产安排做出了原则性规定，同时提出禁止的行为模式，规范了会员平台对外经营行为。

2014 年，FCA 正式颁布了世界上第 1 部 P2P 借贷行业的监管法规——《关于网络众筹和通过其他方式发行不易变现证券的监管规则》（关于该法规 P2P 借贷部分的监管内容，可以参照《中国 P2P 借贷服务行业白皮书 2016》的附录部分），该规则将纳入监管的众筹分为借贷型众筹和股权投资型众筹，从事以上两类业务的公司需要得到 FCA 的授权。该规则从平台最低资本要求、客户资金保护规则、信息披露制度、信息报告制度、合同解除权、平台倒闭后的借款管理安排和争端解决机制等方面对借贷型众筹(P2P借贷)做了详细规定。

《监管规则》把纳入监管的众筹分为2类:第一类是P2P网络借贷型众筹(Crowdfunding based on loan);第二类是股权投资型众筹(Crowdfunding based on investment),并制定了不同的监管标准。从事以上两类业务的公司都需要取得FCA的授权。

监管框架的设计主要是为了实现以下主要目标:

· 为消费者提供额外的保护。

· 推动P2P借贷行业内的有效竞争。

· 在可控的范围内让行业健康增长。

· 确保平台提供明确、无误导的信息,并有适当的程序处理客户资金。

· 确保公司妥善处理遇到财政问题的客户和相关投诉。

· 确保平台上保持稳定的财务状况,并有应急的方案来应对可能出现的问题。

在《监管规则》中FCA对平台最低资本要求、客户资金保护规则、信息披露制度、信息报告制度、合同解除权、平台倒闭后的借贷管理安排与争端解决机制7项基本规则做出了详细指示,其中信息披露制度是P2P网络借贷型众筹监管的核心规则。

3. 最新动态

2016年4月,英国审慎监管局曾针对P2P网贷行业出现的投资风险,对监管政策进行了补充:由于平台提供虚假信息或公司破产倒闭等因素,受到资产损失的投资者最高可获得5万英镑的赔偿。

8月,英国央行将基准利率下调至历史最低的0.25%。同时,针对利率的下调,P2P网贷行业迅速做出回应,通过推出一系列金融产品迅速抢占市场。然而,随后有关监管机构出台政策,通过强制下调P2P网贷行业的收益率,缓解日益激烈的信贷市场竞争压力。

第三章

互联网金融风险专项整治

第一节　互联网金融风险专项整治方案分析

2016 年 10 月 13 日，国务院办公厅发布互联网金融风险专项整治的总方案，“一行三会”与工商总局同时发布六大细分领域专项整治方案。

其中，国务院办公厅公布了《互联网金融风险专项整治工作实施方案》。按照监管分工，央行公布了《非银行支付机构风险专项整治工作实施方案》《通过互联网开展资产管理及跨界从事金融业务风险专项整治工作实施方案》，银监会公布了《P2P 网络借贷风险专项整治工作实施方案》，证监会公布了《股权众筹风险专项整治工作实施方案》，保监会公布了《互联网保险风险专项整治工作实施方案》，国家工商总局公布了《开展互联网金融广告及以投资理财名义从事金融活动风险专项整治工作实施方案》。

一、目的与目标

近年来，随着大数据、云计算、移动互联网等信息技术的迅速发展，互联网金融蓬勃兴起，几乎触及金融业的所有领域。总体来看，互联网金融发展对于支持国家创新驱动发展战略，推动“大众创业、万众创新”和“供给侧”改革，提升金融服务普惠性和覆盖面具有积极意义。

但是，当前互联网金融某些业态偏离正确的创新方向，并产生了“劣币驱逐良币”的效应，使真正有价值的互联网金融创新受到挤压；一些机构采用不正当竞争手段，扰乱了正常的经济金融秩序；一些机构挪用或占用客户资金，甚至制造“庞氏骗局”，给众多群众造成经济损失。

为促进互联网金融健康有序发展，经国务院批准，人民银行、中央宣传部、中央网信办、中央维稳办、国家发展改革委、工业和信息化部、公安部、财政部、住房城乡建设部、工商总局、国务院法制办、银监会、证监会、保监会、国家信访局、最高人民法院和最高人民检察院 17 个部门联合开展互联网金融风险专项整治。

从短期来看，专项整治的目标是规范各类互联网金融业态、优化市场竞争环境、扭转部分业态偏离正确创新方向的局面、维护金融消费者的利益、保护投资者合法权益、维护金融市场秩序、守住不发生系统性区域性金融风险的底线。从长远来看，实现规范与发展并举、创新与防范风险并重，促进我国互联网金融规范有序健康发展，切实发挥互联网金融支持“大众创业、万众创新”的积极作用。

二、重点领域

互联网金融风险专项整治，主要针对 P2P 网络借贷、股权众筹、互联网保险、第三方支付、通过互联网开展资产管理及跨界从事金融业务、互联网金融领域广告等领域，专项整治坚持问题导向，集中力量对几个重点领域进行整治。

各领域监管重点：

· P2P 网贷领域：整治重点是落实网络借贷机构信息中介定位，禁止网络借贷机构突破信息中介职能定位开展设立资金池、自融自保、发放贷款等违法违规活动。

· 股权众筹领域：整治强调不得擅自公开发行股票、变相公开发行股票、非法经营证券业务等要求。

· 互联网保险领域：整治重点是互联网高现金价值业务、保险机构依托互联网跨界开展业务及非法经营互联网保险业务。

· 第三方支付领域：整治重点是非银行支付机构备付金风险和跨机构清算业务，以及无证经营支付业务行为，第三方支付领域已实行业务许可，对于无证经营支付业务的机构将开展专项整治工作。

· 通过互联网开展资产管理及跨界从事金融业务：整治重点是具有资产管理业务相关资质但开展业务不规范的互联网企业，以及未取得资产管理等金融业务资质但跨界开展金融活动的互联网企业。

·互联网金融领域广告等行为:整治重点是互联网金融从业机构发布虚假、违法金融广告等。

三、要点

从中央到省政府到地方市、区政府,此次互联网金融专项整治行动力度和规模空前。总体来看,此次互联网金融专项整治行动具有12大要点。

(1)明确央行的领导地位,统筹全局。

(2)各部委牵头,覆盖6大细分行业或领域。由“一行三会”根据监管分工出台了细分行业、领域专项整治方案,覆盖了支付、资管、P2P、互联网保险、股权众筹和互金广告。

(3)采取穿透式监管。互联网金融企业与传统金融企业平等竞争,行为规则和监管要求保持一致。

(4)多部门协作,打造互金整治天网,强调公安介入的重要性。仅北京市整治工作就多达28个协作部门。

(5)建立互联网金融产品集中登记制度。方案提出研究互联网金融平台资金账户的统一和集中监测,依靠对账户的严格管理和对资金的集中监测,实现对互联网金融活动的常态化监测和有效监管。

(6)互联网金融不得搞“补贴战”,收益过高要查。对互联网金融从业机构为抢占市场份额,向客户提供显失合理的超高回报率以及变相补贴等不正当竞争行为予以清理规范。

(7)规范公司注册名称。非金融机构、不从事金融活动的企业,在注册名称和经营范围中原则上不得使用“交易所”“金融”“理财”“网贷”“支付”等字样。如出现上述字样,将被列入重点监管对象。

(8)严格准入管理。明确提出“设立金融机构、从事金融活动,必须依法接受准入管理”。未经相关有权部门批准或备案从事金融活动的,由金融管理部门会同工商部门予以认定和查处,情节严重的,予以取缔。

(9)规范互金企业广告宣传。未取得相关金融业务资质的从业机构,不得对金融业务或公司形象进行宣传。取得相关业务资质的,宣传内容应符合相关法律法规规定，经有权部门许可的，应当与许可的内容相符合，不得进行误导性、虚假违法宣传。

(10)同一集团在取得多项业务资质的情况下，要规范关联交易。要求集团建立“防火墙”制度，遵循关联交易等方面的监管规定，防范风险交叉传染。

(11)监管房地产金融。在提及 P2P 借贷和股权众筹整治时，将房地产金融单列出来，明确要求没有资质不能干；对首付贷下达禁令。

(12)明确各时间线，2017 年 1 月底前完成各领域、各地区清理整顿情况进行验收；2017 年 3 月底前完成总体报告和建立健全互联网金融监管长效机制的建议。

第二节　典型风险案例分析——e租宝事件

事件回顾:e租宝是"钰诚系"下属的金易融(北京)网络科技有限公司运营的网络平台。2014年2月,钰诚集团收购了这家公司,并对其运营的网络平台进行改造。2015年底,多地公安部门和金融监管部门发现e租宝经营存在异常,随即展开调查。2015年12月8日,公安部指挥各地公安机关统一行动,对丁宁等"钰诚系"主要高管实施抓捕。

据警方调查,从2014年7月e租宝上线至2015年12月被查封,"钰诚系"相关犯罪嫌疑人以高额利息为诱饵,虚构融资租赁项目,持续采用借新还旧、自我担保等方式大量非法吸收公众资金,累计交易发生额达700多亿元。"钰诚系"除了将一部分吸取的资金用于还本付息,相当一部分被用于个人挥霍、维持公司的巨额运行成本、投资不良债权以及广告炒作。警方初步查明,e租宝实际吸收资金500余亿元,涉及投资人约90万名。由于"钰诚系"的资金交易庞杂,财务管理混乱,其资金流向还在调查之中。

e租宝事件给P2P行业带来了极大的负面影响,同时也促进了行业自律,加速监管落地。一方面,投资者因恐慌等原因短期内大量提现,给一些平台造成了相当大的资金压力,个别平台由于存在资金错配等不规范行为被挤兑倒闭;另一方面,监管层开始强势整顿,从清理P2P广告和线下理财端开始,继而密集出台相关政策或指导意见,成立全国性的互联网金融协会等。

e租宝事件分析报告

本节分析了e租宝事件基本情况,剖析e租宝宣传A2P经营模式背后隐藏的“庞氏骗局”，以及“钰诚系”各公司围绕 e 租宝，非法敛财诈骗的本质。本节主要分析 e 租宝经营中非法自融、发布虚假借款标的、操纵“庞氏骗局”、非法集资诈骗、虚假广告宣传等问题。对 e 租宝事件的相关信息进行了梳理和分析，为 P2P 平台风险监测提供借鉴。

一、丁氏家族和“钰诚系”

根据融 360 的报道，丁氏家族最早以开办家庭式小型工厂（岩柏施封锁厂），生产铁路铅封为主。2005 年底，丁家成立了钰诚五金，法人代表为宋淑侠（丁宁之母），注册资本为 2000 万元。2007 年 7 月，钰诚五金、高俊俊（丁宁之妻）、丁延柏（丁宁之父）共同出资，成立了安徽滨湖机电新材料有限公司，丁延柏任法人，注册资本 2000 万元。2011 年，丁甸（丁宁之弟）又成立了钰诚新材料科技有限公司，号称是国家高新技术企业，从事高效、环保、生物型等金属表面处理材料的研发和生产与销售，注册资本 1000 万元。钰诚五金、安徽滨湖机电新材料有限公司和钰诚新材料科技有限公司，是丁家早期设立的 3 家实业公司。

2012 年丁氏家族开始涉足金融行业。2012 年 3 月，由钰诚新材料公司（法人为丁甸）、格兰伍德进出口有限公司（法人为丁宁的堂弟丁未巍）、安徽钰诚投资发展股份有限公司（法人为丁宁）共同出资组建，成立安徽钰诚融资租赁有限公司（以下简称钰诚融资租赁），属中外合资企业，注册资本 3000 万美元。钰诚融资租赁公司自称是一家经营规模超过百亿元的大型融资租赁公司，是安徽规模最大的中外合资融资租赁公司，也是全国规模最大的中外合资融资租赁公司之一。在本次 e 租宝事件中，名不副实的钰诚融资租赁是 e 租宝非法金融活动中的关键一环。

根据企业公开信息，钰诚融资租赁曾 3 次变更注册资本：2014 年 3 月由 3000 万美元增至 9900 万美元；2014 年 4 月由 9900 万美元增至 2.99 亿美元；2014 年 11 月由 2.99 亿美元增至 5.98 亿美元。截至案发前，实缴资本为 2253.77 万元人民币。

2013 年 3 月 15 日，丁家正式成立安徽钰诚控股集团股份有限公司（以下简称钰诚集团），公司认缴注册资本为 50 亿元，实缴注册资本 1000 万元，

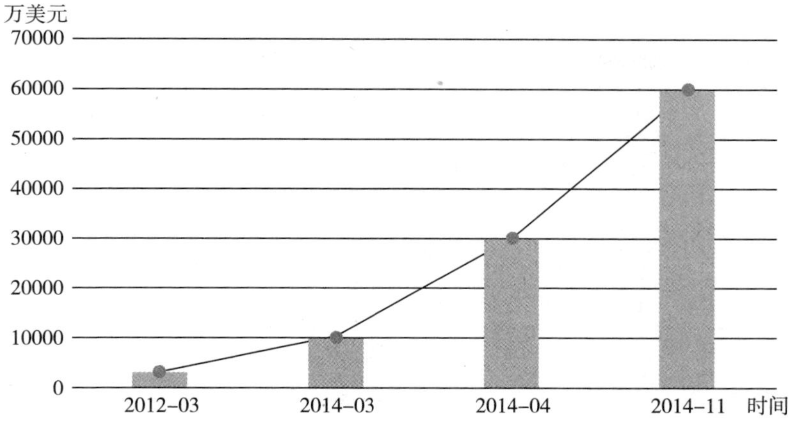

图3-1　钰诚融资租赁注册资本变化

法人代表为高俊俊。丁宁、丁甸、丁延柏、宋淑侠、高俊俊均为自然人股东。安徽钰诚控股集团股份有限公司宣称是以融资租赁主导的金融服务为核心,集高新技术制造业、现代服务业等于一体的综合性集团。e租宝是钰诚控股集团股份有限公司于2014年7月成立的子公司,注册资本金1亿元,总部位于北京。平台主要提供以融资租赁债权交易为基础的互联网金融服务。钰诚集团对外投资公司注册信息如表3-1所示。根据统计,在企业信息公示系统里,仅钰诚集团发起设立的公司就多达15家,其中12家公司的成立时间是在e租宝上线之后。

除了钰诚集团下丁氏家族主要成员掌控的数家公司,丁氏家族还控制着多家关联公司。对于e租宝而言,如果缺少融资租赁的项目,就无法发布新标的募集资金。钰诚集团大肆收购小企业后增资或者新设立皮包公司,这些皮包公司作为融资租赁项目资产端的借款人,在e租宝平台上发布虚假借款标的,筹集资金。

表3-1　钰诚集团子公司注册信息　　单位:万元

序号	成立时间	公司名称	注册资本	法定代表人
1	2013-04-23	安徽祥旺贸易有限公司	1000	丁　甸
2	2013-04-24	安徽恒钰贸易有限公司	1000	丁　甸
3	2013-05-03	安徽金钰投资管理有限公司	20000	高俊俊

续表

序号	成立时间	公司名称	注册资本	法定代表人
4	2014－07－23	安徽钰诚云商电子商务有限公司	10000	王之涣
5	2014－09－23	北京钰诚云商资产管理有限公司	5000	丁　宁
6	2015－04－07	北京钰诚企业管理有限公司	10000	丁　甸
7	2015－04－24	北京金钰联合商务咨询有限公司	20000	高俊俊
8	2015－06－11	北京钰信管理咨询有限公司	1000	张传彪
9	2015－07－13	上海汉梵企业管理有限公司	50000	刘桂宏
10	2015－07－15	金易融(上海)网络科技有限公司	10000	刘桂宏
11	2015－08－07	北京钰诚雅典娜学苑教育咨询有限公司	5000	张　敏
12	2015－09－02	云南钰尚企业管理有限公司	10000	邓　钰
13	2015－09－06	钰诚博亚经济贸易发展有限公司	9000	谢　洁
14	2015－09－07	钰诚寰亚(北京)文化传媒有限公司	1000	谢　洁
15	2015－10－15	玖钰财富(北京)投资管理有限公司	1000	孙媛媛

二、e 租宝声称的运营模式

e 租宝平台宣传自己是“互联网金融＋融资租赁”“融资与融物”相结合的典范，然而其实际经营模式与宣传的经营模式却大相径庭。

1. e 租宝所谓的 A2P 模式

e 租宝宣传自己采取全新的 A2P(Asset to Peer)的经营模式，具体流程如图 3－2 所示。

(1)承租人向融资租赁公司提出服务申请。

(2)融资租赁公司审核企业资质，审核通过后与承租人签订融资租赁合同。

(3)融资租赁公司向供货商购买设备直租给承租人或者以售后回租的形式购买承租人设备再租给承租人。

(4)在融资租赁公司获得融资租赁债权后将已有的融资租赁债权向 e 租宝提出转让申请。

(5)e租宝对转让债权的风险进行审核,并设计出不同收益率的产品,在其网贷平台上发布项目信息进行销售。

(6)投资人通过e租宝对债权转让项目进行投资,融资租赁公司将债权转让给投资者,该笔项目即融资租赁债权转让过程即告完成。

(7)债权转让完成后,承租人通过e租宝平台向投资者定期还款,即承租人定期支付的租金。在租金支付完全后,承租人取得租赁设备的所有权。

(8)投资期满后,投资人收回本金和利息。

根据e租宝的宣传,在还款期间若发生违约,会有融资性担保公司对债权转让项目中的债权承担连带保证担保,全额保证投资人的本息安全;融资租赁公司对债权转让项目中的债权承担连带担保责任;保理公司承诺对债权转让项目中债权无条件赎回,提高资产流动性,使投资者可以自由赎回资金。

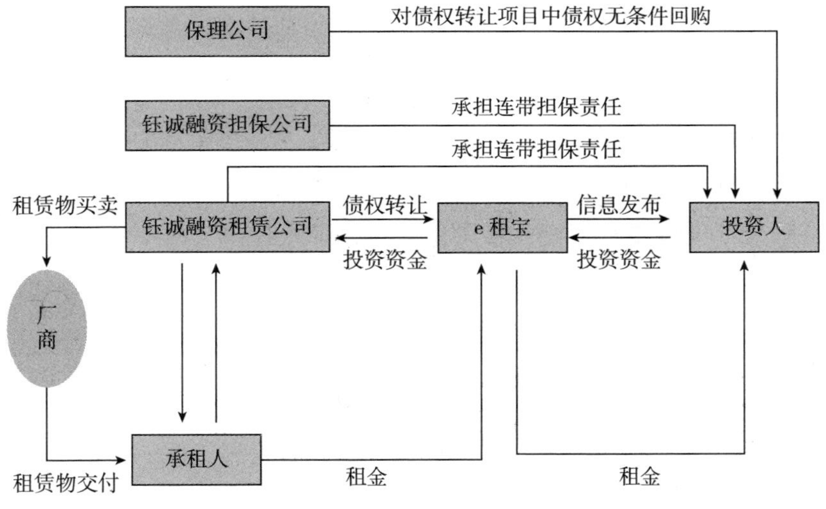

图3-2 e租宝宣传经营模式

2.e租宝主营产品分析

截至2016年12月18日,北京警方介入e租宝事件的调查,e租宝共计发放3240个投资标的,有89.54万个投资者共计313万次投资记录 。根据利率和期限的不同,投资产品主要分为:e租稳盈、e租财富、e租富享、e租富盈、e租年丰、e租年享。e租宝发售的产品起投金额为1元,门槛极低(如表3-2所示)。

表 3－2 e 租宝投资项目

产品	期限（个月）	预期年化收益率（%）	起投金额（元）	赎回方式	回收方式	申请赎回
e 租稳盈	活期	9.0	1	T+2	按月支付收益，到期归还本金	投资后可以随时申请赎回
e 租财富	活期	13.0	1	T+10	按月支付收益，到期归还本金	投资满 30 天可申请赎回
e 租富享	3	13.4	1	T+10	每 3 个月支付收益，到期归还本金	可提前申请赎回，提前赎回时收取 2% 手续费，利息照付
e 租富盈	6	13.8	1	T+10	按月支付收益，到期归还本金	可提前申请赎回，提前赎回时收取 2% 手续费，利息照付
e 租年丰	12	14.2	1	T+10	按月支付收益，到期归还本金	可提前申请赎回，提前赎回时收取 2% 手续费，利息照付
e 租年享	12	14.6	1	T+10	每 3 个月支付收益，到期归还本金	可提前申请赎回，提前赎回时收取 2% 手续费，利息照付

三、e 租宝数据显示出的疑点

1. 借款金额过度集中

在借款标的的金额分布上，2015 年 6 月以前，e 租宝发布的借款标的平均金额差别明显，平均利率上下波动，但是进入 2015 年 6 月之后，如图3－3、图 3－4 所示，e 租宝借款标的金额多分布在 2500 万元上下，平均利率稳定在12%左右,如此平均又集中的利率和金额分布,不符合一般经济规律,因此存在疑点。

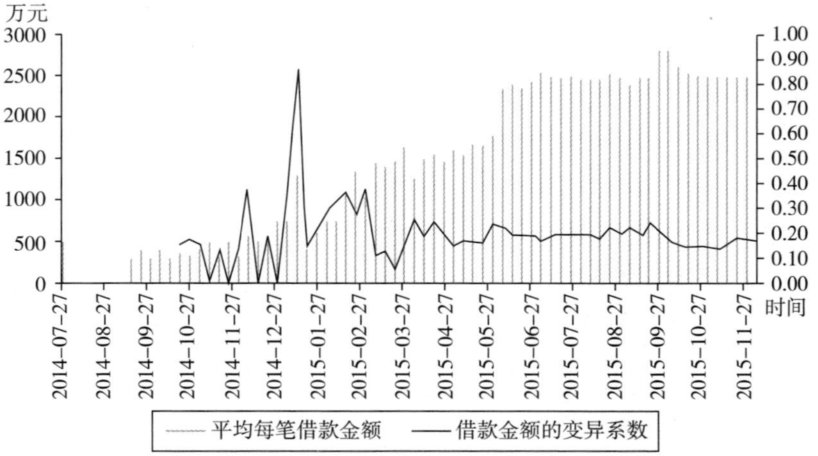

图3-3　e租宝平均借款金额

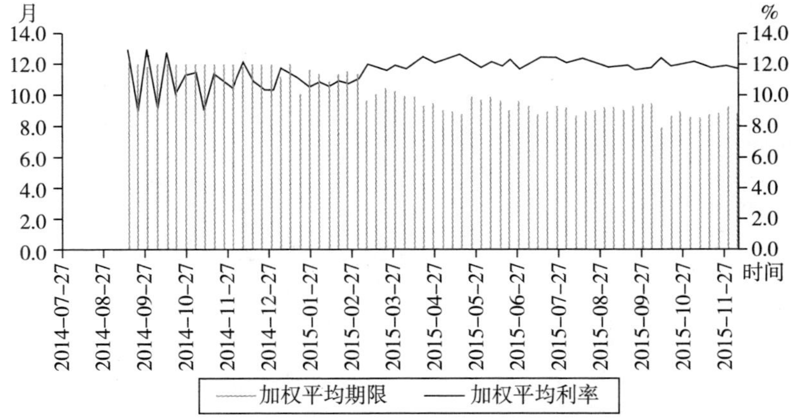

图3-4　e租宝单笔借款期限和利率

2.利率期限结构反转

在经济理论中,一般情况下,借款的期限与利率应该成正比,即期限越长利率越高。以e租宝的借款项目数据进行加权平均得到按期限分类的平均借款利率,e租宝借款项目的利率与期限分布却并不符合此规律,如图3-5所示,期限最长的借款标的的平均利率最低。如图3-6所示,平均而言,由于 6 个月期的借款利率最高,借款金额也最少,1 年期借款标的的利率最低,借款金额也最多。

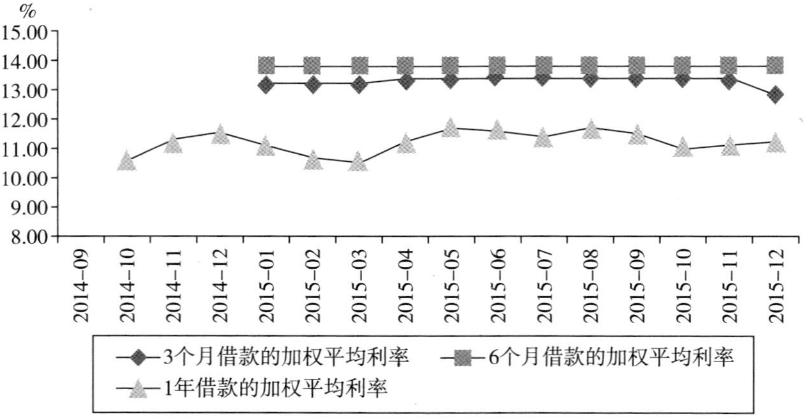

图 3-5　借款标的的利率期限结构

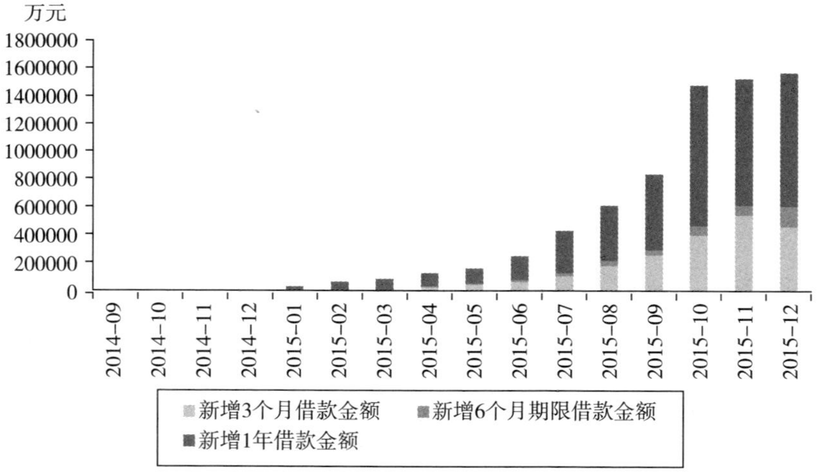

图 3-6　e 租宝新增借款期限

3. 流动性异常

根据前文中对于 e 租宝发行产品信息的介绍,可将 6 类产品按流动性高低进行划分,根据投资期限和赎回方式的不同主要分为 4 大类,具体划分方式如表 3-3 所示。

将 e 租宝从上线到出事时间段内的借款标的按照流动性进行划分，整合月度数据后发现，如图 3－7 所示，2015 年 3 月之前，借款标的的流动性主要是以 1 型为主。2015 年 7 月后，e 租宝开始进入快速发展阶段，期限短赎回方式灵活的产品纷纷上线。2015 年 10 月，流动性为 0 型和 1 型的借款标的在近 1 个月的时间内增长了一倍，而 0 型和 1 型的投资标的期限较短，赎回方式灵活。并且接下来的 3 个月中，在借款总额增加的情况下，1 型借款规模扩张，0 型借款规模缩减，1 型超过 0 型成为占比最大的借款流动性种类。

相较于大部分不可以随时支取的理财产品而言，e 租宝产品的高流动性，确实很吸引投资者。尽管 e 租宝在产品推广时承诺可以随时支取，但是在实际操作中，部分产品提前支取需要交纳 2% 的手续费，而且提现操作并不便捷，加上 e 租宝的广告宣传不时为投资者注射“强心剂”，也有效降低了投资者的提现率。尽管承诺了较高的流动性，但是较低的提现率，还可以在短期内让 e 租宝免于流动性危机。但是，随着需要偿还投资人的本息不断增多，资金入不敷出，资金链最终断裂。

表 3－3　投资人收益返还方式

投资者收益返还方式	流动性类型
投资自由　赎回自由　按月返息	0
随投随取　安享收益　按月返息	0
按月付息，到期还本	1
投资期短　按月返息　到期返本	1
收益率高　按月返息　到期返本	1
收益率高　每 3 个月返息　到期还本	2
每 3 个月付息，到期还本	2
到期一次性还本还息	3

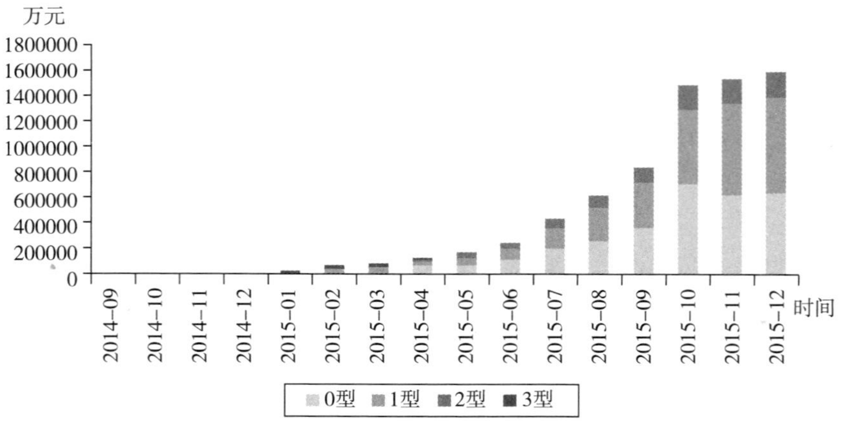

图 3－7 借款标的的流动性

四、e 租宝实为“庞氏骗局”

1. 虚构融资项目

尽管国家近年来大力扶持融资租赁行业发展，但是由于实体经济增速下滑，缺乏优质投资项目成为行业发展中的“瓶颈”。从融资租赁贷款规模增长来看，2015 年以前，金融机构一直是融资租赁贷款业务的最大资金来源，每月新增融资租赁贷款平稳增长。如图 3－8 所示，2015 年后 P2P 对接融资租赁业务模式兴起，2015 年 10 月 P2P 融资租赁贷款单月增加额达到历史最高位，其中 e 租宝约占 80% 以上，P2P 融资租赁贷款单月增加额超过金融机构融资租赁贷款单月增加额。在宏观经济基本面不利的情况下，e 租宝贷款高速持续的增长能力引发多方质疑。2016 年 6 月 6 日，融 360 网贷评级课题组就曾发布 e 租宝为 C－级平台的风险提示，然而投资者并没有对此足够重视。

根据新华社的报道，丁宁也证实了 e 租宝虚构项目的事实。为了让 e 租宝有源源不断的新项目上线，丁宁曾经指使下属收购企业或者注册空壳公司。用融资金额的 1.5% ～2% 购买企业信息填入准备好的合同，制成虚假项目在平台上发售。办案民警介绍，在 207 家承租公司中，仅有 1 家公司与钰诚融资租赁公司发生了真实的业务。为了获得投资人的信任，e 租宝还采

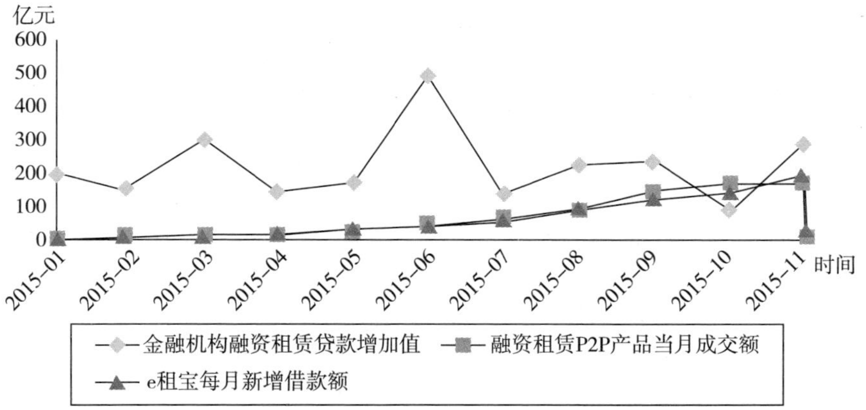

图 3-8 融资租赁 P2P 贷款额与金融机构融资租赁贷款额月度增量对比

资料来源:Wind 资讯。

取了更改企业注册资本等方式为融资企业包装,这也是许多在 e 租宝平台上融资的企业都有融资前注册资本变更的原因。根据零壹财经的数据显示,2015 年 10 月,共有 309 家借款公司曾经在 e 租宝上发布了借款标的,而上述借款公司中 94.5% 的在借款之前都发生过注册资本变更。变更前这些公司的注册资本平均为 154 万元,变更后达到了 2714 万元。

e 租宝虚构融资项目的典型案例是 2015 年 6 月 9 日发布的一个融资项目。融资项目的借款方为“深圳市隆金佳利科技有限公司”,借款金额为 6300 万元。根据企业的工商信息显示,公司成立于 2014 年 11 月 7 日,成立之初注册资本仅为 50 万元。2015 年 5 月 8 日将注册资本变更为 3000 万元,然而根据工商部门的实地查证却没有此公司的存在(如表 3-4 所示)。

表 3-4 深圳市隆金佳利科技有限公司注册信息变更

变更信息				
序号	变更事项	变更内容	变更后内容	变更日期
1	指定联系人	姓名、电话、邮箱	姓名、电话、邮箱	2015 年 5 月 8 日
2	审批项目	《建设项目环境影响审查批复》	《建设项目环境影响审查批复》	2015 年 5 月 8 日
3	注册资本	人民币 50 万元	人民币 3000 万元	2015 年 5 月 8 日

续表

变更信息				
序号	变更事项	变更内容	变更后内容	变更日期
4	经营范围	机械设备、通信产品、电子设备、数码产品、电脑配件、五金制品、日用百货、国内贸易，货物及技术进出口等	机械设备、通信产品、电子产品、数码产品、电脑配件、五金制品、日用百货、国内贸易，货物及技术进出口等	2015 年 5 月 8 日
5	股东	方裕鑫 50 万元 100.00%	方裕鑫 3000 万元 100.00%	2015 年 5 月 8 日
6	住所	深圳市龙华新区民治街道民治大道伟业大厦 6 楼 602	深圳市龙岗区龙岗街道吓坑一路同乐浪背第六工业区 112 栋首层	2015 年 5 月 8 日

e 租宝上发布的一些项目除了大规模的变更注册资本，本身经营状况也存在重重疑点。例如，承租人宁德市耀辉石材有限公司 2013 年的营业总收入为 1.3 万元，2014 年未做公布。但是 2014 年在 e 租宝的宣传中，宁德市耀辉石材有限公司摇身一变成为年销售收入 41816.12 万元的“大户”。根据新华社的报道，安徽钰诚融资租赁有限公司风险控制部总监雍磊称：“e 租宝上 95% 的项目都是假的。”

e 租宝除发布虚假借款标的外，还可能存在伪造投资者投资标的的情况。本书收集来自零壹财经记录的 e 租宝平台自 2014 年 7 月 20 日至 2015 年 12 月 28 日的借贷交易数据，使用现金流模型进行估测，分析结果如图 3 -9所示，在 700 亿元累计借款中，名义上已经偿还的累计借款本息约为 50 亿元，仍有约 650 亿元的资金缺口。测算数据与新华社公布的实际吸收资金 500 亿元之间存在差额，原因可能在于：e 租宝不仅伪造了借款项目，连一部分投资人也是伪造的，e 租宝“自融自投”，以此推高平台人气，诱导新投资人进入，从而使名义吸收存款金额高于实际吸收存款金额。

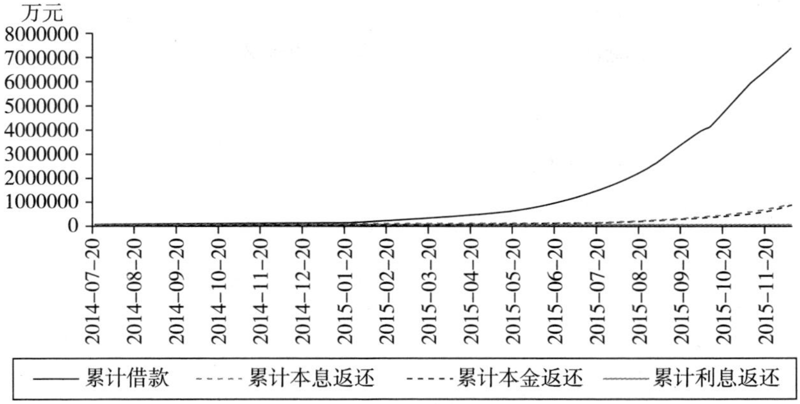

图3-9 e租宝平台现金流情况

2. 虚假担保

e租宝为了让投资人消除投资资金安全的顾虑,设计多重担保机制,好像是为投资者提供周密的资金安全保护,然而实际上承诺为e租宝提供融资租赁担保的3家担保公司可能因涉嫌超额担保和关联担保,而无法履行担保义务。《融资性担保公司管理暂行办法》第二十八条规定:"融资性担保公司的融资性担保责任余额不得超过其净资产的10倍。"3家担保公司的最高担保额度加总后不足50亿元,这与e租宝700多亿元的累计交易额相差甚远,3家担保公司已经超额担保。

五河县政府网站也在2015年11月24日发布通知公告,为了划清与安徽钰诚融资租赁有限公司关联的原五河县中小企业融资担保有限公司的责任,五河县中小企业融资担保有限公司做出法人变更和公司业务责任划分。变更后,由安徽钰诚融资租赁公司经营的原五河县中小企业融资担保公司的业务,仍由安徽钰诚融资租赁公司负责。这证明了五河县中小企业融资担保公司曾经与钰诚融资租赁有事实的关联关系。除此之外,龙子湖中小企业融资担保公司的法定代表人王兰兰也是钰诚集团的副总经理。《融资性担保公司管理暂行办法》第三十条规定:"融资性担保公司不得为其母公司或者子公司提供融资性担保。"P2P平台与关联的融资担保公司之间极容易发生"自融自担"问题。

e 租宝宣称有保理公司承诺对债权转让项目中债权无条件赎回，但实际上保理公司也受到钰诚集团的控制，增益国际保理（天津）有限公司的法人代表即为丁宁。为 e 租宝提供融资担保的 3 家担保公司和保理公司并没有起到分散或转移风险的作用，没有降低投资人的投资风险，投资人的资金安全难以得到保证。

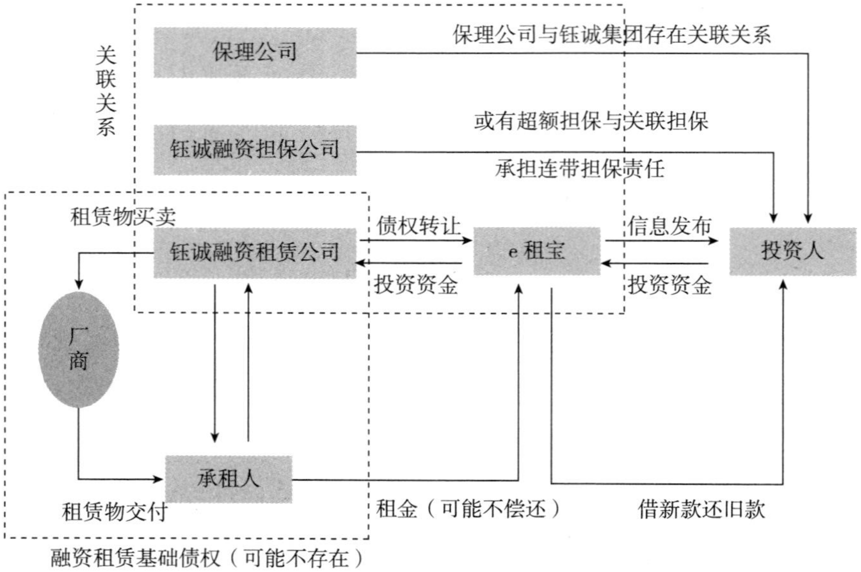

图 3－10　e 租宝平台现金流情况

3. 虚假宣传

(1)丁宁、张敏等公司高管形象包装

钰诚集团实际控制人丁宁，出生于 1982 年，安徽蚌埠人，缅甸国籍。1999 年，年仅 17 岁只有高中学历，大专尚未毕业的丁宁就办理长期休学，进入蚌埠岩柏施封锁厂任技术员、销售员，后为厂长。为了掩盖丁宁的低学历，在宣传时都突出其合肥工业大学、安徽财经大学硕士生导师的头衔，而丁宁硕士导师头衔的取得凭借的是其公司与高校之间的合作关系。钰诚集团是家族式企业，管理层的家族成员，文化程度大都偏低，为此丁宁聘请了法国佩皮尼大学的硕士张敏担任 e 租宝总裁。

2014 年以来，“钰诚系”更是不吝重金打造张敏“互联网金融业第一美女总裁”的形象。然而这个包装华丽的“美女总裁”却并没有在金融投资管理方面的经验或者实际操作案例。但是在短短几个月内，张敏就登上了央视一套、二套以及新闻频道，北京卫视、安徽卫视，高铁、地铁、公交等各类媒体。

（2）央视网、北京卫视等电视媒体宣传

e租宝不惜一掷千金，在各大知名媒体上进行广告宣传。特别是2015年4月后，更是斥巨资投入电视媒体，拉开了e租宝品牌推广的大戏。根据中金网资料显示，e租宝在央视投放广告费3102万元、北京卫视2454万元、江苏卫视1440万元、东方卫视1479万元、天津卫视1440万元、总计9915万元。如果再加上湖南卫视、浙江卫视、安徽卫视，预计至少每家1500万元。e租宝在电视媒体、财经媒体、户外媒体、网络媒体等进行铺天盖地的广告宣传，借助知名媒体的公信力为其平台信用背书，误导不明真相的投资者陷入e租宝精心编织的“财富谎言”中。并且e租宝在线下还广泛设立分公司和代销公司，向老百姓提供推销服务，甚至直接帮助投资人开通网上银行、注册平台账户。在此强势宣传下，e租宝仅用半年时间就吸引了近90万名投资人。从图3－11、图3－12中可以看出，e租宝的媒体推广效果明显，2015年4月e租宝加大品牌宣传力度后，投资者数量稳步上升，满标所需时间迅速下降。

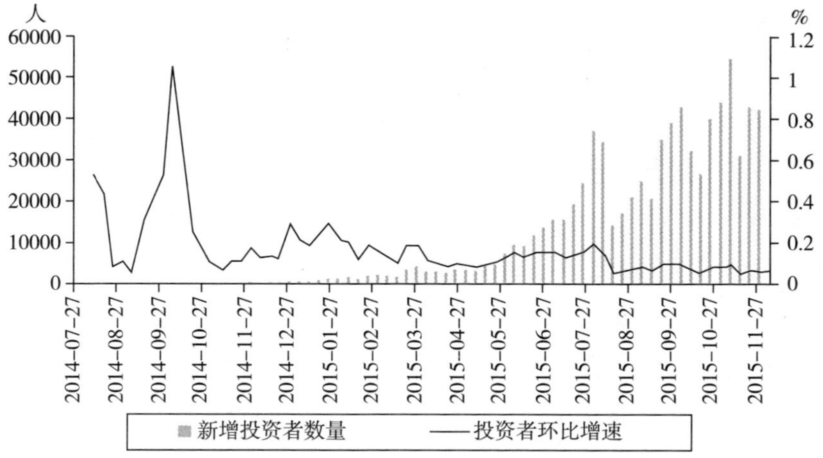

图3－11　e租宝平台投资者增长数量和环比增速

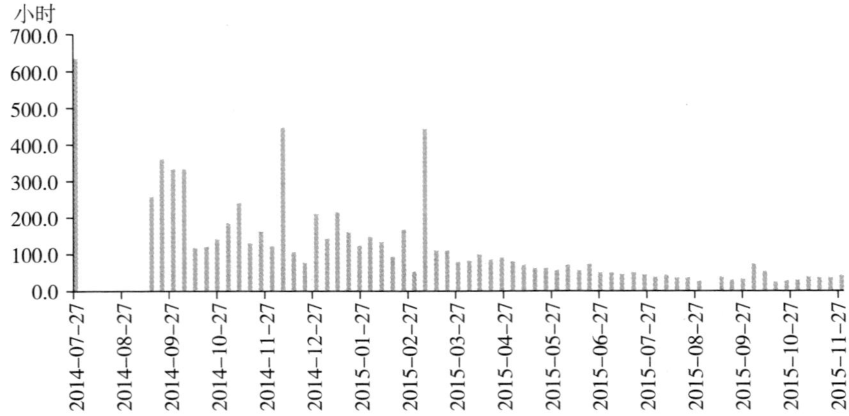

图 3－12　e 租宝平台平均满标时间

五、e 租宝事件的启示

在非法吸收公众存款罪的 4 个构成要件中：第一，e 租宝发布虚假借款项目融资属于假借合法的经营形式来吸收存款；第二，e 租宝在各类媒体上为其理财产品做宣传属于以媒介、短信、推荐会等形式公开吸收存款；第三，e 租宝理财产品销售过程中向投资者承诺保本保息属于通过私募、股权等其他手段承诺还本付息或者回报；第四，e 租宝借助互联网向全国吸收存款属于向不特定公众吸收存款。e 租宝案件具备构成非法吸收公众存款的 4 大要件。

再者，如将非法募集资金的所有权归为己有，或者任意挥霍、携款潜逃则构成集资诈骗罪。e 租宝吸收的资金中除了用于归还投资人的本息，还有相当一部分用于丁宁个人挥霍、维持公司高额运营成本等。根据警方查明，丁宁的私生活极其奢侈，挥金如土，赠予他人的现金、房产、车辆、奢侈品价值高达 10 亿余元。此外，“钰诚系”员工的工资也是一笔极大的开支，据 e 租宝总裁张敏交代，钰诚集团拿着百万元年薪的高管就有 80 人左右，仅 2015 年 11 月，钰诚集团发给员工的工资就有 8 亿元。因此，“e 租宝”案件的犯罪嫌疑人投资高档轿车和住宅、向员工支付高薪等行为，就已经体现出主观上非法占有投资人资金的目的，致使投资人的资金无法偿还，该行为涉嫌非法集资诈骗。

第三节 2016年互联网金融监管政策盘点

2016年被称为“互联网金融监管的元年”，这一年互联网金融监管形成了“中央统筹、行业自律、专项整治”三大行动体系。

以2015年7月18日国务院出台《关于促进互联网金融健康发展的指导意见》为起点，央行、银监会等各部委先后出台互联网金融细分领域监管办法；2016年3月24日中国互联网金融协会成立前后，全国各省市也成立了数十家省市级互联网金融协会或细分行业协会。2016年4月14日，国务院印发《互联网金融风险专项整治工作实施方案》后，“一行三会”根据监管分工出台了细分行业专项整治方案，各省市亦出台地区性整治方案。

这三大行动体系从监管政策、民间自律、专项突破三方面各自发力。从中央到地方、从国务院到地方金融办，形成了一个全国布局，深及各部委、机构和互联网金融各细分领域的监管网络。

本节梳理了2016年从中央到地方及互联网金融领域细分业态的部分监管政策、行业自律组织、政策和专项整治方案、行动。统观全年，互联网金融监管体系基本成型，合规潮流已经来临。

一、互联网金融监管政策盘点

2016年1月23日，政府部门启动互联网金融专项整治

政法部门开展互联网金融领域专项整治，推动对民间融资借贷活动的规范和监管。打击不法分子利用网络借贷、网上理财等名义，以高息回报为诱饵，大肆进行非法集资等违法犯罪活动。

2016 年 3 月 10 日，央行条法司、科技司，组织中国互联网金融协会等发布《互联网金融信息披露规范(初稿)》

由央行条法司、科技司，组织中国互联网金融协会逾 40 多家成员单位、行业研究机构及部分银行参与制定《互联网金融信息披露规范(初稿)》。

《征求意见稿》对信息披露提出了严格的要求，网贷机构不仅需将自身撮合的所有项目的相关情况进行充分披露，还需经过第三方事务所的审计，全面披露平台的运营数据等。

对个体网络借贷、互联网非公开股权融资和互联网消费金融从业机构的信息披露标准进行了单独的要求。其中，P2P 平台详细披露公司信息、交易总额、交易总笔数等 21 项平台运营信息，同时还要对借款项目、借款人、借款机构的信息进行披露。

2016 年 3 月 25 日，中国互联网金融协会成立

2016 年 3 月 25 日，中国互联网金融协会成立暨第一次会员代表大会在上海市召开。原央行副行长李东荣任会长。

第一次会员代表大会表决通过了《中国互联网金融协会章程》《中国互联网金融协会自律公约》等 5 项基础制度。

中国互联网金融协会是按照《关于促进互联网金融健康发展的指导意见》(银发〔2015〕221 号)文件精神，经党中央、国务院同意，民政部批准，中国人民银行会同有关部门组建的全国性互联网金融行业自律组织。

2016 年 3 月 30 日，央行、银监会发布《关于加大对新消费领域金融支持的指导意见》

2016 年 3 月 30 日，由央行、银监会联合印发，要求大力发展消费金融市场、积极构建消费金融组织体系、不断推进消费信贷管理的模式和产品创新。另外，加大对消费重点领域的金融支持，最终不断优化消费金融的发展环境。要求加快推进消费信贷管理模式和产品创新。鼓励银行业金融机构创新消费信贷抵质押模式，开发不同首付比例、期限和还款方式的信贷产品。

2016 年 4 月 27 日，教育部办公厅和中国银行业监督管理委员会办公厅《关于加强校园不良网络借贷风险防范和教育引导工作的通知》

教育部办公厅和中国银行业监督管理委员会办公厅于 4 月 13 日发布

《关于加强校园不良网络借贷风险防范和教育引导工作的通知》,要求加强校园不良网络借贷平台的监管和整治,防止学生陷入校园贷款陷阱,教育和引导学生树立正确的消费观念。

通知提出4点要求:1. 加大不良网络借贷监管力度;2. 加大学生消费观教育力度;3. 加大金融、网络安全知识普及力度;4. 加大学生资助信贷体系建设力度。

2016年8月14日,银监会发布《网络借贷资金存管业务指引(征求意见稿)》

该指引最大的亮点是此前业内"银行+第三方支付机构"为P2P联合提供资金存管的模式或被叫停,因为其规定"存管银行不应外包或由合作机构承担,不得委托网贷机构和第三方机构代开出借人和借款人交易结算资金账户"。

对银行来说,尽管该文件对其进一步松绑,明确表示其不承担项目风险、平台虚假标的、伪造数据等风险,但是P2P资金存管仍是"烫手山芋"业务,如果对P2P投资人的风险教育不到位,平台跑路时还是会有投资人来堵银行的门。文件还提出了"存管人不对网贷信息数据的真实性和准确性负责,若因委托人故意欺诈或数据发生错误导致的业务风险,由委托人承担"。

2016年8月17日,七部门联合加强房地产中介管理:不得提供首付贷

8月17日,住房城乡建设部、国家发改委、工业和信息化部、人民银行、税务总局、工商总局、银监会7部门联合印发了《关于加强房地产中介管理促进行业健康发展的意见》。

意见要求,房地产中介机构不得提供或与其他机构合作提供首付贷等违法违规的金融产品和服务,提供住房贷款代办服务的,应由委托人自主选择金融机构;意见要求各地中介机构全面实行房源信息核验制度,不得为不符合交易条件的保障性住房和禁止交易的房屋提供中介服务。

此外,意见还要求中介机构提供住房贷款代办服务的,应由委托人自主选择金融机构,不得将金融服务与其他服务捆绑;不得向金融机构收取或变相收取返佣等费用;金融机构不得与未在房地产主管部门备案的中介机构合作提供金融服务。

2016 年 8 月 24 日，银监会等四部委出台《网络借贷信息中介机构业务活动管理暂行办法》

8 月 24 日，银监会等 4 部委联合出台了《网络借贷信息中介机构业务活动管理暂行办法》。办法规定网络借贷金额应以小额为主，并明确划定了借款人的借款上限。

管理暂行《办法》禁止行为由原征求意见稿的十二条增至十三条。其中“不得从事的债权转让行为，不再提供融资信息中介服务的高风险领域。”为新增禁止行为。

此次网贷管理暂行办法对网贷主管机构银监会和地方金融监管机构职能进行了分工，实行“双负责”原则，即由银监会及其派出机构对网贷业务实施行为监管，制定网贷业务活动监管制度；地方金融监管机构负责网贷机构的监管。

网贷管理暂行办法的出台，意味着在中国发展近 10 年的网贷行业迎来监管时期。

2016 年 10 月 31 日，中国互联网金融协会发布《互联网金融信息披露个体网络借贷》标准（T/NIFA 1—2016）和《中国互联网金融协会信息披露自律管理规范》

10 月 31 日，中国互联网金融协会正式向各会员单位发布《互联网金融信息披露 个体网络借贷》标准（T/NIFA 1—2016）和《中国互联网金融协会信息披露自律管理规范》。《信息披露标准》定义并规范了 96 项披露指标，其中强制性披露指标逾 65 项、鼓励性披露指标逾 31 项，分为从业机构信息、平台运营信息与项目信息 3 方面。

二、各地区监管政策与自律组织盘点

北京地区互联网金融监管政策与行业自律

2016 年 1 月 8 日，据媒体报道，北京市工商局下发通知，要求各区级下架所有和民间融资相关的广告，包括但不限于 P2P、理财广告等。如果平台不希望下架，则需要征得区以上级别金融办的同意。不过，在央视等国家级媒体上的 P2P 广告，不在北京市工商局的管辖范围之内。

1月底，北京市政府在下发的《关于积极推进“互联网+”行动的实施意见》中指出，加大互联网金融安全监管力度、加快建设安全风险防控平台、提高互联网金融领域的风险防控能力。实施意见要求全面提升互联网金融服务能力和普惠水平，构建科技金融服务体系。扩大第三方支付、移动支付服务市场份额，稳妥推进个人对个人(P2P)小额借贷交易。鼓励众筹业务发展，打造股权众筹中心。

3月9日，摸底涉嫌高杠杆房贷情况。北京市金融工作局正在摸底涉嫌高杠杆房贷情况，目前通过监测预警平台查控风险，受监管风暴影响，部分类似“首付贷”产品已经停止。

3月30日，北京市金融局制定了《北京市群众举报涉嫌非法集资线索奖励办法》。办法规定，对被采用的举报线索最高可奖励10万元，奖励资金纳入市级财政预算。

5月底，北京工商局等11个部门出台《关于在防范和处置非法集资活动中加强金融投资理财类广告监管有关工作的实施意见》要求：金融投资理财类广告应当对可能存在的风险以及风险责任承担，有合理提示或者警示，在显著处标明“投资有风险，选择需谨慎”的风险提示语。

行业自律组织：北京市互联网金融行业协会

北京市网贷行业协会是北京市互联网金融行业协会的前身，成立于2014年12月，并于2017年9月更名为北京市互联网金融行业协会。协会是由互联网金融行业机构及相关行业机构联合发起成立的专业行业协会，是经北京市社会团体登记管理机关核准登记的非营利性自律社会团体。第一次会员大会上，宜信公司当选会长单位，网信理财、翼龙贷当选常务副会长单位，有利网、积木盒子、91旺财、银客网4家机构当选副会长单位，易宝支付当选监事长单位，郭大刚当选秘书长。

2016年2月27日，北京市互联网金融行业协会成立合规风控联盟，并发布7条自律宣言：

(1)严格遵守法律法规和行业规范，绝不触碰法律底线和政策红线；(2)深入学习和践行行业监管办法，主动接受监管，坦诚接受监督；(3)坚决不得从事或变相从事《管理办法》的12项禁止行为，严格遵守监管办法、严格落实产品登记、信息披露和资金存管;(4)推动合规管理、风险管理领域的行业自律与创新,切实服务实体经济发展;(5)建立合规管理机制、打造合规团队、培育合规文化、建立合规体系,不断提升合规技术能力和合规水平,严格控制和防范合规风险,打造风控团队、培育风控文化、建立风控体系,不断提升风控技术能力和风控水平,严格控制和防范信用风险、操作风险、市场风险等;(6)建立成员联盟内外部单位之间的交流与合作机制,推动合规管理、风险管理的研究和探索,积极推动联盟内外的合规管理、风控管理的教育培训和技术交流;积极促进成员单位开展合规管理、风险管理的技术创新与合作;(7)积极承担社会责任,主动维护行业声誉,与监管机构加强沟通,构建合法合规、风险可控的网络借贷行业合规风控体系。

3 月 23 日,北京市互联网金融行业协会发布“产品登记 & 信息披露系统”。“产品登记”一项,旨在通过对网贷平台的金融产品信息进行登记,完成产品信息登记及资金结算流水记录;信息披露方面,该系统参考了证券业信息披露原则,即披露依法需要公开信息披露的内容。信息披露的内容包括公司信息、产品信息、经营信息等。

3 月 31 日,北京市互联网金融行业协会发起成立“北京市互联网金融行业协会宣传与教育联盟”,并进行了首次培训交流。在会上,北京市互联网金融行业协会发布了《北京市互联网金融行业协会宣传与教育联盟自律公约》。

4 月 18 日,北京市互联网金融行业协会正式清理“首付贷”业务。

6 月 18 日,协会发布通知称,按照北京市“1 + 3 + N”自律管理模式,网贷协会拟把全部网贷企业纳入自律管理,强化行业自律管理。

上海地区互联网金融监管政策与行业自律

据媒体报道,从 2016 年 1 月 4 日起,上海市工商局暂停了互联网金融公司的注册。4 月 5 日,上海发布的《非法集资工作的实施意见》,将暂停注册的公司范围从“互联网金融”扩大到整个“投资类”公司。

6 月 7 日,上海银监局向上海所有 P2P 平台下发《网络借贷信息中介机构基本情况调查表》,要包含基本情况表和业务情况表两大类,共计几十项调查内容。自此上海监管机构针对上海 P2P 网络平台摸底排查大幕正式拉开。

9月23日，上海市银行业监管局发布《上海银监局办公室关于进一步规范辖内商业银行与房地产中介机构业务合作管理的通知》（以下简称《通知》），《通知》要求各商业银行加强对合作房地产中介机构的资质审核，实施业务准入和名单制管理，不得与未在房地产主管部门备案的房地产中介机构开展业务合作。不得与未在通信主管部门办理网站备案而通过互联网提供中介服务的房地产中介开展业务合作。

自律组织：上海市互联网金融行业协会

上海市互联网金融行业协会于2015年8月6日在上海正式成立，证通股份有限公司董事长万建华任协会首任会长。

2015年8月6日，上海市互联网金融行业协会发布了《上海个体网络借贷行业（P2P）平台信息披露指引》（以下简称《指引》）。《指引》要求网贷企业包括网贷企业主体信息（占比20%）、产品信息（占比10%）、业务信息（占比40%）、财务信息（占比10%）、其他信息（占比20%，包括如客户资金存、托管情况；信息系统情况）等。

2016年3月15日，上海市互联网金融行业协会在会议上宣布将重点加强风险防范。这些举措包括将加强对会员的走访，建立较为完善的巡查机制。协会将采用监督、走访等多种形式，重点巡查人员、资金、安全等方面，主要包括重要岗位人员调整制度执行情况；财务管理制度执行情况；信用风险防控制度落实情况；信息安全、网络安全建设情况；自有资金、客户资金管理情况等。

5月18日，上海市互联网金融行业协会正式向协会内企业下发通知，要求协会217家会员中的87家平台机构，5月26日前报送除平台现已经披露信息以外的其他信息，总共49项信息。此举意味着，此前发布的《上海个体网络借贷（P2P）平台信息披露指引》开始实行。

7月12日，上海市互联网金融行业协会组织近50名网贷会员单位高管走进上海市青浦监狱，参加“打非教育”活动。

8月4日，上海市互联网金融行业协会召集了涉及校园网贷业务的10家会员单位举行座谈会。这10家平台分别为名校贷、U族、随你花、星星钱袋、么么贷分期、牛呗、潮贷、任我花、现金巴士、益倍嘉金融。并呼吁各平台应自觉遵守“五要五不”共 10 条规则。

“五要”:履行告知义务、明示借款风险;严审身份信息、核实偿债能力;确保线上签约、做好合同存证;坚持合理利率、加强信息披露;践行社会责任、帮扶真实需求。

“五不”:虚假宣传;线下签约;非法中介;超高费率;暴力催收。

广东地区互联网金融监管政策与行业自律

广东互联网金融协会(省级):2014 年 5 月 18 日,广东互联网金融协会举行揭牌仪式并宣布正式成立,广州万惠投资管理有限公司担任协会会长单位。

广州互联网金融协会(市级):成立于 2015 年 4 月 10 日,由广州地区及其他发达城市有代表性和影响力的金融机构、互联网企业、互联网金融企业以及相关配套服务机构组成的行业自律组织。

深圳市互联网金融协会(市级):成立于 2015 年 7 月 30 日,代表会员单位为平安集团、招商银行、微众银行、工商银行深圳分行、建设银行深圳分行、财付通、合拍在线、红岭创投、投哪网、金斧子、众投邦、大家投、钱爸爸、海钜信达等。

2016 年 4 月 20 日,广州金融业协会、广州互联网金融协会、广州市房地产中介协会 3 家行业协会联合下发《关于停止开展首付贷、众筹购房等金融业务的通知》,要求即日起全面停止广州地区的首付贷、众筹购房等金融业务。

5 月 9 日,深圳市互联网金融协会下发了《关于深圳市房地产众筹整改结果通报》,根据通报,深圳地区涉及房地产众筹业务的 9 家机构中,7 家已经停止了上新项目,不过有的平台的存量项目还未下线,也有的平台转战微信平台继续开展业务。

8 月 29 日,深圳互联网金融协会下发《关于举办互联网金融企业高管走进监狱进行风险警示教育活动的通知》,将组织深圳各互金平台高管去参观深圳监狱,参训人员为深圳互联网金融协会的“各会员单位高管”,受训时间为 9 月 13 日。目前确定参加的已有数十家。

深圳市互联网金融协会 8 月 30 日发布《关于规范深圳市校园网络借贷业务的通知》，提出了 9 项规定，包括必须审查借款用途，除助学贷款和创业贷款等有助于学习工作的贷款外，不得发放其他用途的贷款；借款人如未成年，需要其监护人的书面同意和面签，具备完全民事能力的学生贷款也必须有第二还款来源书面同意；严禁线下销售和校园代理；严禁非法催收。

深圳市互金协会要求区域内相关企业对存量业务在 3 个月内整改完毕。

9 月初，广州互联网金融协会向各个成员单位发放《关于规范校园网络借贷业务的通知》（以下简称通知），在通知中，广州互金协会提出了校园贷的“八不得”规定。

（一）不得放松对借款学生的资格条件、信息的真实性、借款用途、还款能力等方面的审核；（二）不得以任何形式隐瞒手续费、服务费、利息、逾期罚息等所有费用情况；（三）不得向未成年或限制民事行为能力的学生提供借贷撮合服务；（四）未经学校批准，不得在校园开展任何形式的营销宣传活动；（五）不得以歧义性语言或其他欺骗性手段等进行虚假片面宣传或促销；（六）不得委托学生、校园工作人员、校园商户等在学校开展推销或代理活动；（七）不得泄露和非法买卖借款学生的资料和交易信息；（八）不得开展违规违法的催收行为。

11 月 10 日，深圳市互联网金融协会发布《关于严禁互联网金融企业开展“首付贷”“众筹炒房”等违规房地产金融业务的通知》，明确表示打击零首付、首付贷、众筹买房等市场违规行为，要求各企业必须全面停止各类违规房地产金融业务，立即自查自纠。

11 月 29 日，深圳市金融办对现有网贷平台进行整改和规范。对网贷平台进行分类评级，建立黑名单制度，一旦平台进入黑名单，其法人代表及主要股东将终身不得进入金融及互联网金融行业。

重庆市互联网金融监管政策、行动和行业自律

2015 年 12 月 30 日，重庆金融工作办公室发布了《关于加强个体网络借贷风险防控工作的通知》，文件显示签发日期为 12 月 25 日。这是《网络借贷信息中介机构业务活动管理暂行办法（征求意见稿）》出台后，首个地方金融办出台的 P2P 网贷监管办法。

2016 年 6 月底，重庆市政府公布《关于印发重庆市金融去杠杆防风险专项方案的通知》，对重庆辖区内银行、证券、保险等多业态去杠杆进行细化落实。为严格要素市场机构和业务审批，《通知》要求严格实施“五个不准”，即不准开展期货交易等高杠杆业务、不准高息揽储、不准无固定对象的乱集资、不准违规建立“资金池”，不准开设网络借贷中介公司或业务。

7 月 28 日，重庆市政府官网发布《关于进一步加强要素市场风险防控工作的通知》，通知强调，要素市场不得开设网贷公司或相关业务。

8 月 15 日，重庆市金融办、市教委、重庆银监局联合发文，为金融机构、高校列出 8 项负面清单，规范校园网贷行为。

11 月 1 日，重庆市金融办下发了《关于调整重庆市小额贷款公司有关监管规定的通知》，通知明确规定了网络小贷公司的业务开展方式，以及小贷公司与网贷平台直接和业务合作界限。

江苏省互联网金融监管政策、行动和行业自律

江苏省互联网金融协会（省级）：2014 年 12 月 16 日，江苏省互联网金融协会成立，协会下设 4 个专业委员会，分别为：网络借贷平台（P2P）专业委员会、持牌金融机构专业委员会、融合创新专业委员会、学术研究会员单位。

2016 年 4 月 17 日，江苏省互联网金融协会出台《江苏省网贷平台产品模式备案管理办法》（征求意见稿）。要求会员单位中网贷平台在开展互联网金融业务时，应对所发行互联网金融产品类别、业务模式进行事前备案。

安徽互联网金融监管政策、行动和行业自律

2016 年 11 月 9 日，安徽互联网金融协会正式挂牌成立，首批会员单位共 72 家，首次会员大会上表决通过了协会章程、自律公约、倡议书、会员及会费管理办法等协会基础制度办法，并选举产生第 1 届理事会、监事。

山西互联网金融监管政策、行动和行业自律

2016 年 11 月 29 日，山西省互联网金融协会成立暨第一次会员代表大会在太原召开，首次会员大会表决通过了《山西省互联网金融协会章程》《山西省互联网金融协会自律公约》等 4 项基础制度。会员单位包括银行、证券、保险、信托、资产管理、消费金融、征信服务、融资担保、小额信贷、金融信息服务以及互联网支付、投资、借贷等多种业态机构。

山东省互联网金融监管政策、行动和行业自律

2016 年 7 月 1 日,《山东省地方金融条例》正式施行,开省级地方金融监管立法的先河。早在 2013 年底,山东省就已制定出台《关于建立健全地方金融监管体制的意见》,全省 17 个市、137 个县(市、区)已全部独立设置金融工作机构,并加挂地方金融监督管理局牌子,承担地方金融监管职责;同时建立完善了事前审核、年度审查、分类评级等监管制度,并加强与中央金融监管协调配合,初步构建了上下协调、完整覆盖的区域金融监管局面。

山东省互联网金融协会于 2015 年 1 月底成立,全省 41 家 P2P 平台加入协会,共同签署了《山东省互联网金融行业自律公约》。

三、互联网金融专项整治方案

2016 年4 月 14 日《互联网金融专项整治实施方案》印发后,国务院于 10 月 13 日正式公布了《互联网金融风险专项整治工作实施方案》及系列配套方案,与此同时,"一行三会"根据监管分工出台了细分行业专项整治方案,覆盖了支付、资管、P2P、互联网保险和股权众筹。按照实施方案要求,各地政府牵头实施的清理整顿和督导评估工作须于 11 月底前完成。

这一系列由国务院和各部委主导出台的专项整治方案,先后出台了 7 部:

· 国务院发布《互联网金融风险专项整治工作实施方案》

· 银监会等 15 部委联合发布《P2P 网络借贷风险专项整治工作实施方案》

· 证监会等 15 部门联合发布《股权众筹风险专项整治工作实施方案》

· 银监会等 15 部委联合发布《P2P 网络借贷风险专项整治工作实施方案》

· 央行等 17 部门发布《通过互联网开展资产管理及跨界从事金融业务风险专项整治工作实施方案》

· 央行发布《非银行支付机构风险专项整治工作实施方案》

· 工商总局发布《开展互联网金融广告及以投资理财名义从事金融活动风险专项整治工作实施方案》

在 4 月 14 日互金专项整治方案出台后，各地方陆续出台由地方政府主导的互金整治方案，包括：

·5 月 14 日，广东省政府印发《广东省互联网金融风险专项整治工作实施方案》

·5 月 26 日，山东省政府印发《山东省互联网金融风险专项整治工作实施方案》

·5 月 30 日，北京市政府印发《北京市互联网金融风险专项整治工作实施方案》

·6 月 2 日，黑龙江省政府印发《黑龙江省互联网金融风险专项整治工作实施方案》

·6 月 8 日，上海证监局印发《关于做好互联网金融风险专项整治工作的通知》

·6 月 20 日，重庆市政府印发《重庆市金融去杠杆防风险专项方案》

除省政府发布的互金专项整治方案外，各市、区监管部门印发的相关整治方案和专项整治行动也值得关注：

·4 月，《杭州市网络借贷机构风险排查工作方案》出台

·6 月，宁波市启动打击非法金融活动专项行动

·6 月 20 日，襄阳市印发《互联网金融风险专项整治工作实施方案》

·6 月 29 日，郑州市开展互联网金融风险专项整治行动

从中央到省政府到地方市、区政府，此次互联网金融专项整治行动力度和规模空前。总体来看，此次互联网金融专项整治行动具有 12 大要点：

1. 明确央行的领导地位，统筹全局。

2. 各部委牵头，覆盖 6 大细分行业或领域。由“一行三会”根据监管分工出台了细分行业、领域专项整治方案，覆盖了支付、资管、P2P、互联网保险、股权众筹和互金广告。

3. 采取穿透式监管。互联网金融企业与传统金融企业平等竞争，行为规则和监管要求保持一致。

4. 多部门协作，打造互金整治天网，强调公安介入的重要性。仅北京市整治工作就多达 22 个协作部门。

5. 建立互联网金融产品集中登记制度。方案提出研究互联网金融平台资金账户的统一设立和集中监测,依靠对账户的严格管理和对资金的集中监测,实现对互联网金融活动的常态化监测和有效监管。

6. 互联网金融不得搞“补贴战”,收益过高要查。对互联网金融从业机构为抢占市场份额向客户提供显失合理的超高回报率以及变相补贴等不正当竞争行为予以清理规范。

7. 规范公司注册名称。非金融机构、不从事金融活动的企业,在注册名称和经营范围中原则上不得使用“交易所”“金融”“理财”“网贷”“支付”等字样。如出现上述字样,将被列入重点监管对象。

8. 严格准入管理。明确提出“设立金融机构、从事金融活动,必须依法接受准入管理”。未经相关有权部门批准或备案从事金融活动的,由金融管理部门会同工商部门予以认定和查处,情节严重的,予以取缔。

9. 规范互金企业广告宣传。未取得相关金融业务资质的从业机构,不得对金融业务或公司形象进行宣传。取得相关业务资质的,宣传内容应符合相关法律法规规定,经有权部门许可的,应当与许可内容相符合,不得进行误导性、虚假违法宣传。

10. 同一集团在取得多项业务资质的情况下,要规范关联交易。要求集团建立“防火墙”制度,遵循关联交易等方面的监管规定,防范风险交叉传染。

11. 重点监管房地产金融。在提及 P2P 借贷和股权众筹整治时,将房地产金融单列出来,明确要求没有资质不能干。对“首付贷”下达禁令。

12. 明确各时间线,2017 年 1 月底前完成各领域、各地区清理整顿情况进行验收;2017 年 3 月底前完成总体报告和建立健全互联网金融监管长效机制的建议。

2016 年 12 月 9 日,央行副行长潘功胜指出,互联网金融风险专项整治工作开展以来,工作推进总体势头良好。目前,互联网金融风险底数已基本摸清,互联网金融风险整体水平正逐步下降,互联网金融风险案件高发频发的势头已得到初步遏制。

整体看来,2016 年是互联网金融监管发力的一年,监管政策、行动、自律体系已建成,为 2017 年及之后未来几年互联网金融合规和发展定下了基调。

第四章

北京互联网金融行业协会发展历程

第一节　协会成立以来发展简述

一、成立背景

2013 年被称为“互联网金融元年”,网贷行业也在这一年爆发,网贷平台数由 2012 年底的 110 家增长到 2013 年底的 700 家;2007—2012 年,P2P 网贷行业累计交易额为 222.7 亿元;2013 年全年网贷规模首次突破千亿元,共 1100 亿元,为此前 6 年总和的 4.94 倍,同比增长 450%。2014 年,网贷行业交易额达到 2997 亿元。

伴随着行业爆发性增长,网贷行业问题也呈现爆发态势。2013 年,网贷平台出现经营困难、倒闭或跑路的事件高达 74 起,超过之前所有年份总和的 3 倍。2014 年全年问题平台达到 275 家,是 2014 年的 3 倍多。

在行业风险频频爆发时,监管层在 2014 年确立了一系列网贷行业行为红线和监管原则。

早在 2014 年 4 月,银监会官员就曾指出:在鼓励 P2P 网贷平台创新发展的同时,也应该合理设定业务边界,主要包括 4 条红线:一是明确平台的中介性;二是明确平台本身不得提供担保;三是不得搞资金池;四是不得非法吸收公众存款。

2014 年 9 月,时任银监会创新监管部主任王岩岫在深圳互联网金融论坛中发言时透露了“P2P 监管最新十大原则”,包括:(1)P2P 监管要遵循 P2P 业务本质;(2)要落实实名制原则;(3)明确 P2P 机构不是信用中介;(4)P2P 应该有一定的行业门槛;(5)投资人的资金应该进行第三方托管;(6)P2P 机构不得为投资人提供担保;(7)走可持续发展道路,不要盲目追求高利率融资项目;(8)P2P 借贷行业应该充分信息披露;(9)P2P 借贷平台应该推进行业规则的制定和落实,加强行业自律的作用;(10)必须坚持小额化。

十大监管原则包括四条红线的内容,又有所扩展,说明随着监管层对网贷行业了解的深入,监管思路和原则进一步细化。

鉴于监管政策未能落地,为促进行业健康发展,全国各地 P2P 自律组织纷纷成立。2013 年 8 月,中关村互联网金融行业协会成立,其会员单位包括第三方支付、电商平台、P2P、金融垂直搜索、软件等 30 多家公司;2013 年底,央行旗下的中国支付清算协会成立互联网金融专业委员会,不少 P2P 平台入选,该委员会以半官方的名义促进了互联网金融的管理。

此种态势得到了延续。2014 年上半年,由广东省社会组织管理局指导的广东互联网金融协会正式揭牌;2014 年 12 月 16 日,北京市互联网金融行业协会和江苏省互联网金融协会同日成立,北京市互联网金融行业协会由 30 家会员单位联合发起成立,成为国内首家由金融局直接进行业务指导和监督管理的网贷协会。

二、北京市互联网金融行业协会成立

北京市互联网金融行业协会的前身是北京市网贷行业协会。2014 年 12 月 16 日,协会第一次会员大会召开,北京市民政局、北京市金融工作局以及 30 家发起会员参会,北京市民政局领导宣读《北京市民政局关于同意筹备成立北京市网贷行业协会的批复》。与会会员通过了《北京市网贷行业协会章程》《北京市网贷行业协会第一届理事会和监事会选举办法》和《北京市网贷行业协会自律公约》等文件。

2017 年 9 月,协会更名为北京市互联网金融行业协会。协会是由互联网金融行业机构及相关行业机构联合发起成立的专业行业协会,是经北京市社会团体登记管理机关核准登记的非营利性自律社会团体。

协会的宗旨是,团结北京市开展互联网金融业务的机构以及相关行业机构,坚持以金融创新的思维、协作的文化、开放的平台、有效的服务为指导思想,通过开展机构间持续的相互调研交流、开放数据、参与行业自律沟通等活动，为会员提供服务、为行业发展服务，达到推进行业规范发展的目的。

协会在贯彻落实有关法律、法规和相关规则的前提下，积极推动北京市互联网金融行业发展，主要措施包括：实施金融产品实名登记制度；推进平台信息分级披露；推进资金存管；加强行业内部交流；推动建立网贷行业的统一风控平台体系等。

协会有30家创始会员，其中18家网贷机构营业规模超过全行业规模的20%，业务分布均衡、机构特点鲜明，具有一定的行业代表性和影响力；其余12家机构为征信、第三方支付等行业服务机构。

1. 发展历程

自2014年底成立到2017年中，2年多时间里，北京市互联网金融行业协会已建设上线的功能系统包括"产品登记 & 信息披露系统"、内部评级系统、信息共享系统等13套。发起成立行业或协会内部性自律组织多个。

在成立初期，北京市互联网金融行业协会确立了产品登记系统、机构信息披露系统、资金存管工作3大目标，配套措施包括行业培训、创立科技金融创投基金和行业并购基金，截至2017年2月底，网贷行业培训以约每月一期的频率已举办21期。在机制建设上，2年内北京市互联网金融行业协会先后发起成立"北京市互联网金融行业协会宣传与教育联盟"、调解中心等。

在系统建设上，北京市互联网金融行业协会2017年的核心任务是上线"北京互联网金融风险监测系统"，建起网贷业务风险"防火墙"。

在信息披露 & 产品登记上，二者已经融为一体，创始会员中的18家网贷平台均已接入。自创立之初，协会曾确立平台入会制度，主要形式是先合规，完成信息披露 & 产品登记、资金存管等合规要求后成为正式会员，截至2016年底，50个观察员单位也已经完成接入。

协会发展历程及主要工作成果：

·2014年12月29日，北京市民政局向北京市网贷行业协会筹备组颁发了《行政决定许可书》，标志着北京市网贷行业协会正式获批成立。

·2015年1月21日，协会发布关于"大公信用数据有限公司互联网金融黑名单及预警名单"的声明，针对大公信用所作的行业评级名单作出声明，支持行业的持续发展。

· 2015 年 5 月 19 日，协会召开了打非工作动员会，部署具体实施方案。落实 2015 年北京市打击非法集资专项整治行动。

· 2015 年 9 月 22 日，在协会举行了协会党支部成立揭牌仪式，北京市互联网金融行业协会党支部正式成立。

· 2015 年 12 月 18 日，协会发布《关于促进网络借贷行业持续、健康发展的倡议书》，倡议：（一）强化管理，合规经营；（二）加强投资者教育和保护；（三）完善信息披露机制；（四）提升企业风险管理能力；（五）加强基础设施建设，提升技术管理能力；（六）共同营造良好的行业发展环境。

· 2016 年 2 月 27 日，协会正式发起成立国内网贷行业首个合规风控联盟组织"北京市互联网金融行业协会合规风控联盟"。这是国内网贷行业首个合规风控联盟组织。并发布 7 条自律宣言。

· 2016 年 3 月 23 日，协会公开发布"产品登记 & 信息披露系统"。这一系统于 2015 年初立项，经过北京市互联网金融行业协会长达 1 年的内部协作与研发而成。

· 2016 年 3 月 31 日，为规范会员单位的宣传行为、加强从业人员培训和投资者教育、强化行业自律，协会发起成立"北京市互联网金融行业协会宣传与教育联盟"。

· 2016 年 4 月 18 日，协会发布《关于清理"首付贷"类业务的通知》要求协会各会员、观察员机构立即开展自查自纠，即日起全面清理、停止新增"首付贷"类业务，存量业务妥善消化和处置。

· 2016 年 8 月 25 日，《网络借贷信息中介机构业务活动管理暂行办法》发布后 1 日，协会发布《拥护监管 落实责任 服务社会》，倡导协会成员拥护有关部门的正式监管，认真落实监管精神和细则。

· 2016 年 9 月 8 日，北京市互联网金融行业协会调解中心正式成立。

· 2016 年 9 月 12 日，《G20 数字普惠金融高级原则》发布后，协会发布公告，倡导协会成员践行数字普惠金融，并号召协会内成员从各自业务角度出发，践行数字普惠金融原则，鼓励协会内成员单位从服务主体、业务创新、实践操作方面进行更深、更广层次探索；利用互联网、云计算、大数据等技术推动数据普惠金融的发展。

·2017 年 1 月 12 日，北京市互联网金融行业协会发布“X－credit 信息共享系统”。该系统上线后，可有效解决机构间的数据“孤岛”，以及网贷行业中的“多头借贷”和欺诈问题。

·2017 年 2 月 24 日，银监会出台《网络借贷资金存管业务指引》后 1 日，协会发布《遵守网贷资金存管指引要求加快推进资金存管工作》，倡议各成员单位发挥行业带头作用，加快网贷资金存管工作。

典型工作案例一：产品登记 & 信息披露系统

“产品登记 & 信息披露系统”于 2015 年初立项，经过北京市互联网金融行业协会长达 1 年的内部协作与研发，该系统旨在通过阳光、透明、公开的方式，促进行业健康、稳定、持续地良性发展。

该系统“产品登记”一项，旨在通过对网贷平台的金融产品信息进行登记，完成产品信息登记及资金结算流水记录；信息披露方面，该系统参考了证券业信息披露原则，即披露依法需要公开信息披露的内容。

其作用主要在于通过产品登记及披露，为网贷平台的金融产品进行第三方登记，为网贷平台的产品投资交易进行信息固化，在保护消费者权益的同时也维护网贷平台的权益。

信息披露原则

作用：使出借人在出借资金前充分了解风险，从业机构将其基本及治理信息、平台及其运营信息、融资项目及借款人相关信息，向社会公众或特定对象公开披露的行为。

信息披露内容：从业机构信息：基本信息、治理信息、平台信息、重大事项信息、其他信息；

平台运营信息：交易数据、逾期数据、投资人数据等；

项目信息：项目简介、项目金额、项目风险、风险提示、合同模板等；

产品登记原则

作用：产品登记及披露，为网贷平台的金融产品进行第三方登记。

——为金融知识不足的部分公众投资人提供理性的网贷产品推荐服务；

——为网贷平台的产品投资交易进行信息固化，保护消费者权益。

产品登记内容

——产品登记（债权登记），对网贷平台的金融产品信息进行登记，完成债权归属；登记及资金结算流水；记录。

——散标产品（个人标/企业标）；

——理财产品；

——债权转让产品。

平台数据接入情况

截至 2016 年底，协会共有 64 家平台接入数据，其中会员 18 家，观察员 50 家，对接中成员 17 家。

2016 **年度平台业务数据：**

各类标的总和：710 万余条；

总金额：6300 多亿元；

交易流水：3900 万余条；

交易流水总额：4400 多亿元。

典型工作案例二：信息共享系统

新型网贷信息共享系统如何解决共享问题

互联网金融的风控难做是众所周知的，一是用户群是银行未覆盖或者不愿意覆盖的人群，风险本身就高。二是众多用户都没有征信记录，无法使用传统的风控模型来判断。三是互金信息无法纳入人民银行征信系统，形成行业的“信息孤岛”，也给很多投机者提供了钻营空间。

大数据征信之痛

在传统征信无能为力的情况下，互联网金融机构转向第三方的大数据征信机构（大数据公司）来获得数据。大数据听起来很好，无所不包、无所不能，但真正用起来，谁的痛谁知道。

受到第三方外部采集的局限性，征信机构（大数据公司）采集信息的完整性和及时性欠缺，只能看趋势和概况，精准性和完备性远未达到授信要求。

信息维度很多,但更多的是间接信息甚至是无效信息,如何使用这些信息,如何找到这些信息与信贷的关联成为难点。

用一个从业人员的话讲就是:我最想知道用户以前有没有借过钱、借了多少钱、有没有及时还钱、有没有欠钱不还,但你却告诉我他用什么牌子的手机、每个月打多少电话费、上个月去哪里旅游过、爱逛淘宝、偶尔还上色情网站……我该怎么用?

很多互联网金融机构都希望通过接入多家征信机构数据来完善信息,然而,第三方数据的重复度太大。

数据共享之痛

"打破行业信息孤岛,实现信息共享"的呼声一直伴随着网贷行业的发展,众多部门和机构为此目标在努力,进行了各种尝试,但是……

为何数据共享如此艰难,我们有必要先了解一下数据的特性:

①无唯一性,没有明确的所有权约束。数据不具备唯一性,可以同时交易给多个对象,也就没有了传统所有权的概念。

②看过即拥有。拥有数据非常简单,成本更低,看过即拥有了数据,就能获得效用。

③数据复制的完全无差异性。传统商品也存在复制或者仿制,但复制品和仿制品在效用上是与原商品有巨大差别的,而数据产品的复制具有完全无差异性,在效用上也没有差异。

行业数据中心共享模式

行业数据中心将各个机构业务系统产生的主体信用数据汇集到中心数据库,然后由中心数据库统一对外提供服务。

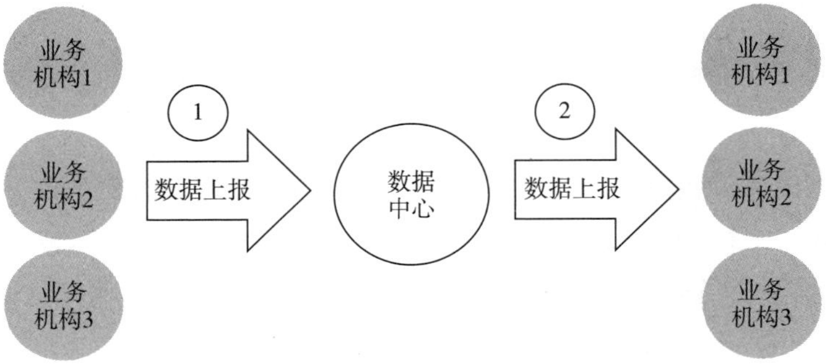

a. 机构将业务系统产生的主体信用信息主动报送给数据中心。

b. 数据中心对数据合并整理后，对外统一提供数据服务。

行业数据中心是一种强中心模式，中心对机构的强制力是模式运转的关键，机构提交数据后对数据完全失去了控制权和收益权。

数据聚合中心模式

数据聚合中心是业务机构自发成立的联合体系，业务机构无须事先将数据上报给中心，数据由机构自己管理。当某个机构需要获取数据时，通过中心发送到其他机构，有数据的机构回应信息，由中心统一返回给查询机构。

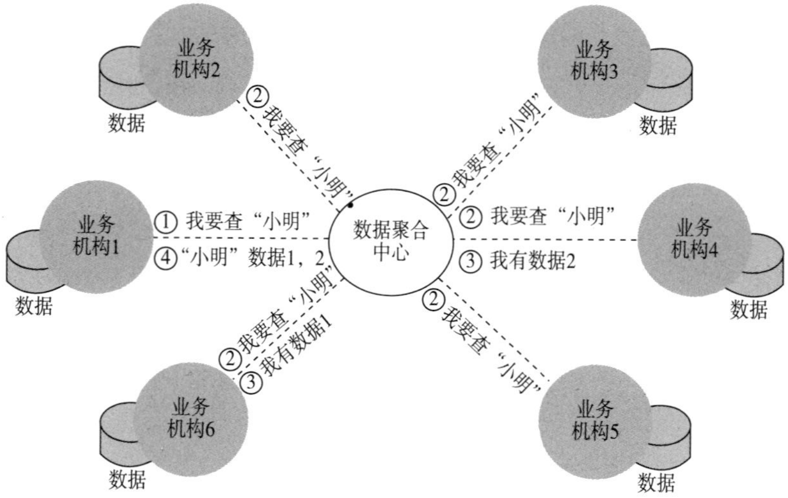

这种模式也存在一定问题

查询信息泄露。查询请求被发送给所有机构，可能会导致用户信息泄露。

中心可以获取所有流转数据，最终形成数据中心模式，机构的数据价值下降。

信息的多方共享必定需要一个中介或者中心节点，然而数据是一种特殊的商品，传统的商品中介流动模式是不适合数据流通的。数据的安全性和保密性，尤其是数据权益的保障至关重要。而当前众多的数据共享模式中，无论是数据托管模式还是分布式的接口聚合模式，都存在流通数据被中心节点复制、留存、修改的可能，这也造成了中心节点对数据提供者的潜在威胁，原意是要促成各机构之间信息共享的中心节点，反而成为信息共享的威胁和障碍，使机构不敢将数据通过中心共享，而仅凭借签订保密协议，承诺不对数据进行复制、留存以及他用，还不足以打消机构的顾虑。

北京市互联网金融行业协会建立的新型信息共享系统，为了使机构放心进行数据共享，新型的信息共享系统从以下几个方面做出了改进和创新：

(1)用创新技术消除中心威胁

打消中心节点对机构的潜在威胁，不是靠承诺，而是从技术和机制上让中心没有机会复制、留存数据，从“不去做”变成“无法做”，具体采用：

①正确运用加密技术

一个系统不是用了加密技术就代表了安全，更重要的是是否能正确使用密码技术，密码技术的正确使用包括两个方面：

· 密码算法的正确使用。单独一种密码算法很难有效保证整个系统甚至某个应用功能的安全性，需要对多种算法进行有效组合，如身份确认可以使用非对称加密、不可逆可以采用 HASH 算法、大数据量加密采用对称加密、不可抵赖和篡改使用数字签名、定向加密采用数字信封等。

· 流程的正确使用。完成整个业务的安全必须在各个流程中正确使用加密技术，如密文索引、密码查询、密文获取。

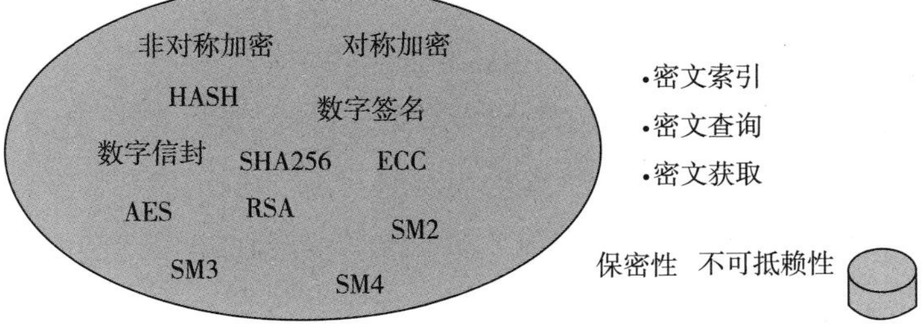

②引入区块链技术

通过将数据共享过程巧妙分解，将关键环节使用区块链记录，形成索引链、交易链以及投诉链，可以让所有机构公平参与。去中心不是无中心，而是让中心的操作变得透明、可监督，让中心成为随时可监督、可抛弃、可替换的服务者。

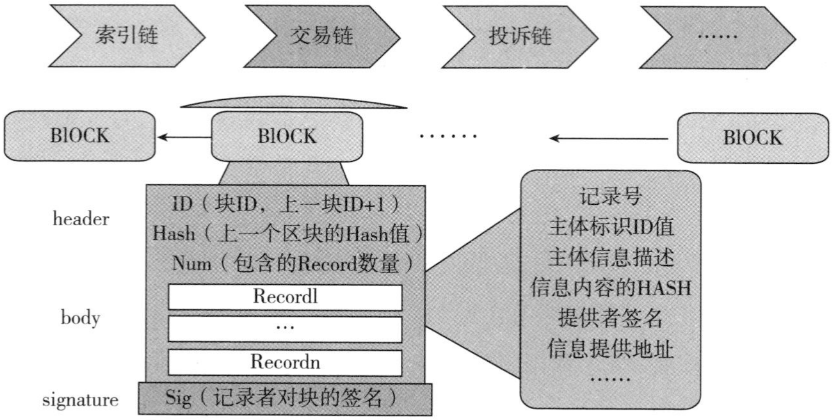

③开放与开源机制

无论多么完善、多么完美的机制和体系，都抵不住实现过程中的小“技巧”（漏洞或者后门）。新型系统采用协议开放和代码开源：

·协议开放。系统对交互的协议和数据格式公开，参与者可以自行实现相关组件加入体系，确保自身数据的安全可控。

·代码开源。系统为参与者写好了数据接入模块，源代码公开，让参与者看得清清楚楚，明明白白。

（2）最大保护数据权益，包括数据提供者和数据查询者

系统以最大限度保障参与者权益为首要目标，让参与者真正放心地参与其中，权益的保护表现在：

·参与者身份保护：系统实现了参与者之间的匿名信息交流、匿名共享和匿名查询。

·数据完全可控。数据提供者对数据完全控制，每一次的数据流动，数据提供者都能获知和控制。

·数据安全流动。数据的每一次流动都是安全的，如查询行为不泄密，不会被不能提供数据的机构获知；查询信息不泄密，查询信息对于无关方没有任何意义（即使其他机构看到查询信息，也不知道代表什么）；响应信息不泄密，真正的数据传输都有双方动态协商密钥，加密完成，保证第三方包括

中心节点也无法解密。

·数据有效流动。每一次数据获取都是有效行为,机制保证了机构无法恶意制造查询风暴(不是计算能力不够,而是无法构造合理查询请求),也无法一次性爬取数据(不是技术不行,而是性价比不行)。

·数据的价值、标准和预期。共享的数据首先保证其价值,系统中共享的数据都是由各个机构共同协商,价值和企业机密达到平衡点,确认有需求的数据才会进入系统。进入系统的数据都统一标准,数据提供者完全按照标准格式提供数据,而数据查询者对于获取的数据有明确预期。

·机构自主性。加入与退出系统,共享哪些信息、共享多少信息,都由机构自行决策。

·平等和公平。数据面前人人平等,共享数据多、获益大,共享数据少、获益少,大小机构都能找到位置。

共享系统实现的目标

a. 数据由提供者存储和管理,谁的数据谁控制;

b. 查询请求只会发送到有此数据的机构,不能造成查询信息泄露;

c. 数据查询方不知道数据由谁提供,数据提供方不知道查询者是谁;

d. 数据只在查询方和提供方之间交互,任意第三方包括信息共享系统都无法获取信息真正内容;

e. 数据可追溯、可跟踪与可评估;

f. 体系的运转是透明的、可监督的、可验证的。

2. 组织架构

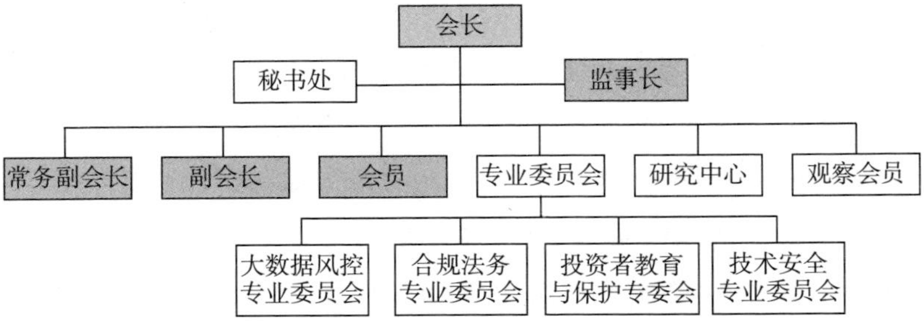

图 4-1　北京市互联网金融行业协会组织架构

协会首届管理层①

社团登记管理机关:北京市民政局

会长:唐宁(宜信公司创始人、CEO)

唐宁曾就读于北京大学数学系,后赴美学习经济学。2000 年回国,加入亚信集团并任战略投资和兼并收购总监。2006 年,唐宁创立中国领先的普惠金融与财富管理服务机构——宜信。宜信公司于 2013 年 12 月当选为中国支付清算协会互联网金融专业委员会副主任单位。2014 年 12 月,唐宁当选北京市互联网金融行业协会会长。

常务副会长:王思聪(翼龙贷创始人、董事长)

王思聪于 2007 年创立“中国在线贷款网”,2009 年出现 P2P 网络借贷模式,并正式更名为“翼龙贷”。翼龙贷是中国互联网金融协会成员单位、中国支付清算协会互联网金融专业委员会发起单位以及互联网金融千人会发起单位。2014 年 12 月,王思聪当选北京市互联网金融行业协会常务副会长。

常务副会长:李焕香(网信理财董事长)

拥有 10 余年中小企业投融资管理经验,曾担任先锋产业金融集团 CEO、联合创业担保集团副总裁、天津联合创业担保集团总裁。网信理财是央行互联网金融专业委员会首批会员单位之一,中国互联网协会互联网金融专业委员会发起单位。2014 年 12 月,李焕香当选北京市互联网金融行业协会常务副会长。

监事长:唐彬(易宝支付首席执行官及联合创始人)

美国斯坦福大学电子工程硕士、南京大学物理学士,有多年在硅谷进行软件和无线互联网应用的研发和管理经验,对世界范围内移动通信商务和技术的发展趋势有深刻的了解。他还是美国硅谷中国无线协会的共同创办人和前任会长,互联网金融千人会轮值主席。2014 年 12 月,唐彬当选北京市互联网金融行业协会监事长。

副会长:许泽玮(91 金融创始人兼 CEO)

许泽玮曾就职于中国农业银行、新浪网、搜狐网等知名公司,拥有丰富

① 由 2014 年底协会第一次会员大会选举产生,信息采集时间为 2017 年 3 月。

的金融行业知识，他出身银行世家，同时兼具对互联网发展的高度敏感，致力于通过互联网改变传统金融与人的多维关系。2011 年许泽玮选择投身互联网金融，创办 91 金融集团。2014 年 12 月，当选北京市互联网金融行业协会副会长。

副会长：董骏（积木盒子创始人、CEO）

拥有中欧国际工商学院 EMBA 学位、美国康涅狄格大学 MBA 学位和中国云南大学学士学位。5 年华尔街跨国银行经验，5 年中国中小企业金融服务经验。2014 年 12 月，积木盒子成为北京市互联网金融行业协会副会长单位，中国小额信贷联盟 P2P 执委会会员。

副会长：吴逸然（有利网联合创始人兼 CEO）

毕业于北京大学，先后获得北京大学元培学院哲学学士、光华管理学院金融学硕士学位，师从曹凤岐教授、张峥教授，从事中国银行市场、证券市场以及普惠金融的研究。2012 年创立有利网，担任首席运营官；负责公司金融业务体系搭建、风险管理业务体系搭建、核心金融产品设计及相关金融业务人才梯队的建设工作。

副会长：林恩民（银客网联合创始人兼总裁）

先后就读于中国人民大学和美国东北大学，在美国主修计算机和金融双学位。2011 年，回国创业创立"易友云端科技"，开发在线教育产品。2013 年初开始启动银客网整体技术研发工作，平台于同年底正式上线。2014 年 12 月，林恩民当选北京市互联网金融行业协会副会长。

秘书长：郭大刚（北京市互联网金融行业协会秘书长）

1971 年出生于山西省太原市，现任北京市互联网金融行业协会秘书长。长期从事 IT/通信/互联网行业。2002—2009 年供职于神州数码，2009—2012 年供职于佳杰科技。2012 年 3 月开始就读长江商学院 FMBA 至今，期间任职于秉鸿资本和国泰创投、金顶集团、厚德融金等机构，是专注于 TMT 行业的独立天使投资人。

副秘书长：刘大伟（宜信公司高级副总裁）

先后毕业于西安交通大学、国防科技大学、清华大学经管学院。有 15 年互联网和金融从业经验。2008 年加入宜信，协助总裁负责战略、创新、生态圈建设、学术研究、组织发展、人才发展等工作。兼任北京市互联网金融行业协会副秘书长、中国期货业协会互联网金融专业委员会顾问、深交所博士后互联网金融指导专家。

3. 业务范围[①]

(1)协助政府宣传贯彻落实国家和北京市关于互联网金融的法律、法规和相关规则;

(2)研究和探索网贷行业的发展方向。推进行业自律机制,调查了解并及时反映行业及从业人员的诉求和建议,为政府决策和制定政策提供建议和依据;

(3)实施金融产品实名登记制度,积极推进网贷行业的技术研发与产品创新,研究提出行业规范和技术协议等,推动行业健康、有序发展;

(4)推进平台信息分级披露,增加行业透明度,建立信息平台,收集和发布从事网贷行业的企业所需要的各种信息,为互联网企业和金融机构开发新品、开拓市场、引进智力与技术服务;

(5)推进资金托管,会员授权协会从资金托管方提取交易记录,以搭建行业信息互助平台;

(6)组织会员参与国际经济技术交流与合作;

(7)加强行业内部交流,建立交流平台,开展从事网贷行业的经营管理人才的培训工作,组织理论研讨,举办相关会议,不断提高从事网贷行业的企业家的综合素质;为从事网贷行业的企业提供创业辅导、管理咨询、投资融资、技术创新、企业信息化、资本运作、产业基金、对外合作、会议展览和培训活动等服务;

(8)推进行业品牌建设,组织推广先进经验,宣传优秀的从事网贷行业的企业家,促进网贷行业的品牌建设及金融创新;

(9)加强行业自律,促进会员坚守行业发展底线,不得触碰非法集资、不得非法吸收公众存款、不得建立资金池和资金链,加强会员企业风险管理,处理行业投诉,保护金融消费者的权益;

---

① 该业务范围由协会前身北京市网贷行业协会制定,协会更名后,业务范围表述或有差异。

(10)推动建立网贷行业的统一风控平台、云风控体系,研究建立网贷平台的基础协议,进一步强化风险控制能力;

(11)提供综合专业服务,编辑、出版、发行会刊等出版物;

(12)承办会员单位和有关部门委托的各项工作。

第二节　协会会员发展

成立初期，协会组建了秘书处，设立研究中心和四个专业委员会：大数据风控专业委员会、法律专业委员会、宣传教育专业委员会、技术安全专业委员会。

协会会员单位中，业态构成包括网贷、第三方支付、会计事务所、律师事务所、技术安全系统、信用评级、信息安全认证、反欺诈、传媒等。

北京市互联网金融行业协会成立时，确立了会员入会流程及制度①。入会条件为(1)拥护协会章程；(2)承诺遵守协会制定的行业准则和技术协议等；(3)有加入协会的意愿，自愿入会并积极承担和履行会员的各项责任与义务；(4)在中国境内依法登记注册的网贷企业及相关服务机构；(5)在网贷业务领域内具有一定的影响。

入会具体流程为：(1)企业提交入会申请材料。(2)协会秘书处接到申请材料后，如申请材料齐全并符合标准，将在5个工作日内出具申请受理函与调研通知函，与企业协商确定调研安排；如申请材料不全或存在明显不足，将要求企业补充材料及说明，直到符合标准为止。(3)秘书处组织调研团队，调研组赴企业调研，核实企业相关材料，并与企业高管面对面沟通了解相关情况。调研结束后，调研组在5个工作日内形成调研评估报告。(4)秘书处将评估报告上报协会理事会，理事会收到评估报告后5个工作日内举行评审会。(5)如果在评审会上未能通过申请，企业将成为观察会员，

① 该流程与制度由协会前身北京市网贷行业协会制定，协会更名后，表述或有差异。

限期6个月进行整改,根据观察会员要求可以重新启动程序进行申请、调研和上会。两次未通过申请程序的机构一年内不再受理入会申请。(6)公示期结束后,将由秘书处核发会员证。至此,会员将拥有包括选举权、被选举权和表决权在内的各项权利。

1. 正式会员

截至2016年底,北京市互联网金融行业协会共有46家会员单位,其中有18家为网贷机构。宜信公司为会长单位,易宝支付为监事长单位,常务副会长单位有2家,为网信理财和翼龙贷。按协会职务来划分,除会长、监事长、常务副会长单位外,还有4家副会长单位、11家理事会员、5家合规专委会成员单位、9家技术风控专委成员单位、5家宣传教育专委会成员单位、7家资金运营专委会成员单位。

序号	职务	单位名称	负责人	简称	公司类别
1	会长	宜信惠民投资管理(北京)有限公司	唐　宁	宜信	网贷公司
2	监事长	易宝支付有限公司	唐　彬	易宝支付	第三方支付
3	常务副会长	北京东方联合投资管理有限公司	李焕香	网信理财	网贷公司
4	常务副会长	北京同城翼龙网络科技有限公司	王思聪	翼龙贷	网贷公司
5	副会长	北京弘合柏基金融信息服务有限责任公司	吴逸然	有利网	网贷公司
6	副会长	北京乐融多源信息技术有限公司	董　骏	积木盒子	网贷公司
7	副会长	九一金融信息服务(北京)有限公司	许泽玮	91旺财	网贷公司
8	副会长	银客金融信息服务(北京)有限公司	林恩民	银客网	网贷公司
9	理事会员	信用宝金融信息服务(北京)有限公司	涂志云	信用宝	网贷公司
10	理事会员	北京花果信息技术有限公司	塔　拉	花果金融	网贷公司
11	理事会员	安润金融信息服务(北京)有限公司	王　洋	安润金融	网贷公司

续表

序号	职务	单位名称	负责人	简称	公司类别
12	理事会员	银湖网络科技有限公司	赵伟平	银湖网	网贷公司
13	理事会员	金联储(北京)金融信息服务有限公司	蒲斯伟	金联储	网贷公司
14	理事会员	和信电子商务有限公司	安晓博	和信贷	网贷公司
15	理事会员	硅谷厚朴(北京)金融信息服务有限公司	崔明俊	普惠理财	网贷公司
16	理事会员	大同航(北京)网络科技有限公司	李　鑫	大同行	网贷公司
17	理事会员	北京中联创投电子商务有限公司	徐展勤	抱财网	网贷公司
18	理事会员	北京凤凰信用管理股份有限公司	魏　薇	金融工场	网贷公司
19	理事会员	北京爱钱帮财富科技有限公司	王吉涛	爱钱帮	网贷公司
20	合规专委会主任	德勤会计师事务所(特殊普通合伙)	周　英	德勤	会计师事务所
21	合规专委会副主任	北京市君邦律师事务所	李继泉	君邦	律所
22	合规专委会委员	北京市华城律师事务所	张宇锋	华城	律所
23	合规专委会委员	北京联合信任技术服务有限公司	张昌利	时间戳	信息安全认证
24	合规专委会委员	北京金信网银金融信息服务有限公司	于晓芳	金信网银	打非
25	技术风控专委会主任	中金云金融(北京)大数据科技股份有限公司	康潭云	中金云	技术系统
26	技术风控专委会副主任	中诚信国际信用评级有限责任公司	关敬如	中诚信	征信评级
27	技术风控专委会副主任	北京汇金科技公司	胡伟东	汇金科技	技术系统
28	技术风控专委会委员	中科柏诚科技(北京)有限公司	王德敬	中科柏诚	技术系统

续表

序号	职务	单位名称	负责人	简称	公司类别
29	技术风控专委会委员	杭州同盾科技有限公司	蒋　韬	同盾科技	反欺诈
30	技术风控专委会委员	联动优势电子商务有限公司	徐海东	联动优势	第三方支付
31	技术风控专委会委员	上海凭安网络科技有限公司	韩洪慧	凭安科技	技术系统
32	技术风控专委会委员	上海汇付数据服务有限公司	穆海洁	汇付天下	第三方支付
33	技术风控专委会委员	汇元银通（北京）在线支付技术有限公司	吴研冰	汇元银通	第三方支付
34	投资者教育与保护专委会主任	零壹投资咨询（北京）有限公司	柏　亮	零壹财经	媒体
35	投资者教育与保护专委会委员	北京银讯财富信息技术有限公司	田维赢	网贷天眼	媒体
36	投资者教育与保护专委会委员	嘉兴市南湖互联网金融学院有限公司	邹传伟	南湖互联网金融学院	教育
37	投资者教育与保护专委会委员	分众传媒有限公司	丁晓静	分众传媒	传媒
38	投资者教育与保护专委会委员	志美商务服务（上海）有限公司	张皪彦	志美国际	教育
39	资金运营专委会委员	北京懒猫联银科技有限公司	许现良	懒猫联银	金融科技
40	资金运营专委会委员	厦门银行股份有限公司	李　飞	厦门银行	银行

续表

序号	职务	单位名称	负责人	简称	公司类别
41	资金运营专委会委员	北京玄铁科技有限公司	孟庆彪	火球网	在线理财
42	资金运营专委会委员	徽商银行股份有限公司	李宏鸣	徽商银行	银行
43	资金运营专委会委员	海口联合农村商业银行股份有限公司	王　光	海口联合农商银行	银行
44	资金运营专委会委员	北京鼎沣基金管理有限公司	陆晓野	鼎沣基金	基金
45	资金运营专委会委员	阳光渝融信用保证保险股份有限公司	邹　雯	阳光信保	保险

2. 观察员

截至 2016 年底，协会共有观察员单位 50 家，全部为网贷公司，按照协会入会流程，这些机构须完成合规要求，然后可以重新启动程序进行申请、调研和上会。

序号	职务	单位名称	负责人	简称	公司类别
1	观察员	北京恒昌利通投资管理有限公司	张　然	恒昌	网贷公司
2	观察员	玖富互金控股集团有限责任公司	孙　雷	玖富	网贷公司
3	观察员	北京聚融天下信息技术有限公司	刘　江	小油菜	网贷公司
4	观察员	北京掌众科技有限公司	张敬华	闪电借款	网贷公司
5	观察员	北京大刚信息科技有限公司	何锦心	元宝 365	网贷公司
6	观察员	点滴身边网络技术（北京）有限公司	陆俊毅	点滴身边	网贷公司
7	观察员	北京快快网络技术有限公司	李　强	真融宝	网贷公司
8	观察员	北京网融天下金融信息服务有限公司	申　磊	理财范	网贷公司
9	观察员	中微（北京）信用管理有限公司	范忠民	微金所	网贷公司
10	观察员	北京领先创融网络科技有限公司	邢金生	中瑞财富	网贷公司

续表

序号	职务	单位名称	负责人	简称	公司类别
11	观察员	北京千橡网景科技发展有限公司	季　晨	人人分期	网贷公司
12	观察员	中杰信德(北京)信息科技有限公司	吴征宇	1818 平台	网贷公司
13	观察员	北京瑞钱宝信息服务有限公司	高建伟	瑞钱宝	网贷公司
14	观察员	冠群驰骋投资管理(北京)有限公司	刘广东	冠 E 通	网贷公司
15	观察员	融泰浩元(北京)网络科技有限公司	司书甲	融贝网	网贷公司
16	观察员	京金所(北京)信息技术有限公司	宋　显	京金所	网贷公司
17	观察员	中融民信资本管理有限公司	冷　厉	民信贷	网贷公司
18	观察员	爱搜奇(北京)科技有限公司	马　顺	找银子	网贷公司
19	观察员	北京联储在线信息服务有限公司	周春君	千壹理财	网贷公司
20	观察员	亚联超银(北京)信息服务有限公司	孙　军	超银网贷	网贷公司
21	观察员	安投融(北京)网络科技有限公司	崔春光	爱投资	网贷公司
22	观察员	金信金融信息服务(北京)有限公司	夏　靖	金信网	网贷公司
23	观察员	北京百泉金融信息服务有限公司	安　凯	百泉贷	网贷公司
24	观察员	深圳市人人聚财金融信息服务有限公司	许建文	人人聚财	网贷公司
25	观察员	北京证大向上金融信息服务有限公司	袁成龙	向上金服	网贷公司
26	观察员	北京易通贷金融信息服务有限公司	康　文	易通贷	网贷公司
27	观察员	胖胖猪信息咨询服务(北京)有限公司	骆良彬	胖胖猪	网贷公司
28	观察员	民加科风信息技术有限公司	刘志军	民贷天下	网贷公司
29	观察员	广信联合(北京)商务顾问有限公司	耿　彪	广信贷	网贷公司
30	观察员	九信投资管理有限公司	王　璐	九信金融	网贷公司
31	观察员	内蒙古易捷贷金融信息服务有限公司	王开宏	易捷贷	网贷公司
32	观察员	微贷(杭州)金融信息服务有限公司	姚　宏	微贷网	网贷公司
33	观察员	杭州铜板街网络科技有限公司	何　俊	铜板街	网贷公司
34	观察员	北京紫貔财富网络科技有限公司	寇　权	邦帮堂	网贷公司
35	观察员	爱钱进(北京)信息科技有限公司	杨　帆	爱钱进	网贷公司
36	观察员	人人行科技股份有限公司	王　璐	借贷宝	网贷公司
37	观察员	河南睿信网络科技有限公司	申亚峰	睿信贷	网贷公司

续表

序号	职务	单位名称	负责人	简称	公司类别
38	观察员	北京链家房地产经纪有限公司	魏　勇	链家理财	网贷公司
39	观察员	北京亿隆汇诚投资管理有限责任公司	邓　超	光合种子	网贷公司
40	观察员	北京紫马财行投资管理有限公司	唐学庆	紫马财行	网贷公司
41	观察员	鱼猫投融（北京）网络科技有限公司	周江华	鱼猫金服	网贷公司
42	观察员	弘安在线（北京）信息科技有限公司	李　可	弘安在线	网贷公司
43	观察员	北京竞财投资服务有限公司	刘　刚	宏财网	网贷公司
44	观察员	诺远科技发展有限公司	申英筑	小诺理财	网贷公司
45	观察员	鼎盛盈通投资咨询（北京）有限公司	陈列俊	贷你盈	网贷公司
46	观察员	乾途金融信息服务（北京）有限公司	王小龙	网筹金融	网贷公司
47	观察员	相融向上（北京）网络科技有限公司	余世相	相融网	网贷公司
48	观察员	深圳中电金融服务有限公司	万晓宇	电网金融	网贷公司
49	观察员	北京中舟融客信息技术有限公司	梁　巍	融客网	网贷公司
50	观察员	搜易贷（北京）金融信息服务有限公司	汤　南	搜易贷	网贷公司

3. 专委会发展

（1）大数据风控专委会

大数据风控专业工作委员会负责组织、制定、实施行业内部风控领域规划；负责协会风控基础设施领域研究；负责协会风控领域项目实施；参与调研、实施产品登记及信息披露平台规划及建设、对接公共公信披露机构等工作；组织风控专家组，参与现场尽职调查；负责协会与政府、地区和外部机构、业务人员间风控业务合作的组织实施工作；归口管理协会风控等工作。

（2）技术安全专委会

技术安全专业工作委员会负责组织、制定、实施协会技术领域规划；负责协会技术、基础技术支撑系统、交易业务系统及安全领域研究；负责协会技术及安全领域项目实施；组织调研、实施产品登记及信息披露平台规划及建设，对接公共公信披露机构；组织调研、实施资金托管方案，对接第三方支付和银行；组织技术专家组，参与现场尽职调查，提供客观量化评价，特别是在业务连续性、系统安全、代码检测等方面；负责协会与政府、地区和科技机构、科技人员间科技合作的组织实施工作；归口管理协会科技成果、科技奖励、科技保密、技术市场和科技信息、科技统计、科技档案等工作。

（3）合规法务专委会

合规专业工作委员会负责组织、制定、实施协会法务诉讼、仲裁、调解、审计、税筹、咨询等内控领域规划、研究，以及重点项目实施；组织仲裁、调解等制度的推行；组织对内定期机构审计、核查；组织合规专家组，参与现场尽职调查，提供合规等方面专业评定；负责协会与政府、地区和司法机构、学研人员合作的组织实施工作；归口管理协会合规领域工作。

（4）投资者教育与保护专委会

投资者教育与保护专业工作委员会负责组织、制定、实施协会互联网金融投资者保护教育、宣传媒体、市场沟通等领域规划、研究，以及重点项目实施；组织针对投资者保护和宣教的年度重点市场计划、会务计划、培训计划的实施；组织行业知识和法律普及的培训工作，提供市场营销和宣传等方面专业评定；负责协会与政府、地区和机构、媒体合作的组织实施工作；归口管理协会宣传、媒体、市场领域工作；对国内外各个宣传媒体和市场组织的沟通对接。

第五章

北京互联网金融行业协会自律创新

第一节 “1 +3 +N”自律监管措施

“1 +3 +N”:北京网贷行业自律的实践框架[①]

北京“1 +3 +N”网贷行业自律模式成型于2016 年上半年,是在互联网金融风险专项整治行动背景下提出的。力图构建层次丰富、重点突出的常态化政金对接机制,以对接重大项目资金供需,解决建设发展的资金难题。

1. 网贷行业的风险分析

网贷行业,作为互联网金融的一种业务形态,本质上是民间金融,或者是类金融。面临的风险大体上可以归纳为金融系统风险和涉众社会风险。

金融系统风险往往与系统重要性金融机构相关。这些机构的业务规模较大,业务复杂程度较高,一旦发生风险事件将给区域或者全球金融体系带来冲击。在传统的金融系统中,基于传统的静态的信息割裂程度较高、信息交换成本较高的情况,常规的认识是系统性风险来源于规模占比较大、业务复杂程度较高、具有系统重要性的业务门类、板块和机构。也就是说,系统风险发生的概率往往与业务规模相关联。从不可分散的角度来讲,传统的系统性风险对应的应该是和规模相关度紧密关联的业务门类、板块和机构。

从经济发展周期内部来看,互联网金融在特定的环境、背景和时间段之下在将来有可能发生,但并不是必然的,因为互联网金融基于技术本身可以迅速地传播信息,但同样基于信息技术也可以迅速地隔离部分内容。传统

① 本节内容系北京市互联网金融行业协会秘书长郭大刚于2016 年7 月公开发表的文章。

金融体系分离的管理方式可以有效隔离风险，但在互联网环境下，各方高度融合，各类风险可能会在某个时刻达到一个顶峰，进而出现系统性风险。

防范区域性系统性风险的要求，特别是在“互联网+”环境下，由于互联网带来的过度互联之下，风险有效传递和高杠杆可能带来的系统风险。在互联网技术广泛应用于金融行业的今天，机构与机构（节点与节点）的关联度增强，时间区间内交互频繁，信息传递效率提升，信息交换的成本几近于零，信息获取的成本也接近于零，信息传递效率更多地取决于节点的处理能力和传递意愿。对于单一节点而言，信息量输入规模超过节点的处理能力，信息过载成为常态。信息作为调用所有资源的核心要素和杠杆支点，可以无限地加杠杆放大要素资源的效率。对于生产要素资源如此，对于资本市场核心要素更是如此。互联网技术之下通过信息增加杠杆使要素资源效率的波动会急剧放大，在时间轴上反映出来就是冲击。互联网技术进入民间金融领域，很小规模的业务，通过无限加杠杆，零成本极短时间就可以把作用效应放大，短时间内形成冲击，也就是说，一切源于互联网高度互联、规模互联、高效传递、零边际成本的特点，即使业务分散规模较小，也能通过高度互联、高效传递和无限杠杆，最终在特定环境下有可能导致金融系统风险。另外就是需要跨业务领域来进行联合的综合监管，原有的分业监管格局，并不能够适应互联网金融的创新发展现状。此类风险的防范，需要专业的金融行业监管来履行相关社会公共监督职能。传统金融行业通过设置防火墙，与网贷行业严格进行了隔离。所以，网贷行业引发中国金融系统风险的可能性是或然的，更大的可能性是传统金融机构中即有风险引发金融系统性风险。

有别于传统金融的一点，就是出于网贷投资者门槛低带来的高度涉众性之下的由于部分投资人风险偏好和耐受程度差异导致的社会群体问题带来的社会风险。互联网本身具有媒体属性，所以是典型的公众传播途径，实现特定封闭定向传输的成本要高于公开化非特定涉众传播。由于互联网外部性的原因，导致公众环境中，不良的、隐含风险的信息要比积极的、非风险信息传播更容易、更快、更广更有效率。一旦市场情绪出现问题，立场崩盘就势不可免，很容易引发群体性社会风险。立意不良者，也更容易规模化绑架投资者群体，使其成为受害者，抑或是参与者和共谋者。所以，由于公开涉众性和零边际成本带来的外部性，更容易成为涉众社会风险的诱因。此类风险的防范，需要区域行政监管来履行相关社会公共监督职能。

由于互联网金融的涉众性，其社会风险要远远大于其金融系统风险。虽然互联网金融系统所占金融市场的比重很小，但其天生的涉众属性，使其产品首先面对社会公众。但传统金融产品已实现标准化，对投资人有所区分对待。但民间金融天生的非标准性，对投资人未能加以区分，现有平台没能做到应尽的投融资的适当性选择，因而无法实现保护投融资者的责任。前期社会风险的累积已远大于系统性风险累积，从其每年高达3倍的市场规模增长来看，风险累积已经非常严重，因而专项整治已经十分必要。

在互联网金融领域中，涉众社会风险发生的可能性要远远大于金融系统风险发生的可能性，涉众社会风险的发生是普遍和必然的，金融系统风险的发生是或然的。因此，更强调区域行政监管部门充分利用技术手段来预防和处置涉众社会风险，履行监管职能。

2. 行业自律的逻辑

作为商业社会，社会主体（包括法人和个人）首先具备私有权利。当个人和法人的权利履行成本和资源保障无法满足效率优先原则的时候，私有权利的一部分就会让渡出来演变成公共服务功能，交由第三方以专业公共服务机构的形态来行使出让的权力，而第三方（无论法人还是个人）都会存在代理人风险和道德风险，这就需要通过另一个第三方来约束第三方专业公共服务机构，预防道德风险和代理人风险。行业自律和行业行政监管，都可以归纳为公共权力。对于网贷行业而言，需要通过自律组织和监管机构来约束网贷中介机构的代理人风险和道德风险。

监管的投资回报率是如何测度的呢？监管的收益就是行业风险敞口，监管的成本就是履行监管职责需要支付的行政成本以及监管失效可能带来的社会公信损失风险。如果把网络借贷当作民间金融的一个业务门类，作为传统金融业务的补充，纳入监管范畴的话，是否审慎监管，是对应于监管成本和监管能够防止发生的损失是相对应的。这属于业务监管的范畴。

同时，网络借贷在初始期间，其潜在的业务风险规模与监管成本不匹配的阶段，社会风险要远远高于其区域性系统性风险的可能。也就是说，早期监管更多的是需要从社会风险的角度来进行考量，而不是单纯的金融监管。

这就是网络借贷监管二重性现象。

社会风险同样需要行政体系来予以监管，但不一定就是专业性金融监管。更多需要针对互联网金融高度涉众的特点来防范社会风险。当然，监管的方式就更加多样和弹性。

行业自律和监管的关系是多层次行业管理的重要环节，行业自律和监管的目的是一致的，都是维护行业内的规则，保持行业的良性持续规模发展。按照行业发展的不同阶段，行业管理应该是多层次的。首先，是企业和机构主体的自律，这是根本和核心；其次，是同业之间联合形成的行业自律，是同业之间的相互监督和伴随成长；再次，是行政专属部门监管，属于行政管理范畴；最后，是司法管理。自律组织和监管机构的强度和弹性是不一样的，监管是法律规则，是刚性要求；自律组织是在法律框架之下，行业内部自己管理自己形成行业内部的弹性守则，遵循自发自愿自律自担风险的原则。两者同样是为了建立良性的市场秩序，驱逐“劣币”。

监管有监管成本和监管风险两方面的约束条件。相对于2014年整体行业3000亿元的营业额而言，规模仅仅相当于一个城商行水平，系统重要性并不显著，而由于高度的互联网化，监管成本不言而喻。同时，随着业务创新和覆盖业务模型的快速演进，行业整体远未达到稳定发展阶段，还处于早期探索阶段，采用相对刚性的强监管的可能性远远不如底线监管、弹性监管、负面清单等弹性监管的方式来得现实。弹性监管更有利于包容发展的金融创新服务于普惠金融、三农金融和中小微创业，也更有利于行业的持续健康发展。

3. 北京网贷行业自律的实践框架：1 + 3 + N

基于北京的行业发展现状和外部资源环境，结合市场化弹性监管和区域行政监管为主导，结合专业联合监管，从“自律、互律、他律”3个层面履行社会公共服务职能，逐渐形成了“1 + 3 + N”的行业自律模式。按照“1 + 3 + N”自律管理模式，把个体网络借贷机构纳入市场自律体系，强化行业自律。

“1”是指发挥行业协会及其党支部“自律 + 党建”综合作用。在2014年的监管空档期，北京的个体网络借贷机构自发成立了北京市互联网金融行业协会。协会发起成员机构 30 家(其中 18 家网贷平台和 12 家专业第三方服务机构)。

“3”是指加快落实产品登记、信息披露、资金存管三大理念与措施。针对在京从业的个体网络借贷机构实现自律管理全覆盖，认真落实产品登记、信息披露、资金存管三项措施。建设了产品登记系统，公开了数据接口，实现了产品代码下发和查询，以及第三方存证。通过建设信息披露系统和评级体系，使网贷机构的运营情况更加阳光公开透明，并且形成了机构间的比较激励机制，为网贷机构加强基础设施和核心能力建设提出了指导。建立日常风险监测机制，做好风险评估，完善风险防范处置工作方案。支持和推动银行业金融机构开展个体网络借贷机构的资金存管业务，推动个体网络借贷机构尽快实现资金流与信息流的分离，尽早满足监管要求。通过系统梳理和定位风险，不断做好行业风险提示，督促相关机构不断整改，完善合规性，提高自身的抗风险能力。

“N”是指基于专业团队，面向个体网络借贷行业内机构、相关专业服务机构、行业和行政监管方等，提供综合服务。通过建立产品登记系统、机构信息披露系统、风险监控及资金存管系统，加强行业从业人员培训，积极推动互联网金融机构间市场的建设，推进科技金融创投基金和行业并购基金运营，市场化地建立市场准入机制，加强行业自查，对风险企业调研等一系列行业自律办法，督促机构合规经营，保护投资者合法权益。加强研究，提出依法合规经营的规范和标准，支持业内诚信合规经营的机构健康发展，警示业内机构触碰监管红线的行为，坚守法律和风险底线，加快建设黑、白名单等诚信体系。建立机构的过程和行为评价体系，加强对于行业基础设施等方面的研究和建设，积极宣传和推进各项规范和标准的应用。积极研究推动区块链等技术在行业自律管理中的应用，采用区块链技术作为核心技术，重构各类业务场景(如反欺诈、交易市场、智能合约、知识产权等)，结合大数据技术，建设行业风险全息防控体系，建立与互联网金融相关的区块链技术规范。

第二节　积极打击非法集资

北京市于 2015 年 5 月全面启动打击非法集资专项整治行动，时间为 5—8 月。2015 年 5 月 19 日，北京市互联网金融行业协会召开了“打非”工作动员会。

专项行动的整治对象是：违反国家金融管理法律法规规定，未经有关部门依法批准或借用合法经营形式吸收资金；通过媒体、推介会、传单、手机短信等途径向社会公开宣传；承诺在一定期限内以货币、实物、股权等方式还本付息或者给付回报；向社会公众即社会不特定对象吸收资金，为非法吸收公众存款或者变相吸收公众存款的非法集资活动。

北京市互联网金融行业协会部署了相关工作：(1)协会成员展开自查行动，形成报告上报“打非”领导小组。(2)根据“打非”工作需求，选择机构定向调研，并检查机构整改情况。(3)增补中诚信国际信用评级有限公司作为大数据风控委员会副主任，由其面向会员和观察员提供主观评级，本季度末发布主观评级白名单；(4)增强审计能力；(5)强化数据安全和数据托管、产品登记、信息披露、资金托管；开展反洗钱等方面的内部培训等。

2015 年 5 月 31 日，北京市互联网金融行业协会举办“打击非法集资”专题培训。

2015 年 9 月之后，打击非法集资进入常规时期。在打击非法集资专项整治行动和常规行动中，主要行动和运用方式有：

- 2015 年 5 月，对企业展开拉网式排查。
- 2015 年 6 月，组建打击非法集资的媒体宣传联盟。

- 2016 年 3 月 30 日，北京市金融局、网信办等单位联合发布《北京市群众举报涉嫌非法集资线索奖励办法》，对被采用的举报线索最高奖励 10 万元，以调动群众发现举报涉嫌非法集资线索的积极性。
- 建设“打击非法集资监测预警平台”并投入使用，开展大数据监测预警。
- 启动“打非‘百千万’宣教工程”，一是招募来自高校、金融行业、律师事务所等众多行业的百名讲师对群众进行非法集资相关知识的讲解，二是针对全市 5000 个金融网点招募金融风险监督员，三是通过聘请社区工作者、大学生村官、志愿者等，在社区、农村组织上万名金融风险联络员。
- 举办金融安全巡展活动，通过发放宣传学习手册、张贴宣传海报等方式，展示非法集资的表现形式及特征，让居民深入学习非法集资知识。

2016 年 2 月，北京市互联网金融行业协会携 18 家个体网络借贷机构会员，整合协会大数据风控专业工作委员会与合规专业工作委员会的力量，组建合规风控联盟，以协助北京市有关部门落实《关于进一步做好防范和处置非法集资工作的意见》要求。

同时，北京网贷行业协会合规风控联盟发布了 7 条自律宣言，并由联盟成员做出宣誓：

1. 严格遵守法律法规和行业规范，绝不触碰法律底线和政策红线；

2. 深入学习和践行行业监管办法，主动接受监管，坦诚接受监督；

3. 坚决不得从事或变相从事《管理办法》的 12 项禁止行为，严格遵守监管办法，严格落实产品登记、信息披露和资金存管；

4. 推动合规管理、风险管理领域的行业自律与创新，切实服务实体经济发展；

5. 建立合规管理机制，打造合规团队，培育合规文化，建立合规体系，不断提升合规技术能力和合规水平，严格控制和防范合规风险，打造风控团队，培育风控文化，建立风控体系，不断提升风控技术能力和风控水平，严格控制和防范信用风险、操作风险、市场风险等；

6. 建立成员联盟内外部单位之间的交流与合作机制，推动合规管理、风险管理的研究和探索，积极推动联盟内外的合规管理、风控管理的教育培训和技术交流；积极促进成员单位开展合规管理、风险管理的技术创新与合作；

7. 积极承担社会责任，主动维护行业声誉，与监管机构加强沟通，构建合法合规、风险可控的网络借贷行业合规风控体系。

附：

北京市互联网金融行业协会成功举办打击非法集资专题培训

2016 年 5 月 31 日，北京市互联网金融行业协会举办了第 5 期网贷行业培训。本期培训以打击非法集资为专题，邀请了来自政府主管部门、金融法律专家学者、业内代表及相关行业代表，从政策解读、法律界定、从业风险分析与防范、司法实践解析及行业从业规范等多方面，为到场人员带来了生动翔实的讲授。100 多名 P2P 行业从业者及其他相关人士参加了此次培训。

北京市金融局应急打非处副处长李俊霞讲话

培训开始，北京市金融局应急打非处副处长李俊霞就北京市打击非法集资专项行动进行了通报。李俊霞概括了本市非法集资形势的 6 个特点，介绍了此次专项整治行动的目标和整治范围，解读了国务院的要求和市委市政府的相关工作部署与政策。本次专项整治工作共分为 3 个阶段：2016 年 4—5 月，全面排查、摸清底数；6—7 月，综合整治、重点打击；8 月，巩固成果、固化机制。她提出了宣传教育、技术防范、队伍建设、联动机制等八项重点举措。她肯定了北京市互联网金融行业协会在行业创新发展和打击非法集资方面做出的积极贡献，并希望协会进一步积极参与系列宣传教育活动、加强网贷行业自律、深入开展 P2P 行业的风险排查和防控工作。

为了使行业从业人员对非法集资有更加深刻的了解，协会邀请北大法学院金融法研究中心彭冰教授对“非法集资行为的界定”进行了解读；网信金融首席法务官刘志强主讲了“互联网金融和非法资金的界定及防范”；大成律师事务所肖飒律师对互联网金融中的非法集资典型案件进行了分析解读；联动优势电子商务互联网金融负责人徐海东从资金托管层面对打击非法集资提出了建议。

北京大学彭冰教授解读非法集资的界定

彭冰认为，打击非法集资的法律解决方案可从《证券法》着手，实行许可或注册制度；实施强制性信息披露制度；打击欺诈。在对“非法集资”的界定上，彭冰对当下普遍实行的界定方式提出了补充意见，他表示，非法集资的界定，除了从集资募集一方进行推定，还可以从资金提供者是否以获取未来的利润为目的、利润是投入资金的收益还是资本增值、是以获益为目的还是以消费为目的几方面进行区分。

网信金融首席法务官刘志强分享平台非法集资的防范要点

刘志强对 P2P 平台防范非法集资提出了几大原则，他认为，P2P 平台要明确平台的中介地位，不能进行自融、不能设立资金池；借款项目的借贷双方要一一对应；禁止自担保；进行资金托管；实行实名制，并进行充分信息披露。只有这样，平台才能真正做到公开透明，实现良性发展。

大成律师事务所肖飒进行案例分析

肖飒律师对安徽平海 P2P 平台案件、吴英案等进行了解读，告诫 P2P 平台要注意防范非法集资的风险。徐海东从资金托管的实操层面讲解了资金托管作为防治平台非法集资的作用，他表示，P2P 平台实行资金托管，可实现出借目的与借款目的一致、杜绝期限错配、杜绝卷款跑路等风险。徐海东同时介绍了 P2P 平台反洗黑钱的法律责任与方法。

郭大刚秘书长总结

北京市互联网金融行业协会秘书长郭大刚在总结时称，目前，P2P 行业整体规模较小，在监管成本较高并存在监管风险的情况下，P2P 平台应以内控、合规优先，并坚持风控原则，实行行业自律、互律、他律，营造良好的行业发展环境。郭大刚同时还透露，北京市互联网金融行业协会将继续进行免费的行业培训活动。

1. 北京市打击非法集资宣教成果

2016 年全年，北京市打击非法集资“百千万宣教工程”宣教活动在全市范围内开展进社区、联络员培训、大学生培训三大类活动，共计 56 场次，安排讲师 56 人次，活动主要面向大学生群体、社区居民、基层干部、金融机构从业者等4类人群，共辐射人群5430人，覆盖到全市12个区，47条街道，1所高校。

表5－1　北京市打击非法集资"百千万宣教工程"宣教活动开展情况

区域	宣教场次	受众人数
朝阳区	21	2050
大兴区	10	840
丰台区	7	700
东城区	4	430
怀柔区	8	500
海淀区	6	420
房山区	3	350
金融机构	2	280
密云区	2	180
昌平区	2	180
门头沟区	2	160
顺义区	2	160
西城区	1	100
石景山区	1	100
平谷区	1	80
延庆区	1	200
通州区	1	200
总计	56	5430

（1）百千万宣教社区行

"百千万宣教工程"的最大受众群体为社区居民。北京市打击非法集资宣教工作中致力于开展社区宣教活动。

宣教过程统计数据显示，在"打非"宣讲方面，对于内容的选择，70%的人表示非法集资的表现形式、案例、危害性，这三块内容能够有效提高居民的非法集资防范意识。而非法集资的定义等相关概念和法律风险，在宣教中起到的效果并不被大家看好，只有 18% 的人认为这两项可以提高居民对非法集资的防范。

居民对非法集资了解程度和防范意识方面，绝大多数人对非法集资有些了解，80% 的市民在投资决策上不和家人商量。在不确定理财产品安全性时，一半市民选择询问亲友，70% 选择自己做主，而这其中有一多半人只买银行的理财产品。市民认为非法集资引诱主要通过一些小礼品诱惑、承诺高额回报等方式哄骗其购买理财产品。对于宣教活动，居民更希望金融律师和公检法人员作为讲师参加宣教活动。

典型区县宣教案例

朝阳区自 2015 年 5 月起开展宣教工作，宣教活动已覆盖全区大部分街道社区。讲师通过案例分析常见的非法集资手段、近年来典型表现形式来教育民众防范非金融诈骗、非法集资行为。2016 年前 3 季度，朝阳区共举办 21 场街道社区宣教活动。受教社区民众达 2150 人次。

表 5－2　2016 年北京市朝阳区“百千万宣教工程”社区宣教情况

时间	培训单位	讲师	培训对象	培训内容	参与人数
1 月 8 日	朝阳区小红门乡牌坊村	陈采春	社区居民	认识非法集资，通过案例分析常见的非法集资手段	60
1 月 11 日	朝阳区王四营街道	王芳	社区居民	认识非法集资，通过案例分析常见的非法集资手段	100
1 月 12 日	朝阳区东风乡	武硕华	社区居民	认识非法集资，通过案例分析常见的非法集资手段	100
1 月 13 日	朝阳区垡头街道	严旭	社区居民	认识非法集资，通过案例分析常见的非法集资手段	200
1 月 14 日	朝阳区团结湖	李亚	社区居民	认识非法集资，通过案例分析常见的非法集资手段	100
1 月 20 日	朝阳区垡头街道	韩春雨	社区居民	认识非法集资，通过案例分析常见的非法集资手段	80
1 月 21 日	朝阳区大屯街道	左盼盼	社区居民	认识非法集资，通过案例分析常见的非法集资手段	100

续表

时间	培训单位	讲师	培训对象	培训内容	参与人数
1月22日	朝阳区东坝乡	韩春雨	社区居民	认识非法集资，通过案例分析常见的非法集资手段	100
5月4日	朝阳区双井街道	刘兵	社区居民	认识非法集资，通过案例分析常见的非法集资手段	80
5月10日	朝阳区麦子店街道办事处	于澈	社区居民	认识非法集资，通过案例分析常见的非法集资手段	100
5月15日	“5·15”打击和防范经济犯罪宣传日	李波	居民	识别非法集资，远离非法集资的伤害	300
5月17日	朝阳区常营街道	陈求明	社区居民	认识非法集资，通过案例分析常见的非法集资手段	80
5月19日	朝阳区三间房街道	王志刚	社区居民	认识非法集资，理性投资，通过案例分析常见的非法集资手段	130
5月24日	朝阳区潘家园街道	李亚	社区居民	认识非法集资，通过案例分析常见的非法集资手段	120
7月12日	朝阳区豆各庄乡	谢尚大	社区居民	认识非法集资，通过案例分析常见的非法集资手段	60
7月19日	朝阳区小关街道	王志刚	社区居民	识别非法集资，近年来典型表现形式	100
7月22日	朝阳区崔各庄乡	侯雪姣	社区居民	识别非法集资，近年来典型表现形式	60
7月26日	朝阳区左家庄街道	刘兵	社区居民	识别非法集资，近年来典型表现形式	100
7月29日	朝阳区太阳宫街道	许桂林	社区居民	识别非法集资，近年来典型表现形式	80
8月4日	朝阳区政府热线呼叫中心	赵宇	热线呼叫中心接线员	防范识别非法集资、金融诈骗	50
9月27日	朝阳区三里屯街道	李晶	社区居民	识别非法集资，近年来典型表现形式	50

（2）金融安全巡展

金融安全巡展活动自2016年5月正式开展，朝阳区（11场）、大兴区（9场）、丰台区（7场）、怀柔区（4场）、海淀区（3场）、东城区（3场）、密云区（2场）、昌平区（1场）、石景山区（1场）、西城区（1场）9个区，共举办42场金融安全巡展活动，其中大型露天活动10场，社区巡展28场。发放宣传学习手册及宣传手提袋共计约近万余份，每场活动设立7个易拉宝宣传展板，张贴宣传海报。宣传品和上年相比有了很大的改善，以图片方式展现非法集资的表现形式及特征。社区宣教与巡展活动相结合，让居民能够深入学习非法集资知识，起到了更好地传播效果。

（3）线上活动报道及打非专题平台升级建设

①线上宣传报道

为提升宣教活动的影响力和传播力度，工作组通过打击非法集资、零壹财经、P2P日报、爱有财4个微信公众号，零壹财经网站进行活动报道，共发活动稿60余篇。据统计，自2016年打非工作组开展线上宣传以来，累计网站链接宣传稿件百余篇，微信端传播稿件将近60篇，累计点击阅读量达到120000次，涵盖新闻资讯、时政要闻、分析解读、知识普及等多个版块。

自活动开展以来，百千万工作组在零壹财经网站开设打击非法集资宣传教育专区，每场活动通过专区以及打击非法集资宣传教育平台同步进行对外宣传，工作组以活动稿和图片集两种互补的形式宣传，让居民全方位了解活动的内容百态，工作组会在活动结束当天，在零壹财经网站对活动第一时间报道，第二天微信公众号对活动进行二次宣传。

②线上教育传播

为了让居民加深对非法集资的认识，增加居民对防范非法集资的重视程度，百千万工作组将服务群体分为年轻人和中老年人两大群体，通过零壹财经和爱有财微信公众号，有针对性地传播防范非法集资知识。例如，针对年轻群体，传播防范非法集资政策新闻，业内动态；针对中老年人，将防范知识设计成漫画等简单易懂的形式进行传播。微信文章平均阅读量达到2500左右。

③打非专题平台升级建设

2016 年 9 月 16 日，北京市打非百千万宣教工作组"打击非法集资宣传教育网络服务平台"（www.01caijing.com/dafei.htm）正式上线。设有 5 个专区，分别是互动交流、打非新闻报道、百千万宣教活动、打非知识以及媒体联盟。打非新闻和宣教活动 2 个专区旨在全方位、立体化宣传报道打击非法集资有关活动进展情况；打非知识专区系统地梳理了打击非法集资的理论知识。

第三节　积极落实互金专项整治

1. 北京地区互金整治

北京市人民政府于2016年5月30日印发了《北京市互联网金融风险专项整治工作实施方案》，方案分五大项，以P2P网贷、股权众筹、互联网保险和通过互联网开展资产管理及跨界从事金融业务、第三方支付业务、互联网金融广告六大领域为整治重点对象。值得注意的是，这六大领域与央行、银监会、证监会等多部位公布的6份细分领域整治方案相对应。

七项具体措施整治网贷、股权众筹等六大领域

方案列举了七项具体措施整治互联网金融。包括严格准入管理、强化资金监测、建立有奖举报制度、整治不正当竞争、加大技术支持、加强风险教育、发挥行业自律作用。

方案首先要求各公司在注册名称和经营范围中原则上不得使用“交易所”“交易中心”“网贷”“P2P”“众筹”等字样，工商部门也暂停核准包含“投资”“基金”“财富管理”等字样的企业和个体户名称；其次是强化资金监测。严格要求互联网金融从业机构落实客户资金第三方存管制度；最后，在发挥行业自律作用方面，方案支持北京网贷行业协会、中关村互联网金融行业协会等行业组织研究制定相关行业标准和自律规则，完善惩戒机制，开展风险教育，督促会员机构加强产品登记、信息披露和资金托管。

方案要求2016年10月底前完成整改，20多个机构或组织介入

北京市政府对于本次专项整治，成立了北京市互联网金融风险专项整治工作领导小组（以下简称市领导小组），涉及28个市政机构或组织。北京市互联网金融行业协会以专项整治小组的成员的身份参与，约 140 人参与调研、排查，后期调研以协会成员的律师事务所和会计事务所为主要力量。

整治过程中，北京市按照“一企一策”原则，针对具体问题，研究制定不同清理整顿意见。对于违规情节较轻的，要求限期整改；对于拒不整改或违规情节较重的，依法依规坚决予以关闭或取缔；涉嫌犯罪的，将相关线索移交公安机关；公安机关根据核查或移交的涉嫌犯罪线索，对符合立案条件的依法立案侦查。

2017 年 3 月底前，各成员单位将按要求上报相关工作情况，即互联网金融风险专项整治行动工作报告。与此同时，完善对互联网金融活动的常态化风险监测，建立融互联网金融监管、金融风险管控、社会综合治理于一体的互联网金融风险管理长效机制。

2. 北京市网络借贷风险专项整治的核查要求

北京监管部门从 8 个方面对互联网金融机构进行了核查，这 8 大方面所涉及具体细化核查事项为 148 条。

北京网络借贷风险整治核查的 8 个方面：

一、公司基本情况

二、应尽未尽义务

三、违反十三项禁令（从事或接受委托从事）

四、违反风险管理要求

五、违反科技信息系统风险管理规范

六、出借人与借款人保护

七、信息披露

八、其他风险提示

整体上，在打击非法集资行动期间，北京市互联网金融行业协会协同北京金融工作局，抽调协会成员单位中的律师事务所、会计事务所等机构代表，对 1000 多家涉及理财业务的机构进行了实地排查、调研。

第四节 积极落实网贷监管办法

1. 北京市网贷平台合规动向

(1) 产品登记与信息披露

截至2016年底,协会共有68家平台接入产品登记信息披露系统,18家网贷机构的正式会员全部接入,50家网贷机构观察员单位也全部接入。2016年度接入该系统的各类标的总和为710万余条;总金额6300多亿元;交易流水总额4400多亿元。

平台名称	平台标识符	产品登记	信息披露	资金托管	TSA认证	评级进度
银湖网	YINH					
翼龙贷	YLLL					
积木盒子	LRRR					
信用宝	XYYY					
抱财网	ZLLL					
和信贷	HEXD					
花果金融	HGJR					
银客网	YKKK					
金联储	JLCU					
大同行	DATH					
安润金融	ARRR					
宜信	YXXX					
有利网	HEEE					
普惠理财	GGGG					
爱钱帮	AIQB					
九一金融…	JYYY					
金融工场	FHHH					
网信普惠	WXXX					

北京市互联网金融行业协会会员单位信息公示(截至2016年底)

(2) 银行资金存管

在资金存管方面,截至 2016 年底,北京地区 277 家正常运营平台中,共有 43 家平台完成银行资金存管系统上线,占比 15.5%。北京市互联网金融行业协会 18 家正式网贷机构会员和 50 家观察员网贷机构的存管形态分成两类。一类是银行直接存管的,另一类是以"存管通"实现银行存管的,以"存管通"形式完成存管的平台,在网贷资金存管指引下发后,还须依据指引进行整改。68 家平台中,30 家接入银行存管,38 家接入了网贷存管通。

截至 2017 年 2 月底,北京地区网贷平台网贷资金存管情况(不完全统计)如表5 - 3 所示。

表 5 - 3 北京地区网贷机构资金存管情况

序号	平台名称	存管银行	存管模式	上线时间
1	小马金融	包商银行	直接存管	2015 年 3 月
2	宜人贷	广发银行	直接存管	2016 年 3 月
3	网信理财	海口联合农商银行	直接存管	2016 年 5 月
4	优本财富	恒丰银行	直接存管	2016 年 4 月
5	恒易融	恒丰银行	直接存管	2016 年 6 月
6	亿百润	恒丰银行	直接存管	2016 年 6 月
7	58 钱柜	恒丰银行	直接存管	2016 年 7 月
8	普惠家	恒丰银行	直接存管	2016 年 8 月
9	冠 e 通	恒丰银行	直接存管	2017 年 1 月
10	懒财网	华瑞银行	直接存管	2016 年 11 月
11	爱钱进	华夏银行	直接存管	2017 年 1 月
12	爱钱帮	徽商银行	直接存管	2015 年 7 月
13	中瑞财富	徽商银行	直接存管	2016 年 6 月
14	小诺理财	徽商银行	直接存管	2016 年 7 月
15	中赣核	徽商银行	直接存管	2016 年 7 月
16	安心贷	徽商银行	银行直连	2016 年 9 月
17	金融工场	徽商银行	直接存管	2016 年 10 月
18	秒贷金融	徽商银行	直接存管	2016 年 10 月

续表

序号	平台名称	存管银行	存管模式	上线时间
19	信广立诚贷	徽商银行	直接存管	2016 年 12 月
20	元宝 365	江西银行	直接存管	2015 年 10 月
21	她金控	江西银行	直接存管	2015 年 12 月
22	广信贷	江西银行	直接存管	2016 年 3 月
23	银豆网	江西银行	直接存管	2016 年 4 月
24	金蛋理财	江西银行	直接存管	2016 年 6 月
25	Me 金融	江西银行	直接存管	2016 年 7 月
26	京金所	江西银行	直接存管	2016 年 9 月
27	民信贷	江西银行	直接存管	2016 年 10 月
28	海投汇	江西银行	直接存管	2016 年 11 月
29	律和金融	江西银行	直接存管	2016 年 12 月
30	钱满仓	江西银行	直接存管	2016 年 12 月
31	融贝网	江西银行	直接存管	2016 年 12 月
32	和信贷	江西银行	直接存管	2017 年 1 月
33	久金所	江西银行	直接存管	2017 年 2 月
34	积木盒子	民生银行	直接存管	2015 年 7 月
35	人人贷	民生银行	直接存管	2016 年 2 月
36	首金网	民生银行	直接存管	2016 年 3 月
37	91 旺财	厦门银行	直接存管	2016 年 6 月
38	银客理财	厦门银行	直接存管	2016 年 7 月
39	懒投资	厦门银行	直接存管	2016 年 11 月
40	美美理财	厦门银行	直接存管	2016 年 12 月
41	短融网	厦门银行	直接存管	2017 年 2 月
42	道口贷	上海银行	直接存管	2016 年 10 月
43	白菜金融	天津金城银行	直接存管	2017 年 1 月

第六章

北京市网贷行业发展重点与趋势

第一节　合规性是第一准则

1. 资金存管

P2P 行业频繁爆发的跑路事件使资金安全成为投资人所关注的首要问题，实现资金存管也成为各个 P2P 平台为增强投资人信心而设立的主要安全保障方式，目的是防止客户资金被平台非法挪用或在平台破产清算时用户资金受到平台债务等问题的牵连。

在银行介入资金存管之前，第三方支付机构一直是 P2P 平台在客户资金管理方面的主要合作对象，但其合作方式大多停留在平台通过第三方支付开立一个统一的资金归集中间账户，这种模式下客户资金的支配权仍掌握在平台手中，被挪用或权属不清的风险并没有得到解决。尽管也有第三方支付机构为平台的所有用户设立了独立二级账户，使客户资金流转不经由平台，但仍无法避免由第三方支付机构作为资金存管方本身存在的一些问题，如缺乏足够的风控能力和存管经验、风险承受能力相对较弱、缺乏资金存管方面的监管标准和受托资质、商业合作下的部分利益驱动使其缺乏客观性等。

在上述背景下，2015 年 7 月 18 日，央行等 10 部委联合发布了《关于促进互联网金融健康发展的指导意见》，该意见提出了要建立客户资金第三方存管制度，实现客户资金与从业机构自身资金的分账管理，并首次明确了资金存管机构应当是银行业金融机构，这使第三方支付机构无法再承担资金存管机构的职责。2017 年 2 月 23 日，银监会对外发布的《网络借贷资金存管业务指引》则在指导意见的基础上进一步说明了银行作为资金存管方的责任承担，主要包括两个方面：

第一个方面明确了存管银行的主要责任，包括监管平台用户（借款人和出借人）资金账户的开立和使用、依据用户向平台发出的指令对其资金进行“存管、划付、核算和监督”等。尽管征求意见稿并未明确规定 P2P 资金存管的账户体系和模式，但从上述责任要求来看，只有借贷双方的个人资金账户均被囊括入存管银行的账户体系，才能真正实现该银行对用户账户和资金的监管。

第二个方面明确了存管银行的责任界限，即银行只承担“实名开户和履行合同约定及借贷交易指令表面一致性的形式审核责任”，而并不对项目和交易本身的真实性及违约风险负责。这就需要平台做好宣传和教育，不对投资人造成误导，促使其理性投资。

然而受存管细则不清、对接流程较长、准入条件过高等多方面因素的影响，真正实现由银行进行资金存管的平台仍为少数。截至 2017 年 2 月 23 日《网络借贷资金存管业务指引》发布当天，已经上线银行资金存管的平台为 167 家。

主流存管模式主要有两种，一种是直接存管，另一种为银行直连。直接存管即通常所说的“大账户 + 小账户”模式。子账户可以是虚拟账户模式（如民生银行为积木盒子、人人贷提供的资金存管服务），其特点是存管银行会为每个用户开立一个平台汇总账户下的子账户，并由用户自行设置一个交易密码，任何人未经用户密码授权不得擅自动用账户内的资金，同时基于这样的账户体系，也可以实现借贷双方资金的点对点流动。

而开鑫贷、金宝保所采用的银行直接支付结算模式，其特点在于一般需要用户事先已有平台合作银行的实体账户或直销银行账户，认证绑定后用户无须进行充值、提现操作，只需通过银行的支付结算通道直接进行一对一资金划转，使平台无法触及资金。这种模式具有特殊性，一般平台不易仿效，我们重点讨论前一种模式。

从合规角度来看，P2P 资金存管制度的政策意图主要有两点：一是实现平台和用户资金的分账管理，二是信息流与资金流要实现匹配。在虚拟账户模式下，由于用户的资金都存放在自己的存管子账户里且划转需要经过用户的密码确认和授权，因此，不存在与平台资金混淆被平台挪用的情况，同时银行可以直接对整个账户体系进行监管，资金的流转都是严格依照合同及指令进行操作的，相当于银行可以直接掌握信息流和资金流，避免出现交易信息被平台篡改或错误登记而出现与资金流不一致的风险；如果不在银行为 P2P 借贷平台的用户单独设立子账户而仅采用全平台统一账户的话，尽管每一笔资金的进出都在银行的监管之下不能被平台操作，确实可以实现资金分离的目的，但由于这种模式下银行难以对借贷双方的资金流动建立基于个人账户的一一对应关系，往往会在出现银行信息登记与平台不一致的情况时无从验证。

从技术角度来看，随着越来越多的银行建立了自身的虚拟账户体系，系统开发已经不是 P2P 资金实行银行存管的主要阻碍，其主要问题在于系统对接上。这一方面体现在银行与单个平台直接沟通开发的系统较为定制化使针对其他平台的复用性较差，对于不同平台的多样化需求又较难沟通和实施；另一方面体现在即便银行综合多样化需求后开发了统一的标准化接口，对接效率也还是会受到平台本身的技术实力及原有系统匹配度的影响，例如，原来采用第三方支付存管系统的账户体系要进行转移，原来存在资金池情况的系统要涉及整改，没有接口的要开发相应接口等。此外，银行本身的系统方案制定环节和决策审批流程漫长也是影响对接效率的主要原因之一。

针对上述情况，一些第三方支付机构和网贷系统解决方案提供商，如新浪支付、微汇金融、融都科技、汇付天下、易宝支付等，基于其对 P2P 平台相关账户系统的服务经验以及对互联网金融的了解，在符合监管精神的前提下，也为 P2P 资金存管提供了一些支持性的服务，如支付通道、技术支持、系统运维、客户筛选等，以提高平台和银行之间的技术对接和决策效率。据了解，第三方机构在开发好系统后，单从技术实施角度考虑接入银行和平台分别需要 1 个月左右的时间周期，其系统搭建的难点主要在于需要通过中间环节的加工包装对外提供统一的标准化接口，以使系统可以既适用于银行的存管方案，又能满足不同平台的多样化需求。

2. 信息披露

《网络借贷信息中介机构业务活动管理暂行办法》(以下简称《办法》)对信息披露的方式、内容、程度等进行了规定。网贷机构须披露的信息包括:(1)借款人信息;(2)融资项目信息;(3)风险评估及可能产生的风险结果;(4)已撮合未到期融资项目资金运用情况等。具体信息披露细则还需等待银监会另行制定。

实操上,网贷机构还需要聘请会计师事务所定期对本机构出借人与借款人资金存管、信息披露情况、信息科技基础设施安全、经营合规性等重点环节实施审计,并且应当聘请有资质的信息安全测评认证机构定期对信息安全实施测评认证,向出借人与借款人等披露审计和测评认证结果。

在《办法》规定之外,在个体网络借贷(P2P)领域,平台作为居间人,应按照《合同法》有关规定承担如实披露借款人信息和项目信息的义务。

2016 年 10 月,中国互联网金融协会发布了《互联网金融信息披露 个体网络借贷》标准(T/NIFA 1—2016)定义并规范了 96 项披露指标,其中强制性披露指标逾 65 个、鼓励性披露指标逾 31 项,分为从业机构信息、平台运营信息与项目信息等三方面,以期通过信息披露使行业达到“三个透明”,即通过披露从业机构、年度报表、股东高管与平台经营等信息,达到机构自身透明;通过披露资金存管、还款代偿等信息,达到客户资金流转透明;通过披露借款用途、合同条文、相关风险以及借款人信用等信息,达到业务风险透明。《中国互联网金融协会信息披露自律管理规范》分为总则、信息披露管理与责任、信息披露方式和要求、奖惩、附则五部分内容,对经发现确认为违规的信息披露行为将依据相关条例实施自律惩戒。

此前,信息披露存在的问题使欺诈犯罪很难被及时发现,同时客观上也造成了投资者“看收益、不看风险”“买平台、不买产品”,进而要求“刚性兑付”的问题,直接推高了互联网金融行业整体风险。

从实现逻辑来看,充分的信息披露可以发挥社会公共监督作用,防范道德风险和欺诈行为,保护金融消费者和投资者的合法权益。

作为信息中介机构,充分的信息披露是平台规避承担信用风险的前提。在此基础上,平台的核心竞争力将表现为对信息真实性的审查和对借款人资信的评估，这两个方面将是未来平台在竞争中胜出的主要能力。

3. 信息安全问题概述及监管动态

P2P 的信息安全一般包括两个层面：一是数据安全，即系统中所包含的各类用户和交易数据不会遭到泄露、删除、伪造或篡改等情况的威胁，对应来说，就是要保证平台数据的隐私性、完整性和真实性；二是系统安全，即提供平台服务的系统软硬件本身可以持续正常运行，拥有较好的稳定性以及可靠的入侵防御和灾难备份机制。

在数据安全层面，目前大多较具规模的 P2P 平台普遍采取的技术措施包括：经过 MD5 加密处理隐私信息、支持安全套接层协议（Secure Sockets Layer，SSL）解决数据安全传输问题、采用数字签名技术保障电子合同有效性等。除此之外，大多数平台也会通过员工权限配置、签署保密协议等制度管理方式来确保用户信息的安全和隐私。

在系统安全层面，主流 P2P 平台大多采用了三层防火墙隔离系统、异地机房数据库容灾备份机制、分布式架构处理庞大并发的交易量等措施来保障系统的日常运维和防灾处理，另外也有平台如微贷网、中瑞财富、网金社等会直接与云服务平台、网络系统服务商等机构合作（如阿里云、融都科技等）来为其提供对应的解决方案。

尽管目前一些主流的 P2P 平台的做法已经基本覆盖了信息安全的各方面问题，但仍有更大比例的 P2P 平台没有建立或因缺乏相应的标准不知道该如何建立符合自身的信息安全体系。对此，《办法》也分别从“网络信息与安全”（第十八条）、“电子签名”（第二十二条）和“档案管理”（第二十三条）提出了对应的监管要求。由于网络信息与安全部分我们已在前面第四章进行了详细的阐述，本节我们将主要就电子签名和档案管理涉及的相关数据安全问题结合案例进行介绍和分析，并为各平台进行具体的实务操作提供参考。

4. 风险揭示与出借人评估问题

根据《办法》第二十六条的规定，P2P 平台需要对出借人进行风险评估和分级管理，其主要目的是通过对出借人和所投融资项目进行风险匹配以保障出借人的权益。国外 P2P 平台主要从投资经历、年收入、净资产状况等角度筛选投资者，例如，Lending Club（LC）要求投资者必须满足的条件包括年收入在 7 万美元以上并且个人净资产（除住宅和汽车之外）在 7 万美元以上，或者个人净资产在 25 万美元以上。LC 通过统一的门槛指标，筛选掉不具备风险承受能力的投资者，与国内私募机构筛选合格投资人的方法类似，可供 P2P 平台借鉴。

同时，国内 P2P 平台上的投资人更加多样，单一门槛难以界定不同投资人的特点，P2P 平台也可以采用一些更加精细的评估方法，针对不同的用户群体，建议其投资不同风险等级的借款项目。

首先可以参考商业银行针对理财客户风险承受能力的评估方法，设计评估问卷，并由系统根据出借人填写的问卷结果自动打分。

表 6－1　评估问卷设计逻辑

评估类型	评估目的	主要评估指标
财务状况	出借人是否有稳定现金流，物质条件的保证是出借人理性投资的基础	家庭收入、负债情况等
投资经验	侧面反映出借人对 P2P 借贷是否有基础的风险认识	投资过的产品类型、投资年限等
出借规模	评估出借人的投资态度与激进程度	预计出借规模、出借规模占年收入比例等
风险偏好	判定出借人的风险承受能力	最大承受损失的比例、对风险的厌恶程度、收益预期等
出借期限	判断出借人投资的稳定性，出借期限越短说明稳定性越低	流动性偏好

5. 反洗钱和反恐怖融资义务的理解与执行问题

《办法》在第九条“机构义务”中规定了 P2P 平台应当建立健全客户身份识别制度、客户身份资料和交易记录保存制度、可疑交易报告制度，履行反洗钱和反恐怖融资的义务，但并未对各项制度的具体要求做出规定。而央行在此前已经针对金融机构和支付机构在这三项制度的执行上专门出台了一系列较为完善的管理细则，包括《金融机构客户身份识别和客户身份资料及交易记录保存管理办法》《金融机构大额交易和可疑交易报告管理办法》《金融机构报告涉嫌恐怖融资的可疑交易管理办法》《支付机构反洗钱和反恐怖融资管理办法》等，由此可为 P2P 平台建立上述相关制度提供一定的参考。

（1）客户身份识别制度

根据《金融机构客户身份识别和客户身份资料及交易记录保存管理办法》第三条，客户身份识别制度要遵循“了解你的客户”（Know Your Customer，KYC）原则，针对可能具有洗钱或者恐怖融资风险特征的客户、业务关系或者交易，采取相应的措施，了解客户及其交易目的和交易性质，了解实际控制客户的自然人和交易的实际受益人。

上述办法针对银行类金融机构、证券/基金/期货类公司、保险公司、信托公司、其他金融机构分别规定了这些机构在面临什么样的情形时需要对客户身份进行识别，具体可以划分为以下两大情形：

a. 一般情形。多针对金融机构在与客户建立业务关系或为其办理规定金额以上的一次性业务时，应当对客户真实有效的身份证件或者其他身份证明文件进行核对并登记。例如，银行类金融机构在为非本机构客户提供一次性金融服务（同时要求单笔交易金额在人民币 1 万元以上或者外币等值 1000 美元以上）时，证券/基金/期货类公司在为客户办理资金账户开户、身份信息资料修改、开通非柜面交易方式（网上交易、电话交易等）等业务时，其他金融机构在与客户签订金融业务合同时，都应当进行客户识别。

b. 重新识别情形。即在对客户进行持续关注的基础上出现异常或可疑情况时应当对客户身份进行重新识别，包括客户要求身份信息资料变更、发现获得的客户信息与先前掌握的相关信息存在不一致等情形。

参考上述规定和自身情况，P2P 平台在就一般情形进行身份识别时，除了对初次建立业务联系的所有客户进行有效身份证件（如居民身份证、护照、营业执照等）核对，还可以要求借款人提供更多关于其实际控制人和交易受益人的资料，也可在出借人的出借规模达到一定金额标准时适当要求其补充更多的身份证明文件，如常住地证明、工作证明等，这一业务金额标准可以参考现有法律的最低和普遍情形来设定，如单笔交易金额在人民币 1

万元以上或外币等值 1000 美元以上，账户资金余额连续 10 天超过人民币 5000 元或外币等值 1000 美元等。另外，对于 P2P 平台在何种情况下需要对客户进行重新识别，可主要基于我们在此节第三部分提到的可疑交易情形来确定。

基于上述不同情形进行身份识别获取的客户信息和资料，可为平台在客户风险等级划分方面提供依据。客户风险等级划分也是上述法规对建立客户身份识别制度的基本要求，目前金融机构多基于客户的地域、行业、业务、交易等风险因素对客户进行了高、中、低三个层次的划分，按照相对严格的一种划分方式，低风险用户多指一些交易行为不存在异常、不涉及高风险行业（如娱乐、典当、拍卖、房地产、证券、保险等行业）和地区（如贩毒、走私、恐怖活动、赌博、避税等地区）、信息提供相对全面的客户；中风险用户多指一些存在可疑交易行为但未被认定涉嫌犯罪的客户；高风险客户则多与高风险行业、地区、公示的恐怖或犯罪分子名单有关，其可疑交易行为经分析认定也多有洗钱或恐怖融资的嫌疑。

在确定客户风险等级后，应当针对不同等级的客户予以不同程度的关注，如在审核周期层面对于高风险客户按照规定应当至少每半年进行一次审核；在信息审核全面性层面，对于高风险客户按照规定还应当了解其资金来源、资金用途、经济状况或者经营状况等信息，并加强对其金融交易活动的监测分析。

最后还需要注意的是，P2P 平台如存在委托其他机构代为履行识别客户身份义务的情形，还应当符合上述法规的相关要求并由平台自身承担未履行客户身份识别义务的责任，包括责令改正、纪律处分、处以罚款、吊销执照等（《中华人民共和国反洗钱法》第三十一条、第三十二条）。

（2）客户身份资料和交易记录保存制度

根据《金融机构客户身份识别和客户身份资料及交易记录保存管理办法》和《支付机构反洗钱和反恐怖融资管理办法》，现有金融机构和支付机构针对客户身份资料和交易记录保存制度的建立一般包括 4 个方面：确立应当保存的资料范围、建立安全便捷和资料保存和查询系统、符合法律规定的保存期限要求、做好业务终止时的资料移交工作。P2P 平台也可以基于这四点做好相对应的资料保存工作。

其中，应当保存的资料范围，即能够反映客户身份信息和交易信息的所有数据、凭证、账簿和其他资料，对于 P2P 平台可以按照征求意见稿的规定对借贷双方上网日志信息、信息交互内容、借贷合同等资料进行保存，并符合至少 5 年的保存期限；对于资料保存系统的建立，可以参照针对支付机构的相关要求，包括实时记载操作记录、保证资料安全、便于查询分析等，我们在第五章的信息安全部分也针对 P2P 平台的电子数据保全提供了可选择的解决方案和对应服务商。最后针对业务终止时的资料移交，一般是由“一行三会”指定的机构来承接，针对 P2P 平台我们建议由当地监管部门或行业自律组织来管理，这样一来，一方面可以使相关资料的安全性有所保证；另一方面也便于这一类接管机构协助进行反洗钱调查或就其所承接的未尽业务与维权用户进行沟通。

（3）可疑交易报告制度

所谓可疑交易，是指在金额、频率、流向、性质等方面出现了异常情形、经分析认为涉嫌洗钱的交易。通过对《金融机构大额交易和可疑交易报告管理办法》所列示的各类金融机构存在的可疑交易行为的整理和归纳，其可疑行为界定至少包括以下 4 个维度：

a. 客户的资金流动行为在短期（10 个工作日内）出现了频繁（营业日每天发生 3 次以上或每天发生持续 3 天以上）、大量（交易金额单笔或者累计低于但接近大额交易标准）的特征，如“短期内相同收付款人之间频繁发生资金收付，且交易金额接近大额交易标准”“平常资金流量小的账户突然有异常资金流入”等；

b. 客户与洗钱或恐怖融资高风险的地区、行业、业务以及国务院有关部门、司法机关、联合国安理会、中国人民银行等部门公布的恐怖名单有关，如“与来自于贩毒、走私、恐怖活动、赌博严重地区或者避税型离岸金融中心的客户之间的资金往来活动在短期内明显增多”；

c. 客户的交易行为与其经济情况不匹配，如“提前偿还贷款与其财务状况明显不符”“短期内资金分散转入、集中转出或者集中转入、分散转出，与客户身份、财务状况、经营业务明显不符”等；

d. 客户无法提供合法证明文件或提供的相关文件资料有伪造、变造嫌疑的情形等。

《金融机构大额交易和可疑交易报告管理办法》规定的大额交易标准

> 《金融机构大额交易和可疑交易报告管理办法》第九条:金融机构应当向中国反洗钱监测分析中心报告下列大额交易:
>
> (一)单笔或者当日累计人民币交易 20 万元以上或者外币交易等值 1 万美元以上的现金缴存、现金支取、现金结售汇、现钞兑换、现金汇款、现金票据解付及其形式的现金收支。
>
> (二)法人、其他组织和个体工商户银行账户之间单笔或者当日累计人民币 200 万元以上或者外币等值 20 万美元以上的款项划转。
>
> (三)自然人银行账户之间,以及自然人与法人、其他组织和人体工商户银行账户之间单笔或者当日累计人民币 50 万元以上或者外币等值 10 万美元以上的款项划转。
>
> (四)交易一方为自然人、单笔或者当日累计等值 1 万美元以上的跨境交易。

P2P 平台可以参照上述几个维度建立针对自身平台客户的可疑交易判定标准,例如,可以关注出借人的单个账户是否在短期内出现了频繁、大量的充值、提现和投资行为,借款人是否出现与其财务情况明显不符的提前还款行为,等等。另外按照针对金融机构和支付机构的一般规定,平台还应当指定专门人员负责可疑交易的分析、判断,并可参考表 6－2 的具体要求向主管机关(中国反洗钱监测分析中心)提交可疑交易报告。

表 6－2　现存法律法规针对可疑交易报告的一般报送要求

涉及方面	一般要求
报送格式和填报要求	参考各办法提供的要素附表,包括报送主体、可疑交易、可疑主体、交易对手等的具体信息填报
报送主体	总部或总部指定的一个机构
报送期限	可疑交易发生后的 10 个工作日内
报送对象和报送方式	以电子方式报送中国反洗钱监测分析中心;涉嫌犯罪的应该同时报送中国人民银行当地分支机构;发现犯罪的还应该立即报送当地公安机关

6. 借贷决策问题

《办法》第二十五条规定“网络借贷信息中介机构不得以任何形式代出借人行使决策。每一个融资项目的出借决策均应当由出借人作出并确认”,该规定的主要精神在于通过自主决策使用户明晰所投项目的风险,回归个体对个体借贷的本质。

由于投资人在实际操作中以小额分散原则将资金出借给多个借款人是较好的投资策略,可以分散风险。而面对 P2P 平台上大量的借款标的,出借人逐一查看和筛选会耗费大量时间和精力,反而影响决策质量和效率。从提升用户体验的角度出发,宜允许平台根据投资人情况进行一定程度的筛选或推荐,并支持出借人的批量投资、确认操作。

7. 网络与信息安全的落实问题

《办法》第十八条对 P2P 平台开展定级备案和等级测试提出了相应要求,根据 2007 年公安部等公布的《信息安全等级保护管理办法》,信息系统根据损害对象和损害程度的不同主要分为以下五级:

表 6-3　信息系统安全保护等级划分

受侵害的客体	对客体的侵害程度		
	一般损害	严重损害	特别严重损害
公民、法人和其他组织的合法权益	第一级	第二级	第二级
社会秩序、公共利益	第二级	第三级	第四级
国家安全	第三级	第四级	第五级

资料来源:《信息系统安全等级保护定级指南》。

根据该《办法》,各平台应该依照自主定级、自主保护的原则合理确定自身信息系统的安全保护等级,在此基础上开展信息系统安全建设或改建工作的同时,还应当参考该《办法》第十二条、第十三条所列举的一系列技术标准和管理规范,以建立和制定符合自身等级要求的信息安全设施和安全管理制度。

据公开信息披露,目前已获得安全保护等级备案的 P2P 平台信息系统多定级为第二级(如付融宝、积木盒子、拍拍贷等)和第三级(如团贷网、点融网、PPmoney 等），这两类级别的信息系统运营、使用单位均需要在等级确定后 30 日内到所在起设区的市级以上公安机关办理备案，与此同时涉及第三级信息系统还需要满足更多的要求，包括：

（1）办理备案手续同时配合提供系统说明、实施方案、产品清单、评审意见等 7 项材料；

（2）每年至少进行一次等级测评和自查；

（3）每年接受公安机关至少一次的检查；

（4）所选择的信息安全产品和等级保护测评机构需符合该办法规定的条件；等等。

尽管该《办法》没有对二级范围内的系统在测评、自查和接受检查方面做出明确的要求，但该 P2P 平台仍应当按照征求意见稿的规定每 2 年至少开展一次全面的安全评估，以及时发现信息系统存在的问题，避免安全隐患发生。

对此，具有较强技术实力和人员配备的平台可以直接参照《信息系统安全等级保护实施指南》开展等级保护工作，而有需要的 P2P 平台也可以联系信息安全服务机构、信息安全等级测评机构、信息安全产品供应商为其提供系统定级、测评、产品开发等服务。其中中国信息安全认证中心会对信息安全服务机构进行服务资质认证和公示；国家信息安全等级保护工作协调小组办公室也会在中国信息安全等级保护网上定期更新《全国信息安全等级保护测评机构推荐目录》。

此外，《办法》在第十八条中还提到了“网络借贷信息中介机构成立两年内，应当建立或使用与其业务规模相匹配的应用级灾备系统设施”。目前针对应用级灾备系统设施没有明确的官方标准，根据行业惯例，应用级灾备与数据级灾备分别属于信息系统灾难备份的两个级别，其中数据级灾备主要针对的是发生灾难后数据的备份和恢复，应用级灾备则需要在保障数据安全的基础上还能够对原系统发生故障时进行及时有效的接管，以维持业务的连续性。

P2P 平台系统运作的连续性对于投资人信心、平台声誉以及信息安全尤为重要，因此监管办法明确了 P2P 平台所需要建立的灾备系统设施级别应当是应用级。考虑应用级灾备系统工程建设的高成本和复杂性，P2P 平台可以选择与可靠的应用级灾备解决方案提供商合作以建立符合自身情况的灾备系统，目前一种较为主流的方式是与阿里云、华为云等云服务平台进行对接来实现系统切换。

8. 与各行业管理机构的业务配合

《办法》第四条规定了各监管部门应该根据自身管理职责对网络借贷信息中介业务活动进行监管，其中除了行业主管部门银监会以外，还涉及公安部、国家互联网信息管理办公室、工业和信息化部 3 个部门，根据规定 P2P 平台应配合上述部门做好以下相关工作：

（1）配合公安部门维护互联网安全，打击金融犯罪工作

金融犯罪是指，依法应当受到刑事处罚的破坏金融管理秩序和金融诈骗行为。根据《刑法》《关于审理非法集资刑事案件具体应用法律若干问题的解释》等的规定，网络借贷业务及用户可能涉及的金融犯罪行为主要包括：非法吸收公众存款罪、集资诈骗罪、洗钱罪等。

a. 打击非法吸收公众存款及集资诈骗犯罪活动

上述犯罪活动主要表现为借款人利用 P2P 平台，编造虚假借款项目，骗取出借人的资金。因此，P2P 平台在打击上述犯罪活动时，最核心的措施就是加强对借款人的审核。审核的依据是看借款人是否满足非法吸收公众存款罪成立的 4 个要件。

关于非法吸收公众存款罪成立的四个要件

第一条　违反国家金融管理法律规定，向社会公众（包括单位和个人）吸收资金的行为，同时具备下列四个条件的，除刑法另有规定的以外，应当认定为刑法第一百七十六条规定的“非法吸收公众存款或者变相吸收公众存款”：

（一）未经有关部门依法批准或者借用合法经营的形式吸收资金；

（二）通过媒体、推介会、传单、手机短信等途径向社会公开宣传；

（三）承诺在一定期限内以货币、实物、股权等方式还本付息或者给付回报；

（四）向社会公众即社会不特定对象吸收资金。

资料来源：《最高人民法院关于审理非法集资刑事案件具体应用法律若干问题的解释》。

在审核是否为集资诈骗行为时，在上述要件成立的基础上，以非法占有为目的（诈骗方法）进行非法集资的，属于集资诈骗行为。若借款人符合上述情况，平台应该保存好证据立即向公安机关报案。同时，对于平台自身无法准确甄别的情况，应该做好对于出借人和借款人相应资料的保存，在公安机关需要时，及时予以提供、上报。

b. 打击网络洗钱犯罪活动

P2P 平台应该严格履行反洗钱义务，接受公安部门反洗钱监督管理，并通过建立客户身份识别制度、客户身份资料和交易记录保存制度、可疑交易报告制度来防止网络洗钱行为的发生。上述制度建立的具体细节参考前文 3.9 章节，此处不再赘述。

（2）配合国家互联网信息管理办公室，提供完善的金融信息服务，规范信息管理

根据《互联网信息服务管理办法》中的规定，“互联网信息服务提供者应当向上网用户提供良好的服务，并保证所提供的信息内容合法”。这里所涉及的互联网信息内容对应到 P2P 平台的业务中包括但不限于：平台官网页面展示的内容、平台在网络上公开发布的对外宣传资料、用户通过平台论坛等渠道发布的相关信息以及通过公开渠道检索的与平台及其项目相关的内容等。

P2P 平台在配合网络信息监管时，首先，应做到自身不发布任何涉及危害国家安全的、破坏民族团结的、扰乱公共秩序的、侵犯他人权益的、涉及违法犯罪的以及其他法律、行政所禁止的互联网信息内容；其次，一旦发现平台存在上述不合法内容，应当立即停止传输和展示，保存有关原始记录，并在 24 小时内向当地公安机关报告或者在网络违法犯罪举报网站进行举报。此外，P2P 网站在提供论坛功能时，还应当记录提供的信息内容、发布时间、互联网地址或者域名，并将记录备份 60 天，在国家有关机关依法查询时予以提供。

9. 业务暂停与终止的制度安排

《办法》提及了业务暂停与终止相关问题，并要求“网络借贷信息中介机构因解散、被依法撤销或宣告破产而终止的，应当在解散、被撤销或破产前，

妥善处理已撮合存续的借贷业务,清算事宜按照有关法律法规的规定办理”,但现实情况是大量平台在出现问题前,已经没有相匹配的财力和人力去解决存续业务的问题,同时很多平台上的平均借款期限维持在 1 年及以上,在缺乏严格规范标准的背景下平台极有可能会缺乏动力长期维系存续业务而主动走向清盘。因此,我们认为应该针对存续合同安排问题提出更加明确的规定。

此处可以参照英国金融行为监管局(FCA)对 P2P 借贷平台的管理,FCA 认为“如果借贷类众筹平台破产,对于投资者通过平台借出的尚未到期的资金,平台负有继续管理的义务”,但鉴于适当管理原则以及对监管成本的平衡,FCA 仅要求平台在设立之初制定“生前遗嘱”制度,同时对该制度的建立提出建议,包含确定未到期债务管理人、后续资金和费用安排、债务违约处理 3 大方面。结合我国 P2P 借贷行业现状及 FCA 监管经验,业务暂停与终止的制度安排需要考虑以下 3 个问题:

(1)债务管理人的确定

英国监管机构提出两种处理方式:一种是平台成立执行工作组自行维持独立客户资金账户的运作;另一种是将未到期的借贷业务交接给其他稳定经营的 P2P 平台。在国内 P2P 借贷行业尚不成熟且国内整体缺乏破产操作经验的情况下,上述两种方式的借鉴意义较为有限,对此可发挥地方性自律组织的作用,设立本地域的统一平台接手破产 P2P 企业的存续业务,或允许借助资产管理公司(AMC)进行业务转让,制定相应的制度安排。

(2)后续资金和费用安排

由于 FCA 在《关于网络众筹和通过其他方式发行不易变现证券的监管规则》中已经对平台的客户资金提出了详细的《客户资金规则》,因此 FCA 建议平台在制定“生前遗嘱”时要求存续业务管理人按此管理客户资金,同时为客户设立新的银行账户以接受未到期借贷的本息偿还,但向出借人分配资金的费用由出借人按比例负担。

承接 FCA 的制度建议以及我们对存续债务管理人的建议,可由自律组织或 AMC(以下简称代营机构)事先在银行开立独立的“遗嘱金”账户,按照借款笔数(贷款余额所涉及笔数)定期向 P2P 平台提前收取少量费用用于其破产后的业务维护;P2P 机构在面临业务终止时,须将平台的运营权力交由代营机构,由该组织维系用户资金账户的正常运作,同时还需将存续的合同信息及其他用户信息一并交付。

(3)债务违约处理

面对存续合同的违约问题,我们认为可通过如下 4 种方式解决:①代营机构向出借人披露借款人相关的信息,由出借人委托催收公司或通过法律途径自行主张权利;②代营机构受托为出借人统一处理违约债务,由出借人自行承担相关费用;③由经相关部门认可的 P2P 借贷平台或其他机构对违约债务进行收购,并给予出借人一定的补偿,其他机构可涵盖小贷公司、不良资产处置机构等;④如果平台采用风险保障金机制,且在其退出前风险保障金账户尚有余额,此余额应一并转入"遗嘱金账户",用于违约赔付,因为按照其设立本意,风险保障金应为平台的投资人所共有,平台自身不得挪用。

第二节　数字普惠是重要方向

“普惠金融”的概念，是联合国于2005年提出的，指以可负担的成本，为有金融服务需求的社会各阶层和群体提供适当、有效的金融服务，小微企业、农民、城镇低收入人群等是其重点服务对象。

普惠金融具有4层含义①：一是普。即所有的阶层和人群，在需要金融的任何时间和地点，都能够公平地得到优质的金融服务。二是惠。也就是说不能是“高利贷”，这种金融应该是能够被广泛使用、大家都能承担的。如通过云计算等技术，中国互联网支付对商户的收单费率是千分之几，远低于西方以VISA、MasterCard为代表的3%左右的水平。三是全面。普惠金融不仅是支付，还包括存款、融资、理财、保险、信用等，而不只是在某一个方面或部分人群里做得好，要有适当的广度与深度。四是可持续。从商业的角度来看，普惠金融应该是可持续的；从消费者保护的角度来看，也要可持续，但不是说金融越多越好，而是不能有“过分的金融”。

数字普惠金融是普惠金融在互联网普及和技术创新下的产物，随着数字化时代的深入发展，更多具有创造性和适应性的新型技术、商业模式、服务方式渗透到普惠金融的领域。发展数字化普惠金融可以缓解当前普惠金融发展依然面临的服务不均衡、成本高、效率低、商业可持续性不足等一系列的全球共性难题。普惠金融与数字技术加速融合创新，正在为解决上述难题创造一条可行的路径。

---

① 蚂蚁金服首席战略官陈龙接受《瞭望》杂志采访言论。

在 2016 年 9 月举行的 G20 杭州峰会上,经过 G20 各成员国多日以来的讨论磋商,金融领域的首个国际性共同纲领《G20 数字普惠金融高级原则》正式公布。《G20 数字普惠金融高级原则》共包含了 8 个原则,66 条行动建议。

原则一:利用数字技术推动普惠金融发展

主要的行动建议包括:

· 为实现数字普惠金融的政策目标,推动数字金融的发展,应该确保为新型数字金融模型建立符合国情的、可执行的、目标导向性的相关国家战略和行动计划;

· 有效协调政策制定机构、中央银行、监管部门,其他数字金融服务的相关机构以及消费者保护机构之间的关系;

· 保持和促进政府部门和业界之间的合作与对话,确保双方对数字普惠金融的发展目标以及市场预期有着共同的理解;

· 政府部门和私营机构应该支持非现金数字支付技术的发展和使用;

· 行业应该以客户为中心,为其提供便捷的、低成本的、安全的数字支付功能;

· 努力消除数字金融服务发展的障碍,包括让用户可以更容易地访问和使用互联网和移动设备、进行税务制度改革以及加强国际合作等。

原则二:平衡好数字普惠金融发展中的创新与风险

主要的行动建议包括:

· 通过对数字创新市场以及公共和私人金融机构合作的激励来尽量规避相关的金融风险;

· 与行业风险管理专家进行合作,更好地识别、研究和评估新型数字金融技术使用所产生的风险;

· 定期进行监管机构和服务提供商之间的知识共享以及建立明确的沟通渠道。监管机构和行业应该根据法律框架建立良好的风险管理策略;

· 鼓励金融机构使用多个数据源对中小型企业(SMEs)进行新型的信贷评估;

· 业界应该对数字货币给普惠金融带来的益处进行充分的讨论和

研究。

原则三：为数字普惠金融构建良好的法律和监管框架

主要的行动建议包括：

· 为所有市场参与者和监管机构建立一个灵活的法律监管框架，包括在资本的操作和流动、市场行为准则、创新性风险管理和监督，以及消费者保护等多个领域的内容；

· 促进公平和开放的行业竞争，树立明确一致的规范和标准，确保所有市场参与者拥有平等合法的权利，同时承担应有的责任；

· 对国家和地方的数字普惠金融相关的法律进行评估，对重叠和矛盾的部分进行解决。确保对监管机构进行明确的责任划分；

· 对监管部门进行相关的知识培训，确保监管机构负责人对数字普惠金融有充分的理解，加强和改善他们的监管能力；

· 在制定相关的监管法规政策时，应该确保其便于理解和传播。

原则四：促进数字金融服务基础设施的建设

主要的行动建议包括：

· 扩大全国范围内（包含偏远地区）数字金融服务生态系统的建设，包括金融、信息和通信技术的基础设施等；

· 政府与行业应该优先考虑利用数字基础设施的建设来发展其社会和经济水平；

· 增强政府间的合作；

· 开展现代化的、大型的零售支付基础设施的建设；

· 建立开放的支付平台，并加强其与国家清算和结算系统之间的连接；

· 鼓励对区块链等技术的应用和发展潜力的探索和研究，以提高金融行为的透明度、效率和安全性；

· 根据国际委员会信用报告（International Committee on Credit Reporting，ICCR）建立一个灵活的、海量的信用数据报告系统建模；

· 鼓励对征信系统数据源的创新和扩张，诸如纳入移动支付、电子货币账户和电子商务交易的相关数据等。与此同时，应该注重对消费者权益和隐私数据的保护。

原则五：采取尽责的数字金融措施，保护消费者权益

主要的行动建议包括：

· 建立一个数字金融服务消费的法律保护框架。尤其是针对非审慎监管服务提供商，诸如信托和补充保险等业务，建立良好的客户资金保障的监管法律框架；

· 确保消费者的投诉渠道保持畅通；

· 数字金融服务商应该对其代理商和员工进行充分的培训；

· 综合多方面的信息，建立一个明确的“个人数据”的概念；

· 确保消费者的个人数据不会被用于进行任何不公平的、歧视性的金融服务；

· 针对金融交易与账户，数字金融服务营销和消费者的信用评分等领域制定数据准确性与安全性保障的指导手册。

原则六：加强数字与金融知识的普及

主要的行动建议包括：

· 根据此项原则，消费者应该具备识别经营新兴金融产品的财务资格的能力；

· 利用新型的数字工具进行数字金融服务的扫盲计划；

· 提高中小企业对数字金融服务功能的认识，帮助其提高竞争力；

· 通过对数字金融产品和服务的对比类工具发展的支持，帮助消费者做出更加明智的决策。

原则七：促进数字金融服务的客户身份识别

主要的行动建议包括：

· 确保出生登记和其他基本身份信息系统的普遍和可负担性；

· 确保政府身份识别信息数据库在数据保护法的监管下，被合理、合法地使用；

· 建立一个技术中立的、互通的国家数据中心；

· 加强对创新性身份识别技术的研究，如数字生物识别技术；

· 针对消费者身份数据隐私和安全的保护，建立一个法律框架，要求仅在消费者知情并且同意的前提下才能对这些数据进行使用和披露。同时，应该规范和完善用户的追索权，在用户的权利或隐私受到侵犯时，可以得到相关赔偿。

原则八：监测数字普惠金融的发展

主要的行动建议包括：

· 针对数字金融服务的使用，建立全国性的关键绩效指标；

· 建立或调整财务数据收集系统，以涵盖新的数字金融供应商和产品；

· 建立监管部门的备忘录，建立有效和公开的信息交流机制；

· 建立在线数据门户或定期发布数据报告，以提供公开可用的数字金融服务使用数据；

· 对于关键性的数字普惠金融项目和改革方案进行效果评估；

· 监督以上 8 条高级原则在各个方面的进展。

数字普惠金融趋势与可能性

技术层面①

传统的普惠金融，如果不使用技术去降低触达用户的成本、提高收集信息判断用户风险的能力，一定会面临成本高、风险高、收益小的问题，要做好非常困难，经营模式也很难持续。

而随着移动互联、生物识别、人工智能、云计算等技术的发展，技术在普惠金融的发展中扮演着越来越重要的角色，触达用户和理解用户的能力正在被数字技术深刻改变，效率和成本都与以往显著不同。在可解决问题的技术层面，数字普惠金融至少有几大意义。

第一，发展数字普惠金融是数字化时代实现普惠金融目标的必然要求。自 2005 年联合国首次提出普惠金融的概念以来，经过多年的实践发展，普惠金融的服务对象已经从最初的贫困人口扩大到以小微企业、农民、贫困人群等为重点的社会各阶层和群体，服务的主体也从单一的小额信贷机构拓展到传统的金融机构与新型的业态主体良性竞合的多元化组织体系，服务的内容从最初的扶贫融资逐渐涵盖支付、储蓄、信贷、保险和资本市场等更为广泛领域的多层次金融服务体系，服务的手段从最初的机构网点甚至田间

① 中国互联网金融协会李东荣在 2016 博鳌观察金融创新峰会上的言论。

地头发展到“网点 + PC + 移动端”，多端并存，线上线下互动的多样化方式，当前新一轮产品革命方兴未艾，数字化、新型化浪潮蓬勃兴起，数字技术在服务传播产业转型升级发挥着日益重要的作用，随着数字化时代的深入发展，将会有更多具有创造性和适应性的新型技术、商业模式、服务方式渗透普惠金融的领域，在这样一个背景下，发展数字普惠金融是顺应数字化时代潮流，发挥我国互联网规模优势和应用优势的必然选择。

第二，发展数字普惠金融是解决普惠金融共性难题的可行途径。近年来，我国金融业在发展普惠金融方面进行了大量的尝试，取得的成绩有目共睹。根据世界银行在普惠金融指标上的最新数据，目前中国的大部分指标均排在发展中国家的前列，特别是账户普及率和储蓄普及率等指标甚至显著优于 G20 国家平均值，当然，我们在列举上述这些进展的同时，也十分清醒地意识到，中国和全球许多国家一样，在发展普惠金融方面依然面临服务不均衡、成本高、效率低、商业可持续性不足等一系列的全球共性难题，随着数字化时代的到来，普惠金融与数字技术加速融合创新，正在为解决上述难题创造一条可行的路径。

第三，发展数字普惠金融是互联网金融规范发展的重要方向。近年来，在技术进步与金融发展的双重驱动下，我国的互联网金融在呈现快速发展态势，发展普惠金融服务小微企业，促进“大众创业，万众创新”等方面发挥了积极的作用，但是互联网金融作为一项新生事物，尚处于发展初期，也暴露出了一些问题和风险隐患，国家制定的“十三五”规划纲要提出，要规范发展互联网金融，明确了当前以及未来较长的一段时期内，互联网金融发展的主基调是规范发展，规范发展互联网金融的一个重要方向就是要有序地开展数字普惠金融的创新，全面提升互联网金融服务的能力和普惠水平，从而更好地满足社会大众日益增长的多元化金融服务需求。

应用方面

数字普惠金融拥有广泛的载体领域，既包括支付，也包括存款、融资、理财、保险、信用等，以下以支付、征信、信贷 3 方面具体说明其应用前景。

支付

支付由现金化进入数字化时代，是典型的数字普惠金融应用。随着移动互联网的大发展，其带动的相关产业市场迎来了高速增长，尤其是移动支付，越来越深入地影响到每个人的生活。当下也诞生了各种各样的支付方式，包括扫码、NFC、指纹、人脸识别技术等。数字技术应用到移动支付领域，带给用户更安全、便利的支付体验。移动支付使支付的广度和深度得到拓展。

艾瑞数据显示，中国的第三方支付近几年呈现高速增长的趋势。2016 年的 1 季度，仅仅是国内的第三方移动支付的交易规模就已经突破了 6 万亿元。我们预测，仅第三方移动支付市场（不包括商业银行和银联），2016 年中国移动支付的交易规模可能在 25 万亿元。

肯尼亚案例：肯尼亚 M – Pesa 是肯尼亚运营商 Safaricom 在 2007 年 3 月推出的手机转账业务，这项服务不需要用户拥有银行账户，这正符合肯尼亚仅有约 20% 的成人有银行账户的现实。用户转账给肯尼亚境内的任何其他手机用户后，汇款接收方可以在任何 M – Pesa 代理网点将其兑换成现金。如此简便的支付结算方式，在短短 4 年时间就有超过 1500 万肯尼亚人成为 M – Pesa 的用户，交易额已经达到数十亿肯尼亚先令。

支付宝案例：2004—2014 的 10 年间，按支付总量来计，广东、浙江、上海、北京和江苏稳坐前 5，占比分别为 15.5%、12.5%、9.3%、9% 和 8.8%，5 省市的比重占到了总量的 55.1%。但在 2014 年各省移动支付笔数占比的排名中，前 4 名被西部省份垄断。西藏的移动支付比例占总支付比例的 62.2%，并从 2012 年开始连续蝉联全国冠军。其后分别是陕西 59.6%、宁夏 58.3% 和内蒙古 57.6%。

信贷[①]

农户与城镇低收入群体是普惠金融的目标人群，而当下的金融服务还远不能满足其需求。在数字化技术推动下，小额信贷业务的发展和相关征信体系的完善，有望打通金融服务的“最后一公里”。

面向农户与城镇低收入群体提供小额信贷的机构数量众多、业态也较为丰富，既包括商业银行、城商行、邮储银行、农村信用社为代表的传统金融

① 秦洪涛．数字普惠金融环境下小额信贷的发展[J]．清华金融评论，2016（12）．

机构，也包括村镇银行、小贷公司、资金互助社等新型金融服务机构，还有网络小贷公司、网络借贷信息中介等互联网金融企业。但是，机构面向城镇低收入群体与农户提供的小额信贷还远远不能满足需求。数字技术在信贷领域的应用，可望在几个方面做出改变：

(1)加大信贷服务向更广范围触及。如互联网金融企业通过线上开展客户获取、信用评估、风险控制、信贷撮合等服务。在服务过程中，线上线下流程的无缝切换与实时数据共享将成为基本的客户体验要求，而这也为全方位获取客户信息提供了更丰富的场景。

(2)客户差异化定价与服务。随着数字普惠金融的服务客户群体不断扩展以及海量历史数据的积累，金融服务机构可以基于大数据技术提取数百个变量，进行交叉验证，形成数千个维度去建模分析，最终细分出各种风险特征的客户行为模式类型。在具体的信贷审核过程中，通过大数据分析匹配客户的行为模式类型，制作“客户全息风险画像”，实现差异化风险定价与私人订制式的金融服务方案。

(3)生态体系加速融合。数字技术的快速发展，推动了数字普惠金融生态体系的不断完善。首先，传统金融机构纷纷拓展其服务的领域与范围，以各种方式参与到普惠金融服务中来，并将服务下沉到农村与县域城市，在增强其对普惠金融服务重点服务对象的服务能力的同时也带来了大量的同业合作与数据共享资源；其次，数字普惠金融行业价值链正在不断深化，从客户获取、大数据征信、风控模型开发、贷后用户行为预测到专业催收都诞生了一系列垂直的金融科技企业，企业与企业之间的合作正在日益加深；最后，金融与生活日益变得密不可分，大量线上线下金融生活场景正在加速嵌入到数字普惠金融服务的体系中来，与线上电商、线下各类生活服务商的跨界合作与数据共享正变得日益普遍。数字普惠金融生态体系的融合，必将进一步提升金融服务的可获取性与专业体验，金融服务的“最后一公里”有望打通。

征信

目前，我国在个人征信领域采取的是以央行为主导的征信系统。截至2015 年底，央行个人征信系统收录自然人数及信贷人数分别为 8.8 亿人与

3.8 亿人，数据覆盖面不能完全满足数字普惠金融迅速发展的需求。另外，央行征信系统的主要信息渠道是银行，征信报告中主要记录的是信贷信息，而金融交易、社交、行为信息等有价值的信用信息并没有完全纳入当前的数据库中，众多个人信息仍割裂在如法院、电信运营商、信贷机构、电商平台等部门或者机构中，“信息孤岛”现象明显。

大数据在征信领域的运用有助于建立健全个人守信激励机制。在金融领域，其运用可以促进互联网融资平台的安全性和稳定性，如其可以使个人信贷的方便性、辅助金融授信决策、防范信用风险和提升金融方面得到全面提升。在政府层面，大数据的运用以国家统一的信用信息共享交换平台为基础，进一步加强政府对市场主体的事中事后监管作用，使之成为公共信用平台建设的制度保障。

附录一：

G20 财长和央行行长会公报

2016 年 7 月 23—24 日，中国成都

1. 我们在成都举行会议，审议在应对关键经济挑战方面的努力，以及年初以来所取得的进展。我们本着团结合作的精神密切开展工作，并就各项议程取得了切实成果，这些成果将提交杭州领导人峰会审议。

2. 全球经济持续复苏，但仍旧弱于预期。同时，增长成果应在国家内和国家间得到更广泛地分享以促进包容性。全球经济环境充满挑战，下行风险持续存在，突出表现在大宗商品价格波动以及许多经济体低通胀。金融市场波动仍然很大，地缘政治冲突、恐怖主义和难民流动继续使全球经济环境复杂化。此外，英国脱欧公投结果也加大了全球经济的不确定性。G20 成员已经准备好积极应对英国公投带来的潜在经济和金融影响。今后，我们希望看到英国作为欧盟的密切伙伴。

3. 我们正在采取行动增强信心并促进增长。鉴于近期形势变化，我们重申决心将各自以及共同使用所有政策工具，包括货币、财政和结构性改革政策，以实现我们的强劲、可持续、平衡和包容性增长的目标。货币政策将继续支持经济活动，保持价格稳定，与中央银行的职责保持一致，但仅靠货币政策不能实现平衡增长。在强调结构性改革发挥关键作用的同时，我们

还强调财政战略对于促进实现我们共同的增长目标同样重要。我们正在灵活实施财政政策,并实施更为增长友好型的税收政策和公共支出,包括优先支持高质量投资,同时增强经济韧性并确保债务占 GDP 的比重保持在可持续水平。此外,我们将继续研究 G20 在必要时可采取的适合各国国情的政策措施,以支持增长和应对潜在风险,包括应对资产负债表的脆弱性。我们重申,汇率的过度波动和无序调整会影响经济和金融稳定。我们将就外汇市场密切讨论沟通。我们重申此前的汇率承诺,包括将避免竞争性贬值和不以竞争性目的来盯住汇率。我们将反对各种形式的保护主义。我们将仔细制定、清晰沟通我们在宏观经济和结构性改革方面的政策行为,以减少政策的不确定性及负面溢出效应,并增加透明度。

4. 关于结构性改革,我们核准增长框架工作组准备的“深化结构性改革议程”,并赞赏经合组织(OECD)、国际货币基金组织(IMF)和其他相关国际组织提供有价值的意见。我们注意到结构性改革的选择和设计应符合国家经济情况。在 4 月确定的结构性改革九大优先领域的基础上,我们制定了一套指导原则并达成了一致。这套指导原则将为各成员提供有用的高级别指导,同时允许各国照顾到本国具体国情。我们还就一套指标达成一致,以帮助监测和评估我们在结构性改革方面所做的努力及进展与挑战,今后我们还将进一步强化该套指标。我们承诺实施并逐步完善“深化结构性改革议程”,并呼吁国际组织继续提供支持。国际组织的初步评估和强化的同行审议结果显示,我们在落实增长战略方面取得了新的进展,但仍有大量工作需要推进。迅速和全面落实增长战略对于支持经济增长和实现布里斯班峰会制定的共同增长雄心仍然十分关键。在此基础上,为加倍努力,我们正在更新增长战略以纳入新的和调整的宏观经济及结构性政策措施,发挥二者相互支持以共同促进增长的作用。我们将在杭州峰会前完成增长战略更新,并完成衡量我们增长雄心落实进展的问责报告。我们强调,开放的贸易政策和强劲、安全的全球贸易体系对促进全球经济包容性增长具有重要意义,我们将采取进一步行动重振全球贸易和提升投资。我们还将致力于减少过度失衡,并在追求经济增长的过程中提升包容性。

5. 我们认识到全球经济复苏缓慢和市场需求低迷使包括一些行业产能过剩在内的结构性问题更加严重，这些问题对贸易和工人产生了负面影响。我们认识到，钢铁和其他行业的产能过剩是一个全球性问题，需要集体应对。我们也认识到，政府或政府支持的机构提供的补贴和其他类型的支持可能导致市场扭曲和造成全球产能过剩问题，因此需要予以关注。我们承诺加强沟通与合作，致力于采取有效措施应对上述调整，以加强市场功能和鼓励调整。G20 产钢经济体将参与国际社会应对全球产能过剩问题的行动，包括参与定于 2016 年 9 月 8—9 日召开的经合组织钢铁委员会会议，并讨论成立一个全球论坛的可行性，将其作为交流和分享全球产能动态、政府政策与支持措施信息的合作平台。

6. 为支持我们的共同增长目标和 2030 年可持续发展议程，我们重申对推进投资议程的承诺，并将重点关注基础设施发展，坚持数量与质量并重。多边开发银行在支持基础设施投资方面具有独特作用。我们已与多边开发银行进行了有效沟通，呼吁它们共同采取行动，支持基础设施投资，并促进私人投资。为此，我们欢迎 11 个多边开发银行在“支持基础设施投资行动的联合愿景声明”中做出的承诺，包括在各自机构的职责范围内宣布高质量基础设施项目的量化目标，及其为最大限度地提高基础设施项目质量、加强项目储备、增进新老多边开发银行的合作、提升发展中国家基础设施投资的有利环境和动员私人投资所做的努力。我们强调，高质量基础设施投资非常重要，其旨在综合考虑生命周期成本、安全性、抗自然灾害的韧性、创造就业机会、能力建设以及知识和专业技能转移的基础上确保经济效率，同时处理好项目的社会和环境影响，并与经济和发展战略相一致。我们欢迎多边开发银行对 G20 多边开发银行优化资产负债表行动计划的回应，号召进一步落实该行动计划。加强互联互通是 21 世纪全球经济的必然要求，对促进可持续发展和共享繁荣具有关键作用。我们成立全球基础设施互联互通联盟，以加强各个基础设施互联互通项目的整体协同与合作。我们要求世界银行作为联盟秘书处，与全球基础设施中心（GIH）、OECD、其他多边开发银行以及有兴趣的 G20 成员一起开展工作，支持联盟的活动。我们核准《G20/OECD 基础设施和中小企业融资工具多元化政策指南文件》，并欢迎 GIH 完成《政府与社会资本合作(PPP)风险分担解析报告》,以帮助发展中国家更好地评估基础设施风险。我们支持有效落实《G20/OECD 公司治理原则》和《G20/OECD 中小企业融资高级原则》,特别是期待根据金融稳定理事会(FSB)对公司治理进行的同行审议,对《G20/OECD 公司治理原则》的评估方法进行修订。

7. 我们支持国际组织持续努力,在现有和已倡议机制的基础上,根据其职能和比较优势,做出协调且有效地响应,为所有地区、各种收入水平的发展中国家和中等收入国家的难民及其接收社区提供支持。我们期待在近期采取进一步措施。我们注意到世界银行正在讨论考虑建立一个全球危机应对平台。我们呼吁加强人道主义援助和发展援助及难民安置,并通过相关国际组织加大对难民及其接收社区的支持力度。

8. 我们核准了国际金融架构工作组关于完善国际金融架构的建议。在相关国际组织工作的基础上,我们将继续改善关于资本流动的分析、监测和对资本流动过度波动带来风险的管理。我们期待 IMF 在年底前完成关于应对资本流动的国别经验和新问题的审议。我们注意到正在进行的对 OECD 资本流动通则的审议工作。我们支持进一步加强以强劲的、以份额为基础的、资源充足的 IMF 为核心的全球金融安全网,提高 IMF 贷款工具的有效性并在尊重各自职责的基础上进一步加强 IMF 与区域金融安全网之间的有效合作。在此方面,我们欢迎即将开展的清迈倡议多边化与 IMF 的联合演练,并呼吁 IMF 就贷款工具开展更多的工作。我们期待 2017 年年会前完成第 15 次份额总检查,包括形成一个新的份额公式。我们重申,份额调整应提高有活力经济体的份额占比,以反映其在世界经济中的相对地位,因此可能的结果是新兴市场和发展中国家的份额占比将整体提高。我们期待世界银行按照达成一致的路线图和时间表实施股份审议,目标是逐渐实现平等投票权。我们强调促进有效且可持续的融资实践的重要性,并将继续改善债务重组进程。我们支持将加强的合同条款纳入主权债中的持续努力。我们支持"巴黎俱乐部"作为主要的国际官方双边债务重组平台,讨论一系列主权债问题,支持其持续吸纳更多新兴债权国,并欢迎韩国加入。我们欢迎中国定期参加巴黎俱乐部会议,以及中方发挥更具建设性作用的意愿,包括进一步讨论潜在的成员身份问题。我们支持对扩大 SDR 的使用进行研究,如更广泛地发布以 SDR 作为报告货币的财务和统计数据,以及发行 SDR 计价债券的可能性,从而增强韧性。我们呼吁国际组织进一步开展工作以支持本币债券市场的发展,包括加强对低收入国家的支持。我们将国际金融架构工作组的职责延至 2017 年。

9. 近期市场动荡和不确定性再次凸显出建立开放且具抗风险能力金融体系的重要性。为此,我们继续承诺完成监管框架中剩余的核心工作,以及及时、全面和一致地落实已议定的金融改革,包括巴塞尔协议Ⅲ和总损失吸收能力(TLAC)标准,以及有效的跨境处置机制。我们重申支持巴塞尔银行监管委员会(BCBS)在 2016 年底前完成的巴塞尔协议Ⅲ框架,在推动公平竞争的环境的同时,避免进一步大幅度提高整个银行业的总体资本金要求。我们期待 BCBS 进行全面的定量影响分析,从而为监管框架的最终设计和校准提供信息。我们将继续加强监测改革落实情况及其效果,以确保其符合我们的总体目标,包括应对任何未预见到的重大后果。我们期待 FSB 拟在杭州峰会期间向领导人提交的关于金融监管改革执行与效果的第二份年报。我们将继续应对保险业系统性风险的问题。我们欢迎针对国际活跃保险机构制定保险资本标准(ICS)的工作。我们欢迎 IMF、FSB 和 BIS 正在联合进行的总结宏观审慎框架和工具的国际经验的工作,以帮助促进实施有效的宏观审慎政策,并期待报告于杭州峰会前发布。我们欢迎 FSB 就应对资产管理业务结构脆弱性的政策建议征求意见。我们将继续密切监测并在必要时应对金融体系中的新风险和脆弱性,包括与影子银行、资产管理和其他市场化融资有关的风险。为妥善应对代理行业务减少问题,我们期待拟向杭州峰会提交的由 FSB 协调的四项行动计划的进展报告。G20 期待进一步适当明确监管预期相关工作,包括 10 月金融行动特别工作组(FATF)将讨论代理行指引。我们呼吁 G20 成员、IMF 和世界银行加大对各国能力建设的支持力度,从而帮助其改善全球反洗钱和反恐融资(AML/CFT)以及审慎标准的合规工作。我们鼓励成员缩小在实施金融市场基础设施原则方面的差距,并加快在场外衍生品市场改革方面的行动。根据我们已通过的工作计划,我们期待那些关于中央对手抗风险能力、恢复计划和可处置性的征求意见稿在杭州峰会之前发布。我们通过了由普惠金融全球合作伙伴（GPFI）制定的 G20 数字普惠金融高级原则、G20 普惠金融指标体系升级版以及 G20 中小企业融资行动计划落实框架。我们鼓励各国在制订其更广泛的普惠金融计划时考虑这些原则，特别是数字普惠金融领域的计划。

10. 我们欢迎在日本京都召开的 G20/OECD 税基侵蚀和利润转移（BEPS）包容性框架首次会议，特别是参与该框架成员十分广泛，这将为及时、持续和广泛地落实 G20/OECD 的 BEPS 项目并应对发展中国家面临的特殊挑战发挥关键作用。我们呼吁所有尚未就 BEPS 项目做出承诺的感兴趣的相关国家和辖区做出承诺，并平等参与该框架。我们也欢迎近期在有效和广泛落实国际公认的税收透明度标准方面取得的进展。我们重申呼吁所有还未做出承诺的国家，包括所有金融中心和辖区立刻做出承诺，最迟在 2018 年前实施自动情报交换标准，并签署多边税收行政互助公约。我们支持税收透明度与情报交换全球论坛就自动情报交换的实施情况进行监督，并期待在今年底前收到其报告。我们核准 OECD 与 G20 成员合作提出的关于识别在税收透明度方面不合作辖区的客观标准建议。我们要求 OECD 在 2017 年 6 月前向我们报告辖区在税收透明度上取得的进展，以及税收透明度与情报交换全球论坛将如何管理国别审议进程，应对国家提出的补充审议要求，以便 OECD 在 2017 年 7 月 G20 领导人峰会前准备一份尚未在落实国际税收透明度标准上取得满意进展的辖区清单。对列入清单的辖区将考虑制定防御性措施。我们鼓励各国和国际组织帮助发展中国家加强税收能力建设，为此，我们对 IMF、OECD、联合国和世界银行成立的新的税收合作平台，以及这些机构关于支持税收改革的有效技术援助机制的建议表示认可。我们期待在 2017 年中收到相关进展更新情况。我们支持亚的斯税收倡议的原则。我们认识到非法资金流动对各国经济都会产生巨大的负面影响，并将继续推进 G20 在这方面的工作。

11. 我们认识到税收政策在更广泛的强劲、可持续和平衡增长议程中发挥的重要作用，也认识到公平、高效的国际税收环境对减少税收体系冲突的重要作用。正如我们在 G20 税收高级别研讨会讨论中所强调的，我们重视税收政策工具在促进创新驱动和包容性增长的供给侧结构性改革上的有效性，也重视税收确定性对于促进投资和贸易的益处。为此，我们要求 OECD 和 IMF 继续在促增长的税收政策和提高税收确定性方面开展工作。

12. 我们重申要求 FATF 和税收透明度与情报交换全球论坛在我们 10 月会议前，就如何加强国际透明度标准实施，包括获取法人和法律安排的受益所有权信息并开展跨国信息交换提出初步建议。

13. 我们对近期的恐怖袭击表示最强烈的谴责。我们重申将保持团结一致，并决心打击所有形式的恐怖主义，无论发生在哪里。我们将应对恐怖融资的所有来源、技术和渠道。我们欢迎 FATF 在实施其打击恐怖融资新综合战略方面取得的进展，并呼吁有效落实其操作计划。在世界范围内快速、有效地落实 FATF 标准是当务之急。这就要求加强 FATF 的引导力，提高 FATF 网络以及与 FATF 类似的区域机构的有效性。我们呼吁 FATF 在 2017 年 3 月前就如何在这些领域取得进展向我们汇报。

14. 我们认识到，为支持在环境可持续前提下的全球发展，有必要扩大绿色投融资。我们欢迎绿色金融研究小组提交的《G20 绿色金融综合报告》和由其倡议的自愿可选措施，以增强金融体系动员私人资本开展绿色投资的能力。具体来说，我们相信可通过以下努力来发展绿色金融：提供清晰的战略性政策信号与框架，推动绿色金融的自愿原则，扩大能力建设学习网络，支持本地绿色债券市场发展，开展国际合作以推动跨境绿色债券投资，鼓励并推动在环境与金融风险领域的知识共享，改善对绿色金融活动及其影响的评估方法。

15. 我们欢迎一些国家为帮助气候变化《巴黎协定》尽快生效所采取的国内措施，同时鼓励其他国家这样做。我们重申呼吁及时实施气候变化《巴黎协定》，落实发达国家和国际组织就气候资金所作的承诺和其他国家就气候资金所作的声明。我们欢迎气候资金研究小组有关“以有效和透明的方式提供和动员气候资金以强化减缓和适应行动”的报告，并注意到有关“在发展援助和气候资金项目中实现气候变化因素主流化”的展望报告。根据明年 G20 主席国经商其他成员国确定的工作安排，我们 2017 年将继续就气候资金问题开展工作，目标是利用 G20 论坛的专长、知识和经验分享，为《联合国气候变化框架公约》（UNFCCC）下所进行的讨论做出贡献。

16. 我们重申致力于在中期规范并逐步取消低效的、鼓励浪费的化石燃料补贴,并认识到有必要为贫困人口提供支持。此外,我们鼓励所有 G20 成员考虑参与低效的、鼓励浪费的化石燃料补贴自愿同行审议。

第三节　行业良性整合

1. 行业现状

行业经历从2013年以来的超高速发展，平台数量疯狂上涨，2013—2014年行业出现新老平台齐头并进的情况，进入2015年态势得以遏制，2016年进入新增平台平缓期。除少量新兴垂直资产类平台之外，鲜有新平台能够在短时间内获取过高增量，行业集中度开始上升。

在资产端，早期庞大的空白市场逐步被数以千计的平台抢占，行业已经脱离高速成长阶段，以小额信用贷款、车辆或房屋抵押贷款、大额企业担保贷款为代表的传统主流资产整体上已经难有过高增幅，同时部分早期平台经过数年经营在资产渠道和风险控制上逐步建立起一定的专业性优势，新兴平台进入门槛变高，在上述主流市场中难有可持续的增速，并且，随着《办法》的出台，尤其是“限额令”的出台，资产更趋于集中，新进入平台想在其中找到生存之地已不容易。

在资金端，部分平台经过数年的合规运营，已经逐步建立品牌效应，借助互联网经济的口碑效应，平台资金成本逐步下降，借此释放的经营利润则会反哺平台，用于后续营销投入或降低业务风险，进一步提升品牌价值，其本身可生产较为稳健的自然用户增量；其次，伴随行业专项整治的进行，大量不合规平台面临整顿和停运，部分用户将面临平台迁移，上述大型平台将成为存量用户的主要选择；最后，严苛的行业监管带来的是机构的“合法化”，将在整体上提升潜在投资人信心，备受认可的合规平台将因监管政策红利获取增量用户，未来资金流量将进一步向稳健经营的大型平台倾斜。

在资产与资金端的匹配上，在资金端逐步建立优势的成熟平台，同样会面临一定的资产增速萎缩。但相比于弱小平台，有实力的平台在外部资源拓展能力、内部管理能力、资金及技术实力上均已较为成熟，在捕捉到新型资产的背景之下可采用对外合作、自行扩展、收购入股等方式快速布局，规模优势初步显现。随着大型平台的稳步发展，“马太效应”愈加明显。

2. 整合趋势

随着“马太效应”的凸显，行业良性整合与退出成为趋势。从 2015 年下半年开始，零壹财经开始注意到“良性退出”和“隐性停运”的现象。此外，同业并购/收购也是退出路径之一。

良性退出是网贷平台自主宣布退出网贷市场，停止发布新标并进行资金清偿的行为。网贷暂行管理办法发布后，形成了新的准入门槛，网贷平台合规成本大幅上升，其中资金存管的成本最高，隐性成本则包括“限额”要求下的资产端业务转型等。

从实际案例来看，良性退出在行业进行得并不十分顺利，盈灿咨询以 30 家宣布清偿退出网贷市场的平台为案例进行调查，发现其中仅有 12 家平台做到了投资人认可的良性退出，仅占四成；另有 6 家平台宣布“退出”后不久便跑路，另有 12 家出现了严重逾期或坏账。

网贷市场优胜劣汰的另一种结果是“隐性停运”。这些平台表现为既没有发布停运公告，也无任何证据说明其有问题，大都表现为默默清偿。零壹财经数据中心统计，截至 2016 年底，累计歇业停业平台共计 1155 家，其中 2016 年有 395 家。歇业停业中隐性停运的平台共计 845 家，占比 73.1%，其中 2016 年隐性停运平台 344 家，占总隐性停运平台数的 40.7%。

与良性退出、隐性停运相比，网贷平台转型为非网贷业务平台类型较少，截至 2016 年底，共有 30 家网贷平台转型为非网贷业务公司，其中 2016 年度转型的平台为 23 家，每月在 1 ~ 2 家，转型方向为互联网众筹、电子商务等。

良性退出和隐性停运都是网贷监管和市场竞争的结果，在网贷行业“马太效应”持续加剧的背景下，良性退出和隐性停运将成为 2017 年的常态。

网贷行业同业收购/并购也将是 2017 年的趋势之一，这一现象出现于

2015年,2015年9月,融金所与团贷网及其投资方九鼎投资联姻为典型案例;2016年这种迹象越发明显,同业收购/并购的案例包括:2016年9月,短融网母公司久亿科技并购车贷公司齐海金融;10月,乐视投资的多赢金融与骑士贷合并;11月,团贷网投资沐金农1250万元,收购后者10%的股权。

从上述几家平台间整合行为来看,呈现出几大特点:一类是收购,具体形式是入资持股,其目的在于充实资产端等;另一类是并购,该类整合往往包括目标平台的特定资产,如团队、资金端的用户、品牌等。

第七章

附录:文献

北京市互联网金融行业协会重要文献[①]

一、北京市网贷行业协会章程[②]

第一章　总则

第一条　本团体定名为：北京市互联网金融行业协会（英文译名 Beijing P2P Association，BJP2P）

第二条　本团体是由网贷机构以及相关行业机构自愿联合发起成立的专业行业协会，是经北京市社会团体登记管理机关核准登记的非营利性自律社会团体。

第三条　本团体的宗旨：遵守宪法、法律、法规和国家政策，遵守社会道德风尚；团结北京市开展业务的网贷机构以及相关行业机构，坚持以金融创新的思维、协作的文化、开放的平台、有效的服务为指导思想，通过开展机构间持续的相互调研交流、开放数据、参与行业自律沟通等活动，为会员提供服务，为行业发展服务，达到推进行业规范发展的目的。

第四条　本团体接受业务指导单位北京市金融工作局、社团登记管理机关北京市民政局的业务指导和监督管理。

第五条 本团体的办公住所：北京市丰台区丽泽路 18 号院 1 号楼 701 -

① 本章所有文献均由北京市互联网金融行业协会前身北京市网贷行业协会发布，所有文献、报道以此类推。

② 本文献系北京市互联网金融行业协会前身北京市网贷行业协会制定，协会更名后，表述可能会有差异。

56 室。

第二章　业务范围

第六条　本团体的业务范围

（一）协助政府宣传贯彻落实国家和北京市关于互联网金融的法律、法规和相关规则；

（二）研究和探索网贷行业的发展方向。推进行业自律机制，调查了解并及时反映行业及从业人员的诉求和建议，为政府决策和制定政策提供建议和依据；

（三）实施金融产品实名登记制度，积极推进网贷行业的技术研发与产品创新，研究提出行业规范和技术协议等，推动行业健康有序发展；

（四）推进平台信息分级披露，增加行业透明度，建立信息平台，收集和发布从事网贷行业的企业所需要的各种信息，为互联网企业和金融机构开发新品、开拓市场、引进智力与技术服务；

（五）推进资金托管，会员授权协会从资金托管方提取交易记录，以搭建行业信息互助平台；

（六）组织会员参与国际经济技术交流与合作；

（七）加强行业内部交流，建立交流平台，开展从事网贷行业的经营管理人才的培训工作，组织理论研讨，举办相关会议，不断提高从事网贷行业的企业家的综合素质；为从事网贷行业的企业提供创业辅导、管理咨询、投资融资、技术创新、企业信息化、资本运作、产业基金、对外合作、会议展览和培训活动等服务；

（八）推进行业品牌建设，组织推广先进经验，宣传优秀的从事网贷行业的企业家，促进网贷行业的品牌建设及金融创新；

（九）加强行业自律，促进会员坚守行业发展底线，不得触碰非法集资，不得非法吸收公众存款，不得建立资金池和资金链，加强会员企业风险管理，处理行业投诉，保护金融消费者的权益；

（十）推动建立网贷行业的统一风控平台、云风控体系，研究建立网贷平台的基础协议，进一步强化风险控制能力；

（十一）提供综合专业服务，编辑、出版、发行会刊等出版物；

（十二）承办会员单位和有关部门委托的各项工作。

第三章　会员

第七条　本团体的会员种类为单位会员。

第八条　申请加入本团体的会员，必须具备下列条件：

（一）拥护本团体的章程；

（二）承诺遵守本会制定的行业准则和技术协议等；

（三）有加入本团体的意愿，自愿入会并积极承担和履行会员的各项责任与义务；

（四）在中国境内依法登记注册的网贷企业及相关服务机构；

（五）在本团体的业务领域内具有一定的影响。

第九条　会员入会的程序

（一）提交入会申请书；

（二）经专业委员会出访调研审核后，出具评估报告，报本会理事会讨论，超过半数以上理事会成员讨论通过，成为预备会员，本会官网上公示3个月，无异议后方可加入，成为正式会员。预备会员期间，履行所有会员义务，但没有各项权利（选举权、被选举权和表决权）；

（三）如果未通过申请的机构，成为观察会员，限期6个月进行整改，根据观察会员要求可以重新启动程序（一）、（二）。两次未通过申请程序的机构一年内不再受理入会申请；

（四）由秘书处核发会员证。

第十条　会员享有下列权利：

（一）本团体的选举权、被选举权和表决权；

（二）参加本团体的活动；

（三）获得本团体服务的优先权；

（四）对本团体工作的批评建议权和监督权；

（五）在其合法权益受到侵害时，有权寻求本会的保护和支持；

（六）入会自愿、退会自由。

第十一条　会员履行下列义务：

（一）遵守本会章程，执行本团体的决议；

（二）维护本团体的合法权益和声誉；

（三）积极参加本会组织的各项活动，完成本团体交办的工作；

（四）按规定交纳会费；

（五）严格执行产品登记、信息披露、资金托管。及时向本会反映情况，提供所需的有关信息、统计数据和有关资料。

第十二条　发生下列情况之一者，会员资格即终止：

（一）会员自愿退会，并书面通知本会，并交回会员证。自愿退会应书面通知本团体。

（二）会员一年不交纳会费或不参加本团体活动，视为自动退会。

（三）企业会员或团体会员单位解散或依法注销，并书面通知本会。

第十三条　对违反法律法规、不遵守本会章程或不履行义务的会员，视情节轻重，经理事会、理事会同意，本会有权取消其会员资格。对给本会造成不良影响的，本会保留追究权利。

第四章 组织机构

第十四条　本团体的最高权力机构是会员大会，其主要职责是：

（一）制定和修改章程；

（二）选举和罢免理事、监事；

（三）审议理事会、监事会的工作报告和财务报告；

（四）决定重大变更和终止事宜；

（五）决定其他重大事宜。

第十五条　会员大会须有 2/3 以上的会员（或会员代表）出席方能召开，其决议须经到会会员（或会员代表）半数以上表决通过方能生效。

第十六条　会员（代表）大会每届一年。召开会员（代表）大会 30 日前，应将会议准备材料送至业务主管单位和社会团体登记管理机关审查，确认符合开会条件后方可召开。召开会员大会后将会议纪要及有关材料报业务主管单位和社会团体登记管理机关，按规定办理成立登记手续。因特殊情况需提前或延期换届的，须由理事会表决通过，报业务主管单位审查并经社团登记管理机关批准同意。但延期换届最长不超过 1 年。

第十七条　本团体设立理事会，在会员（代表）大会闭会期间执行会员（代表）大会的决议，领导本团体开展日常工作，对会员（代表）大会负责。理事从会员中选举产生。

第十八条　理事会的职责是：

（一）执行会员（代表）大会的决议；

（二）选举和罢免理事长（会长）、常务副理事长（常务副会长）、副理事长（副会长）、秘书长；

（三）筹备召开会员（代表）大会；

（四）向会员（代表）大会报告工作和财务状况；

（五）决定会员的吸收或除名；

（六）决定办事机构、分支机构、代表机构和实体机构的设立和办公住所的变更；

（七）决定副秘书长、各机构主要负责人的聘任；

（八）领导本团体各机构开展工作；

（九）制定内部管理制度；

（十）接受监事会提出的对本团体违纪问题的处理意见，提出解决办法并接受其监督。

（十一）决定其他重大事项。

第十九条　理事会须有2/3以上理事出席方能召开，其决议须经到会理事半数以上表决通过方能生效。理事会每年至少召开一次会议；情况特殊的，也可采用通讯形式召开。

第二十条　本团体的理事长（会长）、常务副理事长（常务副会长）、副理事长（副会长）、秘书长必须具备下列条件：

（一）坚持党的路线、方针、政策，政治素质好；

（二）在本团体业务领域内有较大影响；

（三）秘书长为专职；

（四）身体健康，能坚持正常工作；

（五）未受过剥夺政治权利的刑事处罚；

（六）具有完全民事行为能力。

第二十一条　本团体理事长(会长)行使下列职权:

(一)召集和主持理事会(或常务理事会);

(二)检查会员(代表)大会、理事会(或常务理事会)决议的落实情况;

(三)理事长(会长)任期可连选连任,最长不超过两届。

第二十二条　本团体常务副会长/副会长行使下列职权:

(一)协助会长工作;

(二)常务副会长/副会长任期可连选连任,最长不能超过两届。

第二十三条 本团体的法定代表人为秘书长担任,报业务指导单位备案并经社团登记管理机关批准同意后,方可担任。

本团体法定代表人不得兼任其他团体的法定代表人。

第二十四条　本团体秘书长行使下列职权:

(一)主持办事机构开展日常工作,组织实施年度工作计划;

(二)协调各分支机构、代表机构、实体机构开展工作;

(三)提名副秘书长以及各办事机构、分支机构、代表机构和实体机构主要负责人,交理事会或常务理事会决定;

(四)决定办事机构、代表机构、实体机构专职工作人员的聘用;

(五)代表本团体签署有关重要文件;

(六)处理其他日常事务。

第二十五条　监事会

本团体设监事会由会员(代表)大会选举产生,向会员(代表)大会负责,其主要职责包括:

(一)选举产生监事长;

(二)出席理事会(或常务理事会);

(三)督促本团体及领导成员依照核定的章程、业务范围及内部管理制度开展活动;

(四)对本团体成员违反本团体纪律,损害本团体声誉的行为进行监督;

(五)对本团体的财务状况进行监督;

(六)对本团体的违法违纪行为提出处理意见,提交理事会(或常务理事会)并监督其执行。

第五章　资产管理

第二十六条　本团体经费来源：

（一）会费；

（二）捐赠；

（三）政府资助；

（四）在核准的业务范围内开展活动或服务的收入；

（五）利息；

（六）其他合法收入。

第二十七条　本团体按照会员（代表）大会制定或修改的会费标准收取会员会费。

第二十八条　本团体经费必须用于本章程规定的业务范围和事业的发展，不得在会员中分配。

第二十九条　本团体建立严格的财务管理制度，保证会计资料合法、真实、准确、完整。

第三十条　本团体配备具有专业资格的会计人员。会计不得兼任出纳。会计人员必须进行会计核算，实行会计监督。会计人员调动工作或离职时，必须与接管人员办清交接手续。

第三十一条　本团体的资产管理必须执行国家规定的财务管理，接受会员大会（或会员代表大会）和财政部门的监督。资产来源属于国家拨款或者社会捐赠、资助的，必须接受审计机关的监督。并将有关情况以适当方式向社会公布。

第三十二条　本团体换届或更换法定代表人之前必须接受社团登记管理机关和业务主管单位组织的财务审计。

第三十三条　本团体的资产任何单位、个人不得侵占、私分和挪用。

第三十四条　本团体专职工作人员的工资和保险、福利待遇，参照国家对事业单位的有关规定执行。

第六章　终止程序

第三十五条　本团体完成宗旨、自行解散或由于分立、合并等原因需要注销的，由理事会或常务理事会提出终止动议。

第三十六条　本团体终止动议须经会员（代表）大会表决通过，并报业务主管单位审查同意。

第三十七条　本团体终止前，须在业务主管单位及有关机关指导下成立清算组织，清理债权债务，处理善后事宜。清算期间，不开展清算以外的活动。

第三十八条　本团体经社团登记管理机关办理注销登记手续后即为终止。

第三十九条　本团体终止后的剩余财产，在业务主管单位和社团登记管理机关的监督下，按照国家有关规定，用于发展与本团体宗旨相关的事业。

第七章　附则

第四十条　本章程经 2014 年 12 月 16 日会员（代表）大会表决通过。

第四十一条　本章程的解释权属本团体的理事会。

第四十二条　本章程自社团登记管理机关核准之日起生效。

二、北京市网贷行业自律公约（草案）[①]

第一章　总则

第一条　为维护北京市网贷行业的正常秩序，促进行业健康发展，根据有关法律法规，制定本公约。

第二条　本公约所称的网贷机构，是指依法登记注册、具有法人资格，依法为民间借贷双方提供网贷等服务的法人机构。

第三条　本公约倡导网贷机构及其从业人员自觉遵守“安全高效、诚信互助、公平公正、创新稳健”原则，加强自律，为北京市网贷行业发展创造良好的生态环境。

第四条　网贷机构应严格执行国家有关法律、法规和规章制度，遵守北京市互联网金融行业协会制定的行业公约，在平等、自愿、公平和诚实信用的原则下开展业务，不得损害国家利益、社会公共利益、客户利益和行业

① 本文献系北京市互联网金融协会前身北京市网贷行业协会制定，协会更名后，表述可能有差异。

利益。

第五条　网贷机构应当从维护全行业整体利益出发，积极推进行业自律，完善企业治理和内部控制机制，提升风险管理能力，针对信用风险、操作风险、流动性风险、市场风险等制定积极可行的防范措施。

第六条　北京市互联网金融行业协会作为本公约的执行机构，负责组织实施本公约。

第二章　自律约定

第七条　网贷机构及其从业人员应遵守行业规则，本着诚信、勤勉、敬业的原则，审慎开展网贷业务，积极推进行业自律。

第八条　网贷机构需要按照北京市互联网金融行业协会专业委员会提出、会员大会通过的有关产品登记的协议公开进行产品登记，积极推进实名制。

第九条　网贷机构必须建立审计和法律监督制度，并定期向北京市互联网金融行业协会披露信息。

第十条　网贷机构的运营资金与出资人、投资者的资金必须严格分离，委托第三方支付或者银行托管资金，严格执行资金流、信息流分离，严禁杜绝占据、集取、挪用、控制客户的出资资金等违法违规现象。网贷机构必须授权北京市互联网金融行业协会从委托第三方支付或者银行提取交易记录。

第十一条　积极完善交易监管体系，采取必要措施防范不法分子进行交易敲诈、洗钱、违规套现等违法犯罪活动。

第十二条　网贷机构在进行业务的宣传及推介时，必须尊重客户的相关知情权，对借贷相关的信用风险、操作风险、流动性风险、市场风险等必须及时告知客户，相关服务协议中应涵盖风险提示条款。构建覆盖全面的风险保障体系，针对信用风险、市场风险、操作风险等制定切实可行的防范体系，提升平台技术管理能力，减少并尽可能杜绝因技术原因等造成的用户资金损失。

第十三条　产品的宣传应合理合法，不应夸大收益和保障，并须向投资人充分提示风险。

第十四条　网贷机构提供风险控制、信息咨询服务、风险拨备、支付运营成本而合理收取相关服务费用时，需要在公开、透明、合理、自愿的原则下，与客户签订服务协议，并按服务协议的约定适度收取费用。

第十五条　网贷机构应积极与征信机构合作，支持建立涵盖借款人信息的征信管理系统平台，增加防范信贷风险能力。

第十六条　网贷机构应充分尊重和保护借款人和出资人的个人隐私。网贷机构对客户基本资料和信用资料进行收集、使用和保存，应事先取得客户的同意或授权，对客户的各项资料负有保密责任，未经客户允许，不得将客户信息提供给交易之外的机构和个人。

第十七条　网贷机构应建立畅通的客户沟通渠道，公正、公平、及时有效地处理客户的咨询和投诉。在拓展客户业务、客户关系维持、还款提醒、催收等过程中，不得对客户进行恶意骚扰，不得对客户有言辞或人身攻击等行为，注意文明用语。

第十八条　网贷机构应当按照平等自愿、公平竞争的原则拓展业务，鼓励、支持开展合法、公平、有序的行业竞争，不得采用不正当手段进行业务竞争。

第十九条　网贷机构需要加强沟通协作，研究、探讨行业发展战略，促进创新型发展和健康可持续发展，积极研究经济行业及金融行业动态，加强从业人员的金融风险意识，提供其金融知识和操作水平，针对可能发生的重大风险事件，制订有效的应对计划和风险处理预案。

第二十条　加强产业链协同，鼓励科研、教育机构、企业等单位和个人大力开发具有自主知识产权的互联网金融创新产品，积极参与国际合作和交流，为行业的进一步发展提供有力支撑。

第二十一条　虚心接受社会各界对本行业的监督和批评，共同抵制和纠正行业的不正之风。

第三章　公约执行

第二十二条　北京市互联网金融行业协会负责组织实施本公约，负责向公约成员单位传递行业的法规政策及行业自律信息，做好政府主管部门和成员单位的沟通桥梁，组织实施行业自律，并对成员单位遵守本公约的情况进行督促检查。

第二十三条　本公约成员单位应充分尊重并自觉履行本公约的各项自律原则。

第四章　附则

第二十四条　本公约经公约发起单位法定代表人或其委托的代表签字后生效,并在生效后的一个月内由北京市互联网金融行业协会向社会公布。

第二十五条　本公约生效期间,经北京市互联网金融行业协会提议,并经三分之二以上成员单位同意,可以对本公约进行修改。

第二十六条　北京市网贷行业从业机构接受本公约的自律规则,均可以申请加入本公约;本公约成员单位也可申请退出本公约,并通知公约执行机构;公约执行机构定期公布加入及退出本公约的单位名单。

第二十七条　公约成员单位违反本公约,造成不良影响,经查证属实的,由北京市互联网金融行业协会视不同情况给予在公约成员单位内部通报或取消公约成员资格的处理,并及时通报送主管单位。

第二十八条　本公约由北京市互联网金融行业协会解释,自协会成立之日起施行。

三、北京市互联网金融行业协会入会流程

《北京市网贷行业协会入会流程》①

一、入会条件

申请加入协会的会员,必须具备下列条件:

(一)拥护协会章程;

(二)承诺遵守协会制定的行业准则和技术协议等;

(三)有加入协会的意愿,自愿入会并积极承担和履行会员的各项责任与义务;

(四)在中国境内依法登记注册的网贷企业及相关服务机构;

(五)在网贷业务领域内具有一定的影响。

① 本文献系北京市互联网金融协会前身北京市网贷行业协会制定,协会更名后,表述可能有差异。

二、入会程序

（一）企业提交入会申请材料（含入会申请书、企业经营情况说明、合法合规说明与入会承诺函），前期通过当面或邮递方式提交，后期将增加在线申请通道（待协会网站开发完成后开放）。

（二）协会秘书处接到申请材料后，如申请材料齐全并符合标准，将在 5 个工作日内出具申请受理函与调研通知函，与企业协商确定调研安排；如申请材料不全或存在明显不足，将要求企业补充材料及说明，直至符合标准为止。

（三）秘书处组织调研团队，从协会四个专业委员会（大数据风控专业委员会、法律专业委员会、媒体宣传专业委员会、技术安全专业委员会）分别抽调一名代表参与。调研组赴企业调研，核实企业相关材料，并与企业高管面对面沟通了解相关情况。调研结束后，调研组将在 5 个工作日内形成调研评估报告。

（四）秘书处将评估报告上报协会理事会，理事会收到评估报告后 5 个工作日内举行评审会。如果超过半数以上理事会成员讨论通过，申请企业将成为预备会员，于协会官网上公示 3 个月，无异议后方可加入，成为正式会员。预备会员期间，履行所有会员义务，但没有各项权利（选举权、被选举权和表决权）。

（五）如果在评审会上未能通过申请，企业将成为观察会员，限期 6 个月进行整改，根据观察会员要求可以重新启动程序进行申请、调研和上会。两次未通过申请程序的机构一年内不再受理入会申请。

（六）公示期结束后，将由秘书处核发会员证。至此，会员将拥有包括选举权、被选举权和表决权在内的各项权利。

三、权利与义务

会员享有下列权利：

（一）本团体的选举权、被选举权和表决权；

（二）参加本团体的活动；

（三）获得本团体服务的优先权；

（四）对本团体工作的批评建议权和监督权；

（五）在其合法权益受到侵害时，有权寻求本会的保护和支持；

（六）入会自愿、退会自由。

会员履行下列义务：

（一）遵守本会章程，执行本团体的决议；

（二）维护本团体的合法权益和声誉；

（三）积极参加本会组织的各项活动，完成本团体交办的工作；

（四）按规定交纳会费；

（五）严格执行产品登记、信息披露、资金托管。及时向本会反映情况，提供所需的有关信息、统计数据和有关资料。

四、退出与追责

发生下列情况之一者，会员资格即终止：

（一）会员自愿退会，并书面通知本会，并交回会员证。自愿退会应书面通知本团体。

（二）会员一年不交纳会费或不参加本团体活动，视为自动退会。

（三）企业会员或团体会员单位解散或依法注销，并书面通知本会。

（四）对违反法律法规、不遵守本会章程或不履行义务的会员，视情节轻重，经理事会、理事会同意，本会有权取消其会员资格。对给本会造成不良影响的，本会保留追究权利。

四、北京市互联网金融行业协会重要观点

（一）协会发布

北京市网贷行业协会第一次会员大会成功召开

发布日期：2014 年 12 月 17 日

2014 年 12 月 16 日，北京市网贷行业协会第一次会员大会在北京京师科技大厦召开。北京市民政局、北京市金融工作局以及 30 家发起会员参会。

在此次大会上，北京市民政局领导高卫东宣读了《北京市民政局关于同意筹备成立北京市网贷行业协会的批复》，指导单位领导发表了讲话。与会会员一致通过了《北京市网贷行业协会章程》《北京市王迪行业协会第一届理事会和监事会选举办法》和《北京市网贷行业协会自律公约》等文件。

按照会员投票结果,最终选举出了协会第一届理事会和监事会单位:宜信公司当选会长单位,网信理财、翼龙贷当选常务副会长单位,有利网、积木盒子、91 旺财、银客网 4 家机构当选副会长单位,易宝支付当选监事长单位,协会筹备工作领导小组负责人郭大刚当选秘书长。

根据《北京市网贷行业协会章程》(以下简称《章程》),北京市网贷行业协会是由网贷机构以及相关行业机构自愿联合发起成立的专业行业协会,是经北京市社会团体登记管理机关核准登记的非营利性自律社会团体。协会接受业务指导单位北京市金融工作局、社团登记管理机关北京市民政局的业务指导和监督管理。

协会的宗旨是:遵守宪法、法律、法规和国家政策,遵守社会道德风尚;团结北京市开展业务的网贷机构以及相关行业机构,坚持以金融创新的思维、协作的文化、开放的平台、有效的服务为指导思想,通过开展机构间持续的相互调研交流、开放数据、参与行业自律沟通等活动,为会员提供服务,为行业发展服务,达到推进行业规范发展的目的。

《章程》规定,协会将在贯彻落实有关法律、法规和相关规则的前提下,积极推动北京市网贷行业发展,主要举措将包括:实施金融产品实名登记制度,积极推进网贷行业的技术研发与产品创新,研究提出行业规范和技术协议等;推进平台信息分级披露,增加行业透明度,建立信息平台;推进资金托管,会员授权协会从资金托管方提取交易记录,以搭建行业信息互助平台;加强行业内部交流,建立交流平台,为从事网贷行业的企业提供创业辅导、管理咨询、投资融资、技术创新、企业信息化、资本运作、产业基金、对外合作、会议展览和培训活动等服务;推动建立网贷行业的统一风控平台、云风控体系,研究建立网贷平台的基础协议,进一步强化风险控制能力等。

与《章程》相适应的是,《北京市网贷行业协会自律公约》提出:网贷机构需要按照协会有关产品登记的协议公开进行产品登记,积极推进实名制;网贷机构必须建立审计和法律监督制度,并定期向协会披露信息;网贷机构的运营资金与出资人、投资者的资金必须严格分离,委托第三方支付或者银行托管资金,网贷机构必须授权协会从委托第三方支付或者银行提取交易记录;积极完善交易监管体系,采取必要措施防范不法分子进行交易敲诈、洗钱、违规套现等违法犯罪活动；网贷机构在进行业务的宣传及推介时，必须尊重客户的相关知情权，对借贷相关风等必须及时告知客户，相关服务协议中应涵盖风险提示条款；产品的宣传应合理合法，不应夸大收益和保障，并须向投资人充分提示风险；网贷机构应积极与征信机构合作，支持建立涵盖借款人信息的征信管理系统平台，增加防范信贷风险能力等。

据悉，协会将组建秘书处，设立研究中心和四个专业委员会：大数据风控专业委员会（提请九次方大数据担任主任委员）、法律专业委员会（提请君邦律所担任主任委员）、媒体宣传专业委员会（提请零壹财经担任主任委员）、技术安全专业委员会（提请中科柏诚担任主任委员）。通过常设机构，积极落地实施产品登记、信息披露、第三方托管等重点工作，持续发展行业会员。

北京市网贷行业协会正式获批成立

发布日期：2014 年 12 月 30 日

12 月 29 日，北京市民政局向北京市网贷行业协会筹备组颁发了《行政决定许可书》，标志着北京市网贷行业协会（以下简称协会）正式获批成立。

协会定于 1 月 19 日召开成立大会。这是我国第一个网贷行业协会组织。

根据《北京市网贷行业协会章程》，协会是由网贷机构以及相关行业机构自愿联合发起成立的专业行业协会，是经北京市社会团体登记管理机关核准登记的非营利性自律社会团体。协会接受业务指导单位北京市金融工作局、社团登记管理机关北京市民政局的业务指导和监督管理。

据介绍，协会的宗旨是团结北京市开展业务的网贷机构以及相关行业机构，坚持以金融创新的思维、协作的文化、开放的平台、有效的服务为指导思想，通过开展机构间持续的相互调研交流、开放数据、参与行业自律沟通等活动，为会员提供服务，为行业发展服务，达到推进行业规范发展的目的。

12 月 16 日，协会第一次会员大会在北京京师科技大厦召开。北京市民政局、北京市金融工作局以及 30 家发起会员参会。会议上，通过会员投票一致选举出了协会第一届理事会和监事会单位：宜信公司唐宁当选会长，网信理财李焕香、翼龙贷王思聪当选常务副会长，有利网刘雁南、积木盒子董骏、

91 旺财许泽玮、银客网林恩民 4 家机构当选副会长，易宝支付唐彬当选监事长，协会筹备工作领导小组负责人郭大刚当选秘书长。

北京市网贷行业协会关于“大公信用数据有限公司互联网金融黑名单及预警名单”的声明

各位会员：

日前，大公国际资信评估有限公司旗下大公信用数据有限公司（以下简称“大公”）公开发布了首批“互联网金融黑名单及预警名单”，协会对此声明如下：

大公国际资信评估有限公司是我国信用评级市场的主要成员之一。“大公”愿意为我国网贷行业发展做出贡献的出发点值得尊重和肯定，但对于该机构当前的工作方法和实现路径，协会保持关注。

作为一种由来已久的社会中介服务，信用评级对于金融市场发展具有积极作用，网贷行业同样需要建立征信基础等公共设施。我们呼吁有关第三方机构能够本着科学精神和社会责任感，本着独立、公开、透明的原则，在脚踏实地、有理有据的调研论证基础上形成专业、客观的评级体系，共同建立和维护行业秩序与规则。

协会作为北京市网贷行业的自律组织，欢迎有资质、有能力、有授权的机构通过专业性的工作提升行业透明度和规范度；同时，坚决反对任何非专业的“监管套利”行为，并将建立负面清单，驱逐主观动机不良、形成客观不良事实结果的机构。

经协会了解，“大公”评定“黑名单”及“预警名单”的数据源主要为网贷平台披露的债务人信息以及平台自身信息，涉及平台特征与平台经营风险等内容。对于这些数据，“大公”尚未说明相关的数据获取与更新机制，亦未披露评价模型的可信度及历史数据拟合情况。

协会调研发现，出于合规性考虑，大部分网贷平台仅公布借款人的部分重要信息，外部机构如需评价债务人的偿债能力，需要在获得债务人授权的前提下补充其他信息。“大公”主要依据平台的信息披露度和披露规范度进行相关评价，进而设定网贷平台“黑名单”和“预警名单”，其可行性和准确性值得商榷。

必须指出的是，“黑名单”或“预警名单”具有负向激励作用，易于成为套利工具。尤其是在监管措施尚未出台的情况下，负面评价缺乏第三方监督与监管，客观性、公正性难以保证，或对合规、合法经营的平台造成严重伤害。

协会将一如既往坚持阳光化、透明化、公开化的自律理念，继续与监管部门、会员机构一道，共同推进北京市网贷行业的健康、可持续发展。

北京市网贷行业协会

2015 年 1 月 21 日

附录一

为什么说网贷评级还不是时候

来源：北京市网贷行业协会研究中心，本文发布于 2015 年 1 月 21 日，大公国际黑名单事件后。

近年来，随着 P2P 借贷（又称“网贷”）的迅速崛起，吸引了社会的广泛关注，从各类媒体、网络社区到评级公司等第三方机构，开始对网贷平台进行排名与评级，引发了较大争议。

我们认为，从网贷行业当前的发展阶段来看，其行业模式尚未定型，监管体系依然缺位，无法产生可信赖的标准化数据，使网贷评级本身缺少根基，因而贸然进行评级特别是发布“黑名单”等负面行为，其必要性与合理性值得商榷。

更应该看到的是，以互联网金融发展和民营银行开闸为标志，我国金融改革正在进入新的历史时期，从国务院、央行到地方政府，均对互联网金融作出了鼓励和包容的表态。在此背景下，网贷行业眼下虽然面临一些不规范现象，但这在根本上是新生事物发展过程中的必然，无须过度渲染，更不应该因此抹杀网贷行业对我国金融市场发展的积极意义。

一、网贷评级的价值和现状

网贷行业是一个新生行业，在全球范围内都处在一个蓬勃发展的初期阶段。2014 年全年，我国网贷行业全年发放贷款量接近 3000 亿元，年度增长接近 200%。但目前我国的网贷行业仍处于监管空白状态，加之新业务、新模式层出不穷，如何对网贷平台的信誉和安全度进行客观、准确的评价，从而保护借贷双方的利益，是一个多方关注的重要问题。

在债券市场和借贷市场，主体评级是衡量企业健康状况的重要工具，评级结果揭示了企业的偿债意愿与偿债能力，并用简单、直观的符号加以表示，便于贷款机构或投资机构评估企业状况，辅助相关决策。客观、公正、准确的评级工具促进了上述两个市场的健康发展，成为必不可少的标配服务。因此，部分机构借鉴了这一做法，从 2014 年开始，公开发布网贷平台评级报告并形成一定的影响。

在监管细则尚未落地，行业处于野蛮生长阶段，专业、准确的网贷平台评级对于行业阳光化、规范化和可持续发展无疑具有积极的推动作用，甚至可能引导网贷行业发展方向。在充分理解网贷评级重要价值的同时，我们也应看到目前的评级工作还存在诸多问题，基础尚不稳固。

第一，评级标准需要明确，网贷平台作为金融信息服务平台，理论上并不承担信用中介的职责，但在刚性兑付的压力下，一些平台或多或少会介入风险经营业务，评级标准是根据信息中介还是信用中介来设定，对于真实、准确反映平台健康程度有重要影响。

第二，数据基础还不牢固，表现在多个方面，首先，网贷平台的信息披露缺乏统一标准，其披露范围、形式和频率各不相同，整个行业缺乏规范、标准的数据；其次，网贷行业发展历史较短，相关的数据积累是否能够支撑评级，需要进一步探索。

第三，评级模型需要较长的优化过程，评级模型需要通过大量历史数据进行提炼、验证和优化，方能获得概率意义上的可靠、准确结果，它不仅取决于评级机构的专业能力，还依赖于大量的数据积累，在行业高速变化的情况下，模型需要经常做出修正，持续进行优化。

第四，评级机构的公信力有待建立，无论是债券市场还是信贷市场，评级机构都需要相应的授权，并在相关法律法规的约束下开展评级业务。网贷行业的监管措施尚未出台，未经授权的评级行为的合法、合规性存在先天不足，评级机构面临一定的道德风险，需要建立相应的监督、制约机制，逐步培养评级机构的公信力。

上述问题涉及行业、平台、法律、监管和评级机构，需要多方共同努力，才有可能建立科学、系统、负责任、有社会担当的评级标准。特别是需要在踏实、务实、有依据的细致工作调研基础上建立评级的客观量化体系,建立恰当的模型,能够在较大程度上验证评价体系的准确性和可靠性。在评级业务的公信环境培育方面,则需要建立负面清单,驱逐主观动机不良、形成客观不良事实结果的机构,方能保障行业的良好发展。

征信是金融行业的基础设施,平台评级是企业征信的一部分,同样是网贷行业的基础设施,对于行业的健康发展不可或缺。在网贷行业摸索前行的同时,我们希望同业和负责任的第三方机构共同建立和维护行业秩序和规则,通过踏实、专业、细致的工作,形成客观、公正、准确的网贷评级体系,持续为行业的阳光化、规范化和可持续发展做出贡献。

二、网贷行业的积极意义何在

第一,助推了利率市场化,有利于我国金融市场改革和发展。自 2007 年被引入我国以来,网贷行业迅速发展,引起广泛关注。网贷从一开始就摆脱了监管审批与利率管制,以高度市场化的姿态出现在世人面前,对我国固有的利率管制格局进行改善,助推了利率市场化进程,促进了金融市场的改革和发展。

第二,促进了金融普惠。尽管网贷从一开始就面临“高利贷”质疑,但是我们首先要看到,网贷毕竟解决了众多中小企业与个人无法从传统融资渠道获得资金的问题;其次,近年来网络借款的利率一直处于下降通道,部分优质借款人的借款成本已经逼近金融机构的小额贷款(如信用卡分期付款和农信社贷款)。这一方面说明行业自身的效率在提高,另一方面也促进了低收入群体的信用累计。从解决有无问题到改善成本问题,从服务银行不服务的对象到服务银行服务得不好的对象,网贷的金融普惠价值事实上也在一路提升。

第三,促进了互联网理财市场的发展。尽管许多人的互联网理财经验起源于余额宝,但是在余额宝之前网贷理财已经存在 6 年之久。余额宝之后,受到启蒙的投资人大量“转场”网贷理财,使网贷理财的用户数节节攀升,并接受高风险投资市场的洗礼,网民理财的意识逐步趋向理智,为未来传统理财市场向互联网的全面迁移奠定了一定的用户基础,并促进了整个生态圈的成熟。

第四,促进了我国金融基础设施的建设,优化了信用环境。例如,征信体系的不健全一直是困扰我国普惠金融发展的重要因素。网贷从发掘小微贷款入手,实际上依靠自身完成了借款主体的基础征信工作,是对我国征信体系的有力补充。随着个人征信业的开放,一些网贷平台跃跃欲试,计划申请个人征信牌照,介入相关业务,正是源于其在网贷征信方面的积累。

第五,促进了互联网金融与传统金融的融合。领先的网贷平台已经在某些领域形成了一定的技术优势和业务优势,但并不排斥正规金融机构的进入,反而与正规金融机构合作,优势互补,实现双赢。例如,某些网贷平台“兼营”向银行推荐借款人的业务;另外一些平台直接作为金融产品的销售渠道,甚至介入金融产品的设计。像 A2P(资产到个人)、P2F(个人到金融机构)模式的出现都说明互联网金融与传统金融并非水火不容,二者在同一市场生存,实际上存在既竞争又合作的关系,形成了高度管制的金融市场向自由竞争金融市场过渡的缓冲地带。

第六,促进了金融技术的提升。由于强烈的危机意识和市场化生存理念,部分网贷平台极其重视技术创新,在征信、审贷、放贷效率方面获得长足进步,甚至已经接近银行水平。而面对大量基础信用数据不足的服务对象,网贷平台研发、掌握、获取大数据技术的意愿也分外强烈,并已投入大量资源,有望在这一领域率先实现突破,从而真正提升互联网时代的金融技术。

北京市网贷行业协会召开打击非法集资动员会

发布日期:2015 年 5 月 21 日

近日,北京市全面启动 2015 年打击非法集资专项整治行动。为落实市政府部署的专项行动,2015 年 5 月 19 日,北京市网贷行业协会召开了打非工作动员会,部署具体实施方案。会议由会长唐宁主持。

互联网金融的迅猛发展,缓解了中小企业融资难的问题,也给了普通人分享中国金融发展红利的机会,让金融服务更加平等,但一些不法分子也趁机浑水摸鱼。近期北京市涉嫌非法集资的案件数快速上升,人均涉案金额明显增加,大案要案多发。不法分子常利用首都区位优势,在全国实施非法集资活动。本次专项行动的整治对象是:违反国家金融管理法律法规规定,未经有关部门依法批准或借用合法经营形式吸收资金;通过媒体、推介会、传单、手机短信等途径向社会公开宣传;承诺在一定期限内以货币、实物、股权等方式还本付息或者给付回报;向社会公众即社会不特定对象吸收资金,为非法吸收公众存款或者变相吸收公众存款的非法集资活动。

北京市网贷行业协会秘书长郭大刚分析了当前形势,要求协会成员展开自查行动,形成报告上报打非领导小组。下一步协会将根据打非工作需求,选择机构定向调研,并检查机构整改情况。为了提升会员机构带头维护好网贷行业健康、有序发展的能力,协会将增补中诚信国际信用评级有限公司作为大数据风控委员会副主任,由其面向会员和观察员提供主观评级,本季度末发布主观评级白名单;增强审计能力;强化数据安全和数据托管、产品登记、信息披露、资金托管;开展反洗钱等方面的内部培训等。

北京市网贷行业协会会长单位、宜信公司 CEO 唐宁在会上指出,打非的目标是把假借 P2P 名义、主观上存在诈骗意愿的平台打掉。部分不法分子套用互联网金融的创新概念,设立所谓 P2P 网络借贷平台,以高利为诱饵,采取虚构借款人及资金用途、发布虚假招标信息等手段吸收公众资金后,突然关闭网站或携款潜逃。P2P 网贷是互联网金融领域最活跃的业务模式之一,也容易被不法分子当作非法集资、洗钱的手段。一旦如此,就会有大量无辜民众遭受损失,影响社会安定秩序,也必将影响整个行业的发展。因此,协会将团结各会员单位一起,坚决打击非法集资,还行业一个有序、健康的环境。

会上,会员单位就《北京市处置非法集资案件认定标准》(征求意见稿)、《防范打击非法集资工作实用手册》《十七类行业涉及非法集资的风险指引》(征求意见稿)发表了意见,并表达了维护金融行业秩序、创造行业良好发展环境的愿望。

包括网信理财、翼龙贷等在内的网贷平台负责人也就打击非法集资发表了各自的看法。他们表示,作为北京市网贷行业协会的会员单位,一定会积极配合此次活动,充分开展自查,在本次打击非法集资专项整治工作中起到带头作用。

北京市网贷行业协会党支部成立

发布日期:2015 年 9 月 22 日

为加强北京市网贷行业协会及成员的党组织建设,充分发挥党组织的思想优势、组织优势,开展多渠道、多形式的灵活党建活动,发挥党员的先锋模范作用,增强协会凝聚力和核心竞争力,为协会会员单位、观察员单位的健康发展创造良好的内、外部环境,经过前期的充分沟通和准备,北京市网贷行业协会党支部于 9 月 22 日正式成立。

9 月 22 日下午,在北京市网贷行业协会举行了协会党支部成立揭牌仪式,北京市金融局领导沈鸿、东花市街道领导宁洁、组织人事部部长李英杰、经济发展科科长樊萌、北京网贷行业协会秘书长郭大刚等领导以及协会成员单位的党员代表共 30 余人参加了此次会议。

会议伊始,全体起立并唱国歌,在雄伟庄严的气氛中,北京市网贷行业协会党支部成立揭牌仪式拉开帷幕。会上,李英杰部长宣读了东花市街道工委《关于成立北京网贷行业协会党支部委员会的批复》。根据批复,北京市网贷行业协会党支部共设立三名委员,并由罗菁同志担任支部书记。随后东花市街道工委副书记宁洁、协会党支部书记罗菁共同为北京网贷行业协会党支部揭牌,标志着北京市网贷行业协会党组织支部正式成立。

揭牌完成后,北京市金融局巡视员沈鸿同志发表了重要讲话。他首先对协会党支部的成立表示祝贺,并向东花市街道工委领导表示衷心的感谢。沈鸿同志指出,北京市金融工作局对于北京市网贷行业协会党支部的建设非常重视。北京市网贷行业协会机构数量及从业人员数量众多,加强协会的党组织建设至关重要。在国家"互联网 +"战略的背景下,如何加强和规范行业发展,是协会的重要使命,而协会党支部的建设对于整个行业从业人员思想道德建设和综合素质的提升具有重大意义。他希望协会党支部能够在上级党委领导下,不断完善党组织体系,发挥枢纽型社会组织党建引领创新的作用,发挥党员的模范带头作用,为互联网金融的发展做出相应贡献。

接下来,协会党支部新任支部书记罗菁同志作表态发言;罗菁同志向党支部郑重承诺,在今后的工作和生活中踏实工作,帮助他人,以党员的标准严格要求自己。她表示,在将来的工作中,协会党支部将会全力配合上级党委的指导，开展持续、丰富的党建活动，增强各机构的凝聚力，发挥党员的模范带头作用，促进行业和企业的规范发展。

最后，东花市街道工委副书记宁洁同志发表了讲话。她首先对于北京市网贷行业协会党支部的成立表示祝贺。宁洁同志分析了当前非公有制企业在国家经济发展中的重要影响力，希望协会党支部在引领行业发展方面能够实现重大突破，契合“互联网＋”的国家战略，通过党支部来引导会员企业合法经营、规范发展；谨守服务宗旨，坚持从协会工作的实际出发，开展适合会员单位的各项活动，通过党建活动凝聚党员力量，抓好各项工作的落实，培养优秀人才向党组织靠拢，壮大党员队伍。

北京市网贷行业党支部的成立是自北京市网贷行业协会成立以来具有里程碑意义的一件大事，对于发挥党组织的引领和带头作用，促进协会党组织内部和外部资源的有效利用和合理配置，增强协会成员的凝聚力具有重要作用；促使协会更好地为成员单位服务，实现和谐互利共赢。

关于促进网络借贷行业持续、健康发展的倡议书

从互联网金融连续两年被写入政府工作报告，到《关于促进互联网金融健康发展的指导意见》发布，政府一方面包容支持互联网金融发展，另一方面规范互联网金融健康发展。网络借贷是互联网金融的重要细分领域，有效增加了小微企业和个人的融资渠道，为投资者提供了新的投资路径。

作为新生事物，网贷行业的发展面临着诸多问题。一些不法分子假借网贷名义行不法之实，损害了行业形象，给投资者造成了经济损失。为规范网贷机构经营行为，维护投资者合法权益，促进行业持续健康发展，作为专注于网贷行业自律发展的社团组织，北京市网贷行业协会呼吁从业机构和人员通过阳光、透明、公开的方式，切实做好自律、互律、他律，以实际行动促进行业持续、健康发展，切实对公司、对投资者、对行业、对社会、对国家、对历史负起责任。

我们倡议：

一、强化管理，合规经营。严格遵守国家法律、法规，依法合规开展经营活动；坚守底线，不建立资金池，不非法吸收公众存款，不触碰非法集资红线;保证项目真实和资金流向安全,尽快落实资金存管,遵守反洗钱监管要求。

二、加强投资者教育和保护。严格遵守投资者适当性原则,充分提示投资风险,妥善处理客户投诉;不以高息引诱投资者,把投资者收益率控制在合理水平;积极开展投资者教育,着力提升投资者的金融风险意识和自我保护能力。

三、完善信息披露机制。标的信息真实有效,作业流程合规合法,杜绝虚假债权;通过第三方,公开透明地充分披露信息;维护投资者信息保密的合法权益。

四、提升企业风险管理能力。不断加强流动性管理和风险防控能力建设;积极配合网贷协会推动机构间合作,建立与征信机构的合作,加快建立行业反欺诈系统;加强资产端管理,协助投资者做好管理。

五、加强基础设施建设,提升技术管理能力。切实保护交易系统和交易信息安全,全力化解因计算机病毒、黑客攻击、网络金融诈骗等给投资者带来的风险;加强与网络安全机构的合作,采用必要的技术,防范恶意代码、破坏性程序的传播,防范非法侵入篡改信息、破坏他人计算机信息系统等风险。

六、共同营造良好的行业发展环境。网贷机构要公平、有序竞争,自觉接受社会各界监督和批评,不制造虚假负面信息诋毁竞争对手,不采取不正当手段谋求利益。

北京市网贷行业协会要求会员机构落实产品登记、资金存管、信息披露,以行动赢得投资人的信任、行业的信任、社会的信任;要求观察员机构严格履行各项义务,尽早满足透明、规范的各项要求,成为网贷协会的正式会员;希望所有的网贷机构积极响应本倡议,共同维护行业形象,共同促进普惠金融发展,主动接受社会各界监督,通过行业自律发展实现自身目标和社会价值。

北京市网贷行业协会
2015 年 12 月 18 日

北京市网贷行业协会成立合规风控联盟 发布七条自律宣言

发布日期:2016 年 2 月 28 日

为落实国务院《关于进一步做好防范和处置非法集资工作的意见》(国发〔2015〕59 号),2 月 27 日,北京市网贷行业协会(以下简称北京市网贷行业协会)正式发起成立"北京市网贷行业协会合规风控联盟"(以下简称联盟)。

这是国内网贷行业首个合规风控联盟组织。北京市网贷行业协会表示,联盟将充分发挥行业自律组织的作用,承担起社会责任,促进行业的健康、可持续发展。

成立合规风控联盟

2 月 4 日,国务院公布了《关于进一步做好防范和处置非法集资工作的意见》(国发〔2015〕59 号)(以下简称《意见》),要求各地区、各有关部门高度重视,坚持系统治理、依法治理、综合治理、源头治理,加大防范和处置力度,建立和完善长效机制,切实保护人民群众合法权益,守住不发生系统性区域性金融风险底线。

《意见》指出,省级人民政府是防范和处置非法集资的第一责任人。对没有明确主管、监管部门的行业领域,由地方各级人民政府组织协调相关部门,充分利用现有市场监管手段,强化综合监管,防范非法集资风险。地方层面要明确专门机构和专职人员,落实职责分工,优化工作程序,提升工作质效。

在此背景下,北京市网贷行业协会携 18 家个体网络借贷机构会员,整合协会大数据风控专业工作委员会与合规专业工作委员会的力量,组建合规风控联盟,以协助北京市有关部门落实《意见》要求,做好市场治理相关工作。

作为我国首个网贷行业自律组织,过去一年多来,依托专业工作委员会,北京市网贷行业协会面向正式会员机构开展一系列公益培训和专项风险排查工作,形成了一支强有力的风险排查专业团队。

零壹财经获悉,合规风控联盟是为了落实国务院《意见》而组建的,在风险排查工作结束后,建设成为一个常态化的组织,督促行业始终坚守风险底线。

据介绍，联盟成员包括北京市网贷行业协会正式会员机构的首席风险官/内控/法务/合规人员、协会专业工作委员会的相关人员；联盟隶属于北京市网贷行业协会，接受北京市网贷行业协会的指导与监督，常设机构为北京市网贷行业协会秘书处。

发布七条自律宣言

据了解，北京市网贷行业协会通过合规风控联盟，搭建规范的学习交流平台，推动合规风控相关各项工作的实施，同时致力于提升成员机构的合规/风控意识和能力，促进网贷行业合规/风控水平提升，达到促进行业整体健康发展的目标。

在遵循《管理办法》的基础上，为合规运作、加强风控、严格自律，北京网贷行业协会合规风控联盟发布了七条自律宣言，并由联盟成员做出宣誓：

1. 严格遵守法律法规和行业规范，绝不触碰法律底线和政策红线；

2. 深入学习和践行行业监管办法，主动接受监管，坦诚接受监督；

3. 坚决不得从事或变相从事《管理办法》的 12 项禁止行为，严格遵守监管办法，严格落实产品登记、信息披露和资金存管；

4. 推动合规管理、风险管理领域的行业自律与创新，切实服务实体经济发展；

5. 建立合规管理机制，打造合规团队，培育合规文化，建立合规体系，不断提升合规技术能力和合规水平，严格控制和防范合规风险，打造风控团队，培育风控文化，建立风控体系，不断提升风控技术能力和风控水平，严格控制和防范信用风险、操作风险、市场风险等；

6. 建立成员联盟内外部单位之间的交流与合作机制，推动合规管理、风险管理的研究和探索，积极推动联盟内外的合规管理、风控管理的教育培训和技术交流；积极促进成员单位开展合规管理、风险管理的技术创新与合作；

7. 积极承担社会责任，主动维护行业声誉，与监管机构加强沟通，构建合法合规、风险可控的网络借贷行业合规风控体系。

一位业内人士对此评价称，“合规与风控会是今年网贷行业的主题词，在目前监管细则尚未明确之前，需要行业自律组织发挥作用，从而为最终政府监管打下良好的基础”。

加强行业自律渐成共识

2015 年 12 月 28 日，银监会、工信部、公安部、国家互联网信息办公室等部门发布了《网络借贷信息中介机构业务活动管理暂行办法（征求意见稿）》（以下简称《管理办法》），标志着网贷行业进入规范发展的新时期。

在政府监管即将尘埃落定的同时，网贷行业自律监管亦受到各方瞩目。2016 年“两会”召开在即，已经有多位政协委员对 P2P 网贷行业发展提出了建议，他们纷纷强调了自律监管的重要性。

全国政协委员、永隆银行董事长马蔚华在提案中指出，在完善外部监管的同时，还应重视 P2P 网络借贷的行业自律组织建设。他说，目前我国行业自律组织的建设比较薄弱，因此，需强化行业自律建设，尤其是在行业信息透明度和共享机制方面，应建立行业标准。

全国政协委员王鹤龄在提案中表示，政府应授予网贷行业自律组织一定的职能，如负责行业审计、出台行业管理规范等。行业自律组织牵头建立行业信息/数据共享平台，建立行业指引或自律公约，推进行业自律。对合规经营、运营风险管理、投资者保护、行业环境营造等进行行业自律。

事实上，“政府监管与行业自律并举”正是央行对于互联网金融监管早已明确的五大原则之一。最新消息显示，在央行的牵头指导下，中国互联网金融行业最高规格的自律管理组织——中国互联网金融协会即将挂牌成立，宜信、拍拍贷等 9 家平台成为首批发起会员单位。

可以预期的是，在 2016 年，相关行业协会的作用将进一步显现，有望告别以往的松散局面，通过整合资源、抱团取暖，为行业发展添砖加瓦。

北京市网贷行业协会是中国第一个网贷行业协会组织，是由网贷机构以及相关行业机构自愿联合发起成立的专业行业协会，是经北京市社会团体登记管理机关核准登记的非营利性自律社会团体。协会接受社团登记管理机关北京市民政局的业务指导和监督管理。

北京市网贷行业协会发布“产品登记 & 信息披露系统”

发布日期:2016 年 3 月 23 日

3 月 23 日,“协会”在互联网金融博物馆召开发布会,公开发布“产品登记 & 信息披露系统”。这一系统于 2015 年初立项,经过北京市网贷行业协会长达一年的内部协作与研发。

网贷行业发展至今,“自律”与“监管”已经成为行业健康发展的必要条件。北京市网贷行业协会率先推出“产品登记 & 信息披露系统”将有助于整个行业发展,是行业发展的里程碑。

据介绍,该系统旨在通过阳光、透明、公开的方式,促进行业健康、稳定、持续地良性发展。

旨在促进行业规范 保护金融消费者

据了解,该系统“产品登记”一项,旨在通过对网贷平台的金融产品信息进行登记,完成产品信息登记及资金结算流水记录。登记内容包括协会内平台的散标产品(个人标/企业标)、理财产品和债权转让产品。

其作用主要在于通过产品登记及披露,为网贷平台的金融产品进行第三方登记,为网贷平台的产品投资交易进行信息固化,在保护消费者权益的同时也维护网贷平台的权益。

信息披露方面,该系统参考了证券业信息披露原则,即披露依法需要公开信息披露的内容。

信息披露的内容包括公司信息、产品信息、经营信息等,公司信息的披露包括经营范围、股东、资质、证照、高管团队、员工等。经营信息则包括公司财务情况、业务经营、合作机构、评级、资金托管。

协会秘书长郭大刚介绍,北京市网贷行业协会自 2014 年底成立时,即制定了产品登记、信息披露和资金存管三项原则,该三项原则既是对协会内交易平台合规的要求,也是对新入平台的门槛要求。

监管、自律成网贷行业主议题

网贷行业发展至今,“自律”和“监管”已成为行业健康发展的必要条件。《关于促进互联网金融健康发展的指导意见》和《网络借贷信息中介机构业务活动管理暂行办法(征求意见稿)》出台后,行业进入合规、规范期,信息披露制度的建立与完善，是促进行业健康、理性发展的重要前提之一，但目前业内信息披露发展较为滞后，北京市网贷行业协会率先推出迎合监管意见要求及规范行业发展的“产品登记和信息披露系统”，成为国内 P2P 网贷协会的首家。

协会会长单位宜信公司副总裁刘大伟在发布会上表示，经过几年的探索，“我们发现行业最主要的风险并不是信用风险，而是欺诈风险和多重负债的事情。很多欺诈都是来自于外部，多重负债更是来自于外部，还有可能是来自于同行的”。他认为，北京网贷行业协会的产品登记、信息披露、资金存管三项原则，将成为网贷行业正本清源，去除假金融、伪金融的核心手段。

此外，北京市金融局相关领导也出席了此次会议，北京市网贷行业协会成员悉数到场。协会会员单位中科柏诚公司相关负责人对该系统的研发情况进行了介绍。上线仪式也吸引了 30 余家国内主流财经媒体的关注。

协会成立于 2014 年 12 月底，根据《北京市网贷行业协会章程》，是由网贷机构以及相关行业机构自愿联合发起成立的专业行业协会，是经北京市社会团体登记管理机关核准登记的非营利性自律社会团体。

北京市网贷行业协会宣传与教育联盟今日正式成立

发布日期：2016 年 3 月 31 日

3 月 31 日下午，为规范会员单位的宣传行为、加强从业人员培训和投资者教育、强化行业自律，北京市网贷行业协会发起成立“北京市网贷行业协会宣传与教育联盟”，北京市网贷行业协会会员单位相关负责人参加了此次仪式。

在遵循《网络借贷信息中介机构业务活动管理暂行办法（征求意见稿）》等监管原则的基础上，为了能够更好地让会员单位之间通过资源共享、信息合作，加强会员之间的交流合作、加强投资者教育、规范平台的传播行为、传递行业的正能量，北京市网贷行业协会宣传与教育联盟发布了《北京市网贷行业协会宣传与教育联盟自律公约》。

会上，北京市网贷行业协会会长单位宜信公司副总裁、企业传讯部负责人张妍分享了金融消费者教育实践经验，并对联盟成立表示祝贺，期望与同行业宣传同人相互合作，共同传播正能量。

北京市网贷行业协会秘书长郭大刚表示，联盟的定位是针对网贷系统交易复杂性强、传递性强、受众广的特征，提供风险教育培训，分别从企业融资端和投资端对用户进行教育保护，并实现会员企业与相应机构的对接，提升沟通效率。

零壹财经 CEO 柏亮对宣传委员会的建设及宣传联盟成立的意义做了阐述，他表示，近几年网贷行业宣传泛滥，存在过度宣传、虚假宣传现象，联盟将组织各会员单位成立宣传委员会以实现行业自律，通过组织行业人员相互交流、专业人士培训、媒体资源对接提升会员单位面向政府、媒体、投资者及客户群体生态圈的公众形象。

管陶远见 CEO 刘静珍认为，企业核心价值观与竞争力决定品牌强度，基于产品及服务质量的口碑比公关、广告及营销手段更重要。企业人格化，有温度的传播很重要。

会议最后，参会人员宣读了《北京市网贷行业协会宣传与教育联盟自律公约》，并代表各自单位签署了公约。

关于清理“首付贷”类业务的通知

北京市网贷行业协会各会员、观察员：

2016 年 3 月 12 日，十二届全国人大四次会议期间的金融改革和发展记者会上，中国人民银行周小川行长、潘功胜副行长从展业资质、资金来源、风险揭示、银行 KYC 及风险控制等角度分析了部分 P2P 网络借贷平台开展首付贷业务存在的风险和问题。人民银行对于 P2P 网络借贷平台开展首付贷业务的态度非常明确：一是房地产开发企业、房地产中介机构自办的金融业务没有取得相应的资质，是违法从事金融业务，有些甚至存在自我融资、自我担保、搞资金池的现象。二是房地产中介机构、房地产开发企业自办的或者与 P2P 平台合作开展的首付贷产品，加大了居民购房杠杆，削弱了宏观调控政策有效性，不但增加了金融风险，也增加了房地产市场风险。

为了引导和督促协会各会员、观察员机构严守信息中介定位，依法合规经营，防范法律、合规、经营等各种风险，请各机构立即开展自查自纠，自即日起全面清理、停止新增“首付贷”类业务，存量业务妥善消化和处置。请协会各会员、观察员机构在5个工作日内将“首付贷”类业务交易额、存量、投资人数量等业务情况和自查自纠情况反馈协会秘书处（bjp2p@bjp2p.com.cn）。协会将适时组织开展专项检查。

通知下发后，对于依然开展或者变相开展“首付贷”类业务的机构，一经发现将依据协会章程和行业自律公约，将相关线索移交监管部门处置。

特此通知。

北京市网贷行业协会

2016年4月18日

北京市网贷行业协会：拥抱监管 落实责任 服务社会

为加强对网络借贷信息中介机构业务活动的监督管理，促进网络借贷行业健康发展，经国务院批准国银监会、工业和信息化部、公安部、国家互联网信息办公室联合制定的《网络借贷信息中介机构业务活动管理暂行办法》（以下简称《办法》）近日正式公布并施行。

《办法》的主要内容如下：

一是界定了网贷内涵，明确了适用范围及网贷活动基本原则，重申了从业机构作为信息中介的法律地位。

二是确立了网贷监管体制，明确了网贷监管各相关主体的责任，促进各方依法履职，加强沟通、协作，形成监管合力，增强监管效力。

三是明确了网贷业务规则，坚持底线思维，加强事中事后行为监管。

四是对业务管理和风险控制提出了具体要求，规定实行客户资金由银行业金融机构第三方存管制度，并规定了同一借款人在同一网贷机构及不同网贷机构的借款余额上限。

五是注重加强消费者权益保护，明确对出借人进行风险揭示及纠纷解决途径等要求，明确出借人应当具备的条件。

据介绍，《办法》的制定和出台，始终坚持服务实体经济主旨，坚持风险底线思维，坚持发展和规范并举，坚持保护投资者权益和提高公众风险意识并重，为网贷行业的规范发展提供了制度依据。下一步根据《办法》的有关规定，相关配套措施将陆续出台落地，共同构建网贷行业制度体系，确保网贷行业健康可持续发展。

值得一提的是，《办法》坚持市场自律为主，行政监管为辅的思路，明确了行业自律组织、资金存管机构、审计等第三方机构职责和义务，充分发挥网贷市场主体自治、行业自律和社会监督的作用。“中国互联网金融协会从事网络借贷行业自律管理”被明确写进办法中，其职责包括“成立网络借贷专业委员会”。

《办法》规定，国务院银行业监督管理机构及其派出机构负责制定统一的规范发展政策措施和监督管理制度，负责网络借贷信息中介机构的日常行为监管，指导和配合地方人民政府做好网络借贷信息中介机构的机构监管和风险处置工作，建立跨部门跨地区监管协调机制。各地方金融监管部门具体负责本辖区网络借贷信息中介机构的机构监管，包括对本辖区网络借贷信息中介机构的规范引导、备案管理和风险防范、处置工作。

作为我国首个网贷行业协会组织，自成立以来，在北京市金融工作局的指导下，北京市网贷行业协会始终遵守宪法、法律、法规和国家政策，遵守社会道德风尚；团结北京市开展业务的网贷机构以及相关行业机构，坚持以金融创新的思维、协作的文化、开放的平台、有效的服务为指导思想，通过开展机构间持续的相互调研交流、开放数据、参与行业自律沟通等活动，为会员提供服务，为行业发展服务，达到推进行业规范发展的目的。

北京市网贷行业协会向全体会员提出自律要求：热情拥抱有关部门的正式监管，认真落实监管精神和细则。协会将把监管要求贯彻到各项自律监管工作当中，履行自律监管职能，协助有关监管部门推动我国网贷行业的健康、可持续发展。

北京市网贷行业协会高度认同《办法》在合法合规、资金安全、信息透明、保护金融消费者方面的价值观和要求。

在有关各方的共同努力下，目前北京市形成了“1 +3 + N”的网贷自律监管模式。其中，“1”是指成立网贷行业协会，“3”是指产品登记、资金存管和信息披露三项措施，“N”是指成立 N 个专业委员会，采取 N 个监管措施。

2016 年 3 月，北京市网贷行业协会正式发布“产品登记 & 信息披露系统”,以第三方登记形式为网贷平台的产品投资交易进行信息固化,以加强网贷行业自律。在此之前,2017 年 2 月底,北京市网贷行业协会成立“北京市网贷行业协会合规风控联盟”的会议,这是国内网贷行业首个合规风控联盟组织;3 月,“北京市网贷行业协会宣传教育联盟成立”,旨在加强金融消费者教育、规范平台的传播行为。

2017 年 6 月,北京市互联网金融风险专项整治工作领导小组办公室下发关于行业自律管理的通知,要求北京市网贷行业协会按照“1 +3 + N”自律管理模式,把全部网贷企业纳入自律管理,强化行业自律管理;加快推进个体网络借贷机构落实资金存管要求;警示业内机构触碰监管红线的行为,坚守法律和风险底线,加快建设黑、白名单等诚信体系。

《办法》正式颁布实施后,北京市网贷行业协会将进一步优化“1 +3 + N”自律监管原则,并与《办法》对标,配合地方金融管理部门,协助会员单位的业务转型和规范发展,推动网贷行业发挥扶持实体经济、服务社会的积极作用。

北京市网贷行业协会倡导协会成员践行数字普惠金融

2017 年 9 月 5 日,二十国集团(G20)杭州峰会发布公报,核准《G20 数字普惠金融高级原则》,成员国将在自愿的原则下制订国别计划,践行普惠金融。此举对全球普惠金融的发展做了一个全新的顶层设计,数字普惠金融也将成为全球大趋势。

此次峰会上,G20 选择了一些有代表性的数字普惠金融发展指标,形成了升级版《指标体系》,涵盖 3 个维度(金融服务的可得性、使用情况和质量),包含 19 大类 35 项指标,分别从供给(金融机构)和需求(金融消费者)两侧反映普惠金融发展水平。

从普惠金融到数字普惠金融

中国方面,2017 年 1 月 15 日,国务院发布了《推进普惠金融发展规划(2016—2020 年)》,为未来五年我国普惠金融的发展勾勒了路线图,普惠金融也因此作为国家发展战略,成为“十三五”规划实施的优先领域。深耕普惠金融领域十年。

文件指出，到 2020 年，建立与全面建成小康社会相适应的普惠金融服务和保障体系，有效提高金融服务可得性，明显增强人民群众对金融服务的获得感，显著提升金融服务满意度，满足人民群众日益增长的金融服务需求，特别是要让小微企业、农民、城镇低收入人群、贫困人群和残疾人、老年人等及时获取价格合理、便捷安全的金融服务，使我国普惠金融发展水平居于国际中上游水平。

北京市网贷行业协会会长唐宁指出："中国普惠金融的发展有三个重要阶段：小额信贷、微金融和能力建设。"第一阶段是小额信贷。实践表明，小额信贷推动了普惠金融最早的发展，整个普惠金融在国际上的实践也是从小额信贷开始的。第二阶段是微金融。提供更加多样化的金融服务，普惠金融不等于小额信贷，还包括提供其他诸多的金融产品和服务，包括存款、理财、支付、保险等。第三阶段是能力建设。

近年来，包括网贷在内的互联网金融各平台、机构在普惠金融方面作出了创新性实践，借助移动互联网、云计算、大数据等新技术，网贷行业服务了大量中小微企和普通大众，服务群体或领域覆盖三农、城市中产阶层、企业及企业主等。

《G20 数字普惠金融高级原则》提出后，意味着普惠金融迎来新的发展阶段。

唐宁对公告中数字普惠金融的高级原则，用 4 个关键词给出了自己的解读。(1) Digital，即数字化的。金融科技、互联网金融，与利用技术实现普惠金融一脉相承；(2) Sustainable，是可持续的。重点强调风险、创新的平衡，机构的可持续；(3) Responsible，负责任的。机构创新过程中对消费者、社会的责任担当；(4) Smart，大智慧的。在监管方面，既要有宽容型，又要坚持底线、避免"一放就乱、一收就死"。在创新文化方面，需要给予金融创新、金融科技、互联网金融相应的空间。

这 4 个关键词，"构建了普惠金融在世界范围内发展的高级原则和共同愿景"。唐宁强调。

北京市网贷行业协会倡议会员践行普惠金融

自北京市网贷行业协会成立来，协会内数十家平台和第三方服务机构在践行数字普惠金融方面已经做了长期探索。

《G20 数字普惠金融高级原则》发布后，北京市网贷行业协会高度认同，并号召协会内成员从各自业务角度出发，践行数字普惠金融原则，鼓励协会内成员单位从服务主体、业务创新、实践操作方面进行更深、更广层次的探索；利用互联网、云计算、大数据等技术推动数据普惠金融的发展。

北京市网贷行业协会在一面倡导协会成员践行数字普惠金融的同时，也积极推动成员单位合规、自律。2017 年以来，北京市网贷行业协会按照“1+3+N”自律管理模式，把全部网贷企业纳入自律管理，强化行业自律管理；加快推进个体网络借贷机构落实资金存管要求；警示业内机构触碰监管红线的行为，坚守法律和风险底线，加快建设黑白名单等诚信体系。促使成员单位在合法合规、资金安全、信息透明、保护金融消费者方面符合监管要求。

作为我国首个网贷行业协会组织，自成立以来，在北京市金融工作局的指导下，北京市网贷行业协会始终遵守宪法、法律、法规和国家政策，遵守社会道德风尚；团结北京市开展业务的网贷机构以及相关行业机构，坚持以金融创新的思维、协作的文化、开放的平台、有效的服务为指导思想，通过开展机构间持续的相互调研交流、开放数据、参与行业自律沟通等活动，为会员提供服务，为行业发展服务，达到推进行业规范发展的目的。

北京市网贷行业协会调解中心正式挂牌成立

9 月 8 日，经过前期和相关组织机构的广泛沟通，与北京多元调解发展促进会合作，北京市金融工作局副巡视员沈鸿、房山区委副书记/代区长陈清、北京多元调解发展促进会会长翟晶敏、北京市网贷行业协会秘书长共同为北京市网贷行业协会调解中心揭牌，北京市网贷行业协会调解中心正式成立。

这是继 2015 年 7 月 18 日《关于促进互联网金融健康发展的指导意见》发布后，为响应指导意见“鼓励创新、防范风险、趋利避害、健康发展”的总体要求，北京市网贷行业协会推动网贷行业配套服务体系建设的实际举措，也是继 8 月 17 日《网络借贷信息中介机构业务活动管理暂行办法》出台后，发挥行业协会作用的自律实践。在该办法中，第三十四条确立了行业协会进行网络借贷行业自律管理，包括依法维护会员的合法权益，协调会员关系，受理有关投诉，调解纠纷。

北京市网贷行业协会正是在这种大背景下，依据新规，基于既有的“1＋3＋N”自律体系，率先成立调解中心，积极推动网络借贷行业健康发展。

依照 8 月 17 日四部委发布的《网络借贷信息中介机构业务活动管理暂行办法》中的第十七条，网络借贷金额应当以小额为主。网络借贷信息中介机构应当根据本机构风险管理能力，控制同一借款人在同一网络借贷信息中介机构平台及不同网络借贷信息中介机构平台的借款余额上限，防范信贷集中风险。中小额分散的业务原则，为出借人与网络借贷信息中介机构之间、出借人与借款人之间、借款人与网络借贷信息中介机构之间等纠纷，提供调解机制，规范网络借贷信息中介机构业务活动，保护出借人、借款人、网络借贷信息中介机构及相关当事人合法权益，促进网络借贷行业健康发展，更好地满足中小微企业和个人的投融资需求。

该调解中心成立后，由北京市网贷行业协会合规专业工作委员会副主任李继泉出任中心首任主任，华城律所高级合伙人张宇锋出任副主任。

调解中心首任主任李继泉在成立仪式上表示，互联网金融行业的高速发展需要更多有效的沟通渠道和解决问题的方式。保护出借人、借款人、网络借贷平台的合法权益，需要调解机制。调解中心将以新规为指南，着力打造多方沟通渠道，运用多种方式帮助解决行业发展的瓶颈和难题，助力互联网金融发展。

北京市网贷行业协会调解中心成立后，将陆续开展五大工作，包括面向会员机构选聘调解员和预备调解员；组织调解员资格培训；建立与相关机构的日常沟通机制；制定面向互联网金融，特别是网络借贷行业的调解机制；组建和充实调解中心团队。

北京市网贷行业协会是中国第一个网贷行业协会组织，是由网贷机构以及相关行业机构自愿联合发起成立的专业行业协会，是经北京市社会团体登记管理机关核准登记的非营利性自律社会团体。协会接受社团登记管理机关北京市民政局的业务指导和监督管理。

北京市网贷行业协会发布信息共享系统 可打破平台间数据孤岛

1月12日，北京市网贷行业协会发布“X－credit信息共享系统”。该系统上线后，可有效解决机构间的数据“孤岛”，以及网贷行业中的“多头借贷”和反欺诈问题。目前，已有30余家机构加入共享系统，系统内有多家机构共享的索引超过1000万条。

据系统建设方介绍，该系统通过去中心化技术建立数据可控的流通机制，推动机构间的信息自由、安全、公平共享交流。该系统不以监管为目的，不以收集数据为目标。该信息共享系统仅执行数据提供方与数据查询方的信息共享撮合功能，从机制和技术上将使共享数据无法获取、存储、合并、修改。以保障数据提供方和查询方权益为目标。

北京市网贷行业协会秘书长郭大刚介绍，共享系统在机制设计上，抛弃了协会定义数据、要求企业上报的模式，而采用机构间协商定义数据，自愿共享的方式；而在数据安全和权益保护上，更是做出了大胆的弱中心化模式，要求从技术上保证协会不接触实质数据，无法复制、留存、修改数据，而不是仅仅通过商业协议承诺来实现数据的安全和保障，平台这一自我放权和约束的做法，使得原有平台中心从数据流动的控制者和最大获益者变成最普通的服务者，机构的数据权益得到最大限度的保护，使机构从不敢共享数据向资源共享数据成为可能。

值得注意的是，该系统引入了区块链技术，通过将数据共享过程分解，将关键环节使用区块链记录形成索引链、交易链以及投诉链，可以让所有机构公平参与。

“X－credit信息共享系统”发布上线后，加入系统的机构已经包括协会18家网贷平台，大数据公司、征信机构和反欺诈机构四大类型。北京市网贷行业协会同时也发出倡议，首批32家成员签订倡议书，倡议包括：自愿共享数据，保证数据真实、合规，并及时更新数据；拒绝提供虚假、伪造数据，并愿承担相关后果；共同建设系统，共同监督系统，共同营造诚信的数据共享环境。

据北京市网贷行业协会披露的最新数据，目前协会共有会员单位41家，其中网贷平台18家；另有观察员单位50家。

延伸阅读：

为什么共享信息这么难？

互联网金融的风控难做是众所周知的，一是用户群是银行未覆盖或者不愿意覆盖的人群，风险本身就高。二是众多用户都没有征信记录，无法使用传统的风控模型来判断。三是互金信息无法纳入人行征信系统，形成行业的“信息孤岛”，也给很多投机者提供了钻营空间。

大数据征信之痛

在传统征信无能为力的情况下，互联网金融机构转向第三方的大数据征信机构（大数据公司）来获得数据。大数据听起来很好，无所不包，无所不能，但真正用起来，谁的痛谁知道：

受到第三方外部采集的局限性，征信机构（大数据公司）采集的信息的完整性和及时性欠缺，只能看趋势和概况，精准性和完备性远未达到授信要求。

信息维度很多，但更多的是间接信息甚至是无效信息，如何使用这些信息，如何找到这些信息与信贷的关联成为难点。

用一个从业人员的话讲就是：我最想知道用户以前有没有借过钱，借了多少钱，有没有及时还钱，有没有欠钱不还，但你却告诉我他用什么牌子的手机，每个月打多少电话费，上个月去哪儿旅游过，爱逛淘宝，偶尔还上色情网站……我该怎么用？

很多互联网金融机构都希望通过接入多家征信机构数据来完善信息，但是，第三方数据的重复度太大。

数据共享之痛

“打破行业信息孤岛，实现信息共享”的呼声一直伴随着网贷行业的发展，众多部门和机构为此目标在努力，进行了各种尝试，但是……

为何数据共享如此艰难，我们有必要先了解一下数据的特性：

1. 无唯一性，没有明确的所有权约束。数据不具备唯一性，可以同时交易给多个对象，因此也就没有了传统所有权的概念。

2. 看过即拥有。拥有数据非常简单，成本更低，看过即拥有了数据，就能获得效用。

3. 数据复制的完全无差异性。传统商品也存在复制或者仿制,但复制品和仿制品在效用上是与原商品有巨大差别的,而数据产品的复制则具有完全无差异性,在效用上也没有差异。

信息的多方共享必定需要一个中介或者中心节点,然而数据是一种特殊的商品,传统的商品中介流动模式是不适合数据流通的,数据的安全性和保密性,尤其是数据权益的保障至关重要,而当前众多的数据共享模式中,无论是数据托管模式还是分布式的接口聚合模式,都存在着流通数据被中心节点复制、留存、修改的可能,这也造成了中心节点对数据提供者的潜在威胁,原意是要促成各机构之间信息共享的中心节点,反而成为信息共享的威胁和障碍,使机构不敢将数据通过中心共享,而仅凭借签订保密协议,承诺不对数据进行复制、留存以及他用,还不足以打消机构的顾虑。

北京市网贷行业协会:落实整改要求 加快推进网贷资金存管工作

发布日期:2017 年 2 月 24 日

2 月 23 日,银监会出台《网络借贷资金存管业务指引》(以下简称《指引》)。《指引》旨在规范网络借贷资金存管业务活动,促进网络借贷行业健康发展。根据《中华人民共和国合同法》《中华人民共和国商业银行法》和《关于促进互联网金融健康发展的指导意见》《网络借贷信息中介机构业务活动管理暂行办法》及其他有关法律法规而制定。

当前,我国网贷行业还处于规范发展初期,一些网贷机构资金缺乏第三方监管,普遍存在设立资金池,侵占或挪用客户资金的行为,有的甚至卷款跑路,极大地损害了投资人利益。资金存管机制实现了客户资金与网贷机构自有资金的分账管理,从物理意义上防止网贷机构非法触碰客户资金,确保网贷机构“见钱不摸钱”。

《指引》对存管人、委托人的义务和权利作出了明确界定,这为网贷平台和商业银行双方业务对接提供了明确依据。加强了对网贷资金在交易流转环节的监督,有效防范了网贷机构非法挪用客户资金的风险。随着《指引》的发布,业务规则和操作规范将进一步明晰,对于规范网贷资金存管业务具有重要意义。

《指引》作为《办法》落地实施的重要配套制度之一,形成了较为完整的监管政策体系，有利于过渡期整改工作的深入，为专项整治工作提供整改标准和依据。

据零壹研究院数据中心不完全统计，截至 2017 年 2 月 23 日，上线银行资金存管的网贷平台共 165 家，2016 年 8 月至今上线银行直连或直接存管的网贷平台达到 99 家，《网络借贷信息中介机构业务活动管理暂行办法》出台后，网贷平台资金银行存管系统上线明显增速，显示政策的出台正在显现作用。

截至目前，北京地区至少已有 47 家网贷平台上线银行资金存管。北京市网贷行业协会与各成员单位拥护并遵守有关网贷行业的相关规定和政策。为促进行业健康发展，北京市网贷行业协会各成员单位将发挥行业带头作用，督促各平台加快资金存管。

目前，北京互联网金融监管已建成“1 + 3 + N”模式，该模式发挥北京市网贷行业协会行业自律组织作用，加快落实产品登记、信息披露、资金存管三大理念与措施。2015 年以来，北京市网贷行业协会已先后建设上线产品登记系统、机构信息披露系统。2017 年，协会将依据相关政策，督促各成员单位推进资金存管工作，加强行业培训、推进科技金融创投基金和行业并购基金运营、加强行业自查等一系列行业自律办法，督促合规经营，保护投资者的合法权益。

北京市网贷行业协会是中国第一个网贷行业协会组织，是由网贷机构以及相关行业机构自愿联合发起成立的专业行业协会，是经北京市社会团体登记管理机关核准登记的非营利性自律社会团体。协会接受社团登记管理机关北京市民政局的业务指导和监督管理。

附录二

行业学者谈网贷行业发展

李东荣：共同促进互联网金融规范发展

随着互联网技术的突飞猛进以及人民群众对金融服务需求的不断增长，各种金融创新层出不穷，经济金融安全形势日趋复杂，人们对金融形态的认识和表述也在不断地丰富，新金融就是其中一种。在各种新兴金融业态中，互联网金融备受各界关注。近年来，互联网金融在促进发展普惠金融、服务大众创业和万众创新、提升金融服务质量和效率等方面发挥了积极的作用。然而，作为新生事物，互联网金融在为促进金融业发展注入活力的同时，也对我们的金融管理带来新的挑战，其快速发展过程中也暴露出了一些问题和风险隐患，互联网金融的某些业态已经偏离了正确的创新方向，扰乱了正常的经济金融秩序，形成了“劣币驱逐良币”的现象，使行业的声誉和消费者信心受到冲击。因此，规范互联网金融已成为当前深化金融体制改革的一项重要工作，也是今后一段时期内互联网金融行业发展的主基调。党中央、国务院高度重视互联网金融发展和风险防范，在中共十八届五中全会上明确提出了“规范发展互联网金融”的任务。最近，国务院办公厅印发了“关于互联网金融风险专项整治工作方案”，对互联网金融风险整治工作进行了全面部署和安排，为互联网监管部门和业界提供了行动指南。

以服务实体经济为导向。当前，全球经济总体仍处于深度调整和再平衡阶段，国际金融危机深层次影响持续存在，主要经济体不均衡复苏和政策分化特征明显。我国经济发展进入新常态，经济长期向好的基本面没有改变，但经济增速换挡、结构调整阵痛、动能转换困难等问题相互交织，结构性矛盾更加凸显。党中央、国务院在综合判断国际国内经济形势的基础上，提出了“以供给侧结构性改革为主线，扩大有效供给，满足有效需求”的战略任务。互联网金融行业应紧紧抓住我国经济转型升级与结构调整产生的有效金融需求，促进网络与金融的深度融合、业务与场景的广泛结合、技术与流程的有机整合，有效增加金融服务供给规模、效率和质量，提高互联网金融供给对实体经济需求变化的适应性和灵活性，避免过度拉长资金链条和脱离实体经济空转。

以发展普惠金融为重点。近年来，我国金融业在发展普惠金融方面进行了大量尝试，取得的成绩有目共睹。根据世界银行在普惠金融指标上的最新数据，中国的大部分指标均排在发展中国家前列，其中账户普及率和储蓄普及率等指标甚至显著优于 G20 国家平均值。但同时我们也要清醒地认识到，中国与全球许多国家一样，在发展普惠金融方面依然面临服务不均衡、成本高、效率低、商业可持续性不足等一系列全球共性难题。互联网金融在降低金融交易成本、提高金融资源配置效率、扩大金融服务辐射半径等方面具有独特优势,为解决上述共性难题提供了一条可行路径。从近几年的普惠金融实践也能够看到,一些从业机构在依靠技术创新实现商业可持续性和金融服务普惠性方面进行了大量尝试,形成了一些典型经验和标杆做法。2016 年 9 月召开的 G20 杭州峰会通过了《G20 数字普惠金融高级原则》,鼓励各国建立可行的法律监管框架、数字基础设施和消费者保护体系,依托先进数字技术促进普惠金融发展。可以预见,在全球范围内,将会加速形成一个数字普惠金融的新模式。互联网金融应抓住数字普惠金融发展的良好机遇,赢得更为广阔的发展空间。

以合规审慎经营为前提。金融业是一个特殊的行业,存在高风险性、强关联性和内在脆弱性等特点。因此,自古至今对这个行业的外部规制与监管一直都是比较严格的。互联网金融在业务模式、服务理念、技术产品等方面的创新,为金融体系的市场化、普惠化发展带来了新鲜元素,但这并不意味着互联网金融发展可以没有边界、创新可以没有规则、业务可以没有规矩。在工作实践中,我们也做了一些初步的归纳分析,对当前的这些从业机构大致可以分为三类。第一类是“既想干又会干”的企业,具备良好的动机和较好的经营管理能力,能实现较好的风控和市场效应。第二类是“想干却不会干或又不善于干”的企业,发展动机是良好的,但受自身各方面的条件制约,风控能力或资金实力有限。事实上,很多人或者一些企业都有这样的愿望和热情,希望搭上互联网金融发展的快车,实现企业的高速发展。但是我们必须清醒地认识到,金融业是专业性很强的特殊产业,需要具备相关经验、人才和基础设施条件,不能光凭热情,还要尊重科学、尊重金融活动的本质规律。第三类是纯粹的骗子公司,借互联网金融、普惠金融之名,行金融诈骗之实,这类机构是行业的“害群之马”,具有极大的欺骗性和风险性,必须坚决清理出去。当前由国务院统一组织的互联网金融风险专项整治,特别突出了问题导向、分类整治、综合施策等原则,其目的不是否定互联网金融的作用,更不是要把互联网金融一棍子打死,而是通过“打击非法,保护合法”,加快清理“害群之马”,有效规范经营行为,还互联网金融一个健康有序的发展环境,这对于互联网金融今后的规范健康发展具有十分重要的意义。

各从业机构应按照监管规则、整治要求和行业标准，加快建立客户身份识别、信息披露、资金存管、投资者适当性管理、反洗钱、反恐怖融资等制度，切实提升网络和信息安全保障水平。中国的互联网金融发展在全世界速度是非常快的，规模也是比较大的，如果要保持好的发展势头、可持续地发展，以上所说这些必不可少的基础性功课都是要做的。

以提升风控能力为关键。作为一项新生事物，互联网金融还有许多需要探索的领域和内容，但究其本质，它还是金融，其活动没有脱出资金融通、信用创造、风险管理的范畴，没有违背风险收益相匹配的客观规律，也没有改变金融风险隐蔽性、突发性、传染性和负外部性的特征。而且，现代网络空间的多维开放性和多向互动性，使互联网金融风险的波及面、扩散速度、外溢效应等影响都远超出传统金融的环境。可以说，互联网金融发展得好不好，关键取决于风控做得好不好。从业机构无论开展什么样的业务、面对什么样的客户，都应把创新发展与防范风险结合起来，把握好两者关系的适度平衡。我们应充分认识到信息化背景下金融业务风险与技术风险可能产生的叠加效应和扩散效应。应遵循金融基本规律，摒弃“唯规模论”“唯技术论”和“唯客户体验论”等观念，形成正确的创新导向。应参照金融和信息科技企业的内部控制基本原则，具备健全的内控制度和风险管理系统等软硬件条件。在这个方面，企业内控还应该与法律约束、行政监管、行业自律、社会监督有机结合起来，形成五位一体的多层次、全方位风险治理体系，使互联网金融创新可能带来的风险始终处于可管、可控、可承受范围内。

以先进网信技术为驱动。最近，习近平总书记在中央政治局第三十六次集体学习时强调，网络信息技术是全球研发投入最集中、创新最活跃、应用最广泛、辐射带动作用最大的技术创新领域，是全球技术创新的竞争高地。随着信息化、数字化时代的深入发展，“无网络不金融”“无移动不金融”已成为现代金融业体系的一个重要特征。在互联网金融领域，谁能够更早、更好、更安全地掌握和运用先进网信技术，真正有效解决当前金融改革发展中面临的难题和短板，谁就能在竞争中取得主动，更多地获得技术创新红利。例如，大数据技术能够实现多来源海量数据的实时处理和快速挖掘，完善客户画像、信用评估、风险定价等业务功能，开展多元化、定制化、精准化的金融产品创新。云计算技术能够为互联网金融提供高效弹性的处理后台,保证计算处理的高效率和低成本。移动互联网技术以智能手机等高普及的移动终端为载体,只需较少的成本投入即可构建网络化、移动化、智能化的金融基础设施,从而提供随时、随地、随身的互联网金融服务。此外,人工智能、物联网、虚拟现实、量子通信、分布式账本等新兴技术对于提升服务效率、提高风控能力等方面的作用也值得深入探讨和积极尝试。目前在欧洲、美国、新加坡,包括我国的香港地区等,都加大了这方面的跟踪和研究,也形成了一些很好的经验。

以开放共赢合作为基础。在公平、开放、联动、共享的数字化、信息化时代,封闭式、割据式的经营发展思路已经很难适应时代要求。各类从业机构应建立利益相关者合作共赢、供需主体有效互动的生态理念,注重结合自身特点,找准市场定位,发挥各自优势,建设兼具包容性和竞争性的互联网金融生态圈和产业链。一方面,经过长期实践积累,传统金融机构拥有良好的风控体系和定价模式,掌握大量交易信贷数据,拥有较好的金融专业队伍,能为互联网企业提供专业化支持,弥补风控、定价等方面的不足;另一方面,互联网企业占据网络入口优势,掌握小微企业和个人消费者的海量行为数据,要注重开放客户资源、技术能力、金融云服务等,为合作伙伴创新金融服务提供技术支撑。因此,通过传统金融机构和互联网企业的优势互补,可提升金融服务实体经济的效率与质量,有望实现“1 + 1 > 2”的效果。

唐宁:中国 P2P 的“冬天”挺好,能冻死“害虫”

宜信公司在 5 月将迎来 10 周岁生日。在过去 10 年,宜信一直做一件重要的事情,就是把 P2P 这个创新的模式,从 2006 年我们在中国发明这个模式,不断地去优化、丰富、翔实,使得它修得正果,成为中国互联网金融创新重要的一个组成部分。

这个模式本身还是有很多道德风险,如虚构借款人,如一个借款需求被重复使用很多次,如平台资金跟借款人、出借人的资金不能够很好地隔离等,所以我们从几年之前就和银行探索合作,希望能够在银行的监管之下去做 P2P 模式。2014 年底 2015 年初,我们的 P2P 交易终于可以在银行托管、银行存管这样一个体系之下规避刚才这些道德风险。

另外，持续优化工作也包括出借方的变化。当个人对个人模式有了一定成果的时候，机构也非常感兴趣，所以我们也开拓了在机构方面的资金来源，包括信托公司、银行，也会有资产证券化的机会等，未来也会学习美国的一些交易平台模式。

在服务客户角度上，面向客户提供的产品方面也不断创新。普惠金融的服务对象，从学生开始到工薪阶层，到小微企业，到农户，不断去拓延；服务他们的方式，也从信用到抵押、担保、租赁等，不断地拓延。

我们开创了小微租赁这样一个模式。像城市的小微企业主、农户在城市想开一个洗车的门脸，或者是开一个美容店，有 10 万元、20 万元、30 万元量级的资金需求，买不起洗车设备，买不起美容设备，我们用租赁的方式去向他提供这种设备，降低他创业的门槛。在农村，像农户购买拖拉机、购买收割机、购买烘干塔等，买不起的话也可以租。在租的时候，我们在农机具上也安装上所谓互联网的传感器，他的拖拉机开到哪里，烘干塔用得怎么样，是不是在用，烘了多少粮食，我们远程都能监控。所以这是将科技应用到普惠金融最前沿、到农村，为之前被认为很难做的对象提供普惠金融服务。

宜信利用大数据技术在个人和小微的信用模型建立方面不断去创新。中国缺少很多相应的一些基础环境，我们利用像社交、网购、电话通话记录等各种新型的数据源，通过技术研发使得信用模型越来越有效。所有这些都非常便利地让这些个人和小微去建立自己的信用，获取几万元、十几万元、几十万元的资金。

以上是在普惠金融方面，我们在服务的人群、服务他们的方式、服务他们的技术方面持续创新。

在另外的一个方向，在 P2P 理财之后，我们还注意到，理财者需要的是资产配置的逻辑，基于自身的需求去建立非常稳健、非常合理的资产组合。于是，我们把 P2P 理财往财富管理方向延展。今天宜信财富也是中国领先的财富管理机构，是我们跟着客户的需求走出的创新路径。

未来，普惠金融事业会继续在中国扎根；而财富管理将是全球视野，我们客户的资产配置一定是全球的资产配置。

2016 年宜人贷上市，在资本市场方面和国际资源进行了有效的对接。宜信也会持续在全球范围内做战略投资，我们很多潜在的合作对象也在美国、在硅谷、在旧金山，所以希望未来在这些方面跟美国有更多深入的合作。

中国的高净值人士、大众富裕阶层也有全球资产配置的需求。这些投资人的投资需求可以和美国很多平台上面的债权、资产、各方面优质的底层资产对接。我们也很感兴趣和美国的这些资产管理机构一起合作，对接中国投资人的资金，这是宜信走向全球和世界各地、和美国机构合作的一种方式。

另外一种方式，一个国际化的企业要有国际化的人才与管理团队。过去几年，我们也一直在美国、欧洲、亚洲，像中国香港、新加坡、澳大利亚等这些市场广纳贤才，希望非常有经验的国际人才加盟宜信，一起把中国的金融创新也推向全球，我们会持续地在美国东海岸、西海岸开展团队建设。

我们三年前在中国香港、两年前在新加坡设立了分支机构，年晚些时候我们会在纽约设立宜信的分支机构。未来十年，宜信国际化是一个重要的战略。

国内去年已经有监管落地了；人行、银监会已经都有监管落地的精神了。2016 年开始应该是行业监管环境不断完善的过程，也可以理解为互联网金融的“冬天”，但“冬天”也没什么坏处，把“害虫”都冻死也挺好的，所以是一件好事。

对于 P2P 公司来说，其实应该把 P2P 看成是一个工具、手段，最终还是要看不同的机构想服务哪些客群，他们有什么具体的需求。在选择服务人群，定位需求时，要问自己的不同在哪里，自己的能力在哪里，自己为什么服务这个目标人群的这个需求，要抓住特色。

我曾经说“十年之后‘互联网金融’这个词会消失”，如果真正能够达到那样状态的话，说明大数据、云计算、移动互联网这些都已经成为金融内生的一个组成部分，到了这个状态，“互联网金融”就是金融，而且是更好的金融。

首个网贷协会运作机理详解

2014 年 12 月 29 日，“北京市网贷行业协会”获得北京市民政局批准成立。国内第一个专注服务于网贷行业的同业自律的合规组织诞生了。

早在 2014 年 10 月的网贷行业培训会上，已经由相关领导透露，以产品登记、信息披露和资金托管三大原则作为行业同业自律的共同准则和方法路径。

2014 年 12 月 16 日，北京市网贷行业协会第一次会员大会上，北京市民政局、相关工作指导单位以及 30 家发起会员参会。这次会员大会上，以民主决策机制，选举出了协会第一届理事会和监事会单位：宜信公司当选会长单位，网信理财、翼龙贷当选常务副会长单位，易宝支付当选监事长单位，协会筹备工作领导小组的郭大刚当选为秘书长。

北京网贷行业协会秘书长郭大刚在近日接受了零壹财经专访。

自律成型

零壹财经：北京网贷行业协会前期筹备的过程是怎样的？

郭大刚：我们是在 2014 年 2 月开始策划的，最初的目的是为作为首善之区的首都北京的金融安全做一些基础工作；春节之后，开始与北京市民政局沟通；6 月网金宝跑路事情发生后，社会各方面高度关注金融安全。

11 月 21 日，北京市民政局正式批筹北京市网贷行业协会之后，组织了相关力量展开机构调研工作，征询意见和建议，工作思路更加清晰和明确起来。12 月 29 日，从北京市民政局拿到北京市网贷行业协会成立的批复。

从确认工作单位，到开动员大会，推进速度非常快，也非常有效率，但相对于网贷行业的整体发展速度，今年即使是这么高的工作效率，也还是显得有些滞后了。

角色扮演

零壹财经：协会的机制和职能是什么？

郭大刚：经过近一年的研讨和沟通，大家归纳出了协会的长期工作目标是要促进整个市场健康良性持续发展。

协会服务的对象是谁呢？是那些愿意通过透明、公开、阳光化发展的民间投融资债权市场中的中介服务机构。大家通过共同协商建立规则，共同遵守规则,通过透明化、阳光化、公开化,使市场持续健康发展。

操作层面,通过产品登记、信息披露、资金托管三方面工作来具体落地实施。

协会中的 18 家网贷机构是创始机构,营业规模超过全行业规模的 20%,业务分布均衡,机构特点鲜明,具有一定的行业代表性和影响力。

由 12 家创始机构组成监事会,监事会由 4 个专家委员会组成,分别是大数据风控、合规、技术安全、媒体宣传,参与机构都是与网贷行业相关的第三方支撑服务机构。他们不直接参与网贷业务,而是专注于为网贷行业提供公共基础设施和服务。

行业协会的常设执行机构是秘书处。秘书处负责协会的日常工作开展。秘书处建立了研究中心,聚集了业内的一批专家和学者。

零壹财经:怎么看待行业自律组织和监管机构之间的关系及差别?

郭大刚:行业自律和监管的目的是一致的,都是维护行业内的规则,保持行业的良性持续规模发展。

行业自律组织和行业监管,归类到公共权力机构,它对应的是私有权力机构,私有权力机构包括个人和单一实体机构,公权是私权的一部分。当个人和单一实体机构的权利履行成本和资源保障不足的时候,私有权利的一部分就会让渡出来演变成公共权力,所以公权来源于私权。自律组织和监管机构是一样的,都是公权力,都是源于私权利。

行业自律和监管的关系是多层次行业管理的重要环节。按照行业发展的不同阶段,行业管理应该是多层次的。首先,是企业和机构主体的自律,这是根本和核心;其次,是同业之间联合形成的行业自律,是同业之间的相互监督和伴随成长;再次,是行政专属部门监管,属于行政管理范畴;最后,是司法管理。

自律组织和监管机构的强度和弹性是不一样的,监管是法律规则,是刚性要求;自律组织是在法律框架之下,行业内部自己管理自己形成行业内部的弹性守则,遵循自发自愿自律自担风险的原则。两者同样是为了建立良性的市场秩序,驱逐劣币。

监管有监管成本和监管风险两方面的约束条件。相对于 2014 年整体行业3000亿元的营业额而言，规模仅仅相当于一个城商行水平，系统重要性并不显著，而由于高度的互联网化，监管成本不言而喻。同时，伴随着业务创新和覆盖业务模型的快速演进，行业整体远未达到稳定发展的阶段，还处于早期探索阶段，采用相对刚性的强监管的可能性远远不如底线监管、弹性监管、负面清单等弹性监管的方式来的现实。弹性监管更有利于包容发展的金融创新服务于普惠金融、三农金融和中小微创业，也更有利于行业的持续健康发展。

零壹财经：协会在投资者教育方面会哪些动作？

郭大刚：线上方面，随着网贷协会网站的上线，和十几家平台数据的同步，我们会把一些好的经验素材抽取出来，推广给其他平台，使好的经验扩散得更广一些。

线下方面，网贷培训的活动我们会继续下去，虽然会有一定的成本，但一年十二期的培训不会变。而且开门迎客，欢迎所有投资者、平台参与，做普及型教育。这是一个层面。第二层面，我们有研究中心，会和一些学院、机构合作，会有面向不同层次的机构来为不同层次的人员提供服务，这些服务都是免费的。这些服务的目标是使整个行业的水平都有所提升，使行业相对能够净化，投资者更加理性专业。

当然，协会后续会通过大量免费的公开的投资者教育为广大投资者提供学习机会，也通过白名单制度更好地为这个行业树立榜样。

运作原理

零壹财经：是否会有硬性的技术要求作为协会入门的必要门槛？

郭大刚：协会是自律组织，没有强制力，决策需要大家共同商讨。协会的决策是民主决策制度。

行业内部人士是比较清楚知道这个行业的创新点在哪儿，及它面临的风险是什么。因为风险的后置，所以监管滞后是常态，这是正常的。

行业有没有红线与底线？有，现行法系足矣。

零壹财经：全国其他地区的平台是否可以加入协会？

郭大刚：按照民政部的规定，发起会员要有30家，这30家注册地必须在北京。至于后续的会员单位可以酌情发展，不一定会有区域限制，可能会根据业务的需求来定义,现在我们还没有发展外埠的会员有一个客观的因素,因为我们有一个"尽调"的环节,尽调是需要费用的,现在的费用已经大量投入到基础设施建设中去了,所以尽调前期做的是费用最低的那些平台。异地的大平台,大机构可能还能覆盖到。所以,希望和各地的相关机构展开广泛的合作,一起为网贷行业的健康良性持续发展做出相应的贡献。

趋势预测

零壹财经:一种观点认为,2015 年如果 P2P 网贷监管办法出台,会淘汰 90% 的平台,你怎么看? 未来几年市场是否会出现天猫模式的巨头平台?

郭大刚:网贷行业刚刚开始发展,还不会出现寡头化的格局,但会是结构化多层次的,因为需求是层次化的,金字塔式的层次化,并且市场是多结构的,满足市场需求的机构、人员也是差异、层次化的。

天猫式的金融交易市场是必然会产生的,但是有一个前提条件,它需要一定的市场规模,交易市场本身是有成本的,它能不能出现,取决于行业的发展规模。

在我看来,互联网的边际成本为零,规模是发展的核心,所以它一定会形成交易市场,另外,当下市场互联网化程度很高,技术是门槛,形成交易市场的可能性非常大,但我认为不会出现聚合型的巨头,因为网贷的本质是金融,不是互联网,互联网是"马太效应",但金融本质不是这样的,它有很多细分行业和服务,是个金字塔模式。

零壹财经:预测一下未来几年的市场规模?

郭大刚:当下,社会新增融资规模有十万亿级,但是为什么网贷行业交易规模只有 3000 亿元呢? 相对于 8800 家小贷和近万亿元的营业规模,网贷行业才刚刚起步,还有很长的路要走。当前影响行业发展的关键因素如下:

第一,没有行业规则,信息割裂,没有发挥出互联网的规模优势,影响了它的持续发展,从业者、监管规则等支撑能力,不足以支撑一个万亿级的市场,公共基础设施、抗风险能力这些都跟不上,需求在,但能力不够,这是我们面临的问题。2015 年的交易规模,我保守估计,5000 亿 ~ 6000 亿元,在 2014 年的基础上增加一倍,这能够实现。这其中需求量和供给量之间实际上有一个折扣，折扣多少，取决于我们能不能将公共基础设施做好，假如做不好，基础打不好，规则建设不好，大家不能达成一致，相互之间信息隔离，效率低下，从业人员无法得到很好的提升，就无法支持整个行业的发展，从这个角度来说，需要一个渐进的过程。

从金融系统的安全性来讲，未来绝对不可能是银行系统“一家独大”的金融格局，这样的系统太不稳定，容易发生系统性风险，所以一定要分散风险，而民营市场又是高度市场定价的，不是体制定价，是高度利率市场化，所以还有相当的发展空间。